本书获中国艺术研究院2024年院基本科研业务费项目个人后期出版资助项目（项目编号：2024-3-1）资助

时代狂澜与士人心波
晚明传奇中的情与理研究

殷娇 著

文化藝術出版社
Culture and Art Publishing House

图书在版编目（CIP）数据

时代狂澜与士人心波：晚明传奇中的情与理研究 / 殷娇著. -- 北京：文化艺术出版社, 2025.6. -- ISBN 978-7-5039-7872-2

Ⅰ. I207.37

中国国家版本馆CIP数据核字第2025LL8330号

时代狂澜与士人心波：晚明传奇中的情与理研究

著　　者	殷　娇
责任编辑	廖小芳
责任校对	邓　运
书籍设计	楚燕平
出版发行	文化藝術出版社
地　　址	北京市东城区东四八条52号（100700）
网　　址	www.caaph.com
电子邮箱	s@caaph.com
电　　话	（010）84057666（总编室）　84057667（办公室） 　　　　 84057696—84057699（发行部）
传　　真	（010）84057660（总编室）　84057670（办公室） 　　　　 84057690（发行部）
经　　销	新华书店
印　　刷	国英印务有限公司
版　　次	2025年8月第1版
印　　次	2025年8月第1次印刷
开　　本	710毫米×1000毫米　1/16
印　　张	23.25
字　　数	300千字
书　　号	ISBN 978-7-5039-7872-2
定　　价	88.00元

版权所有，侵权必究。如有印装错误，随时调换。

序

叶长海

晚明是一个特殊的时代,承载着承前启后的启蒙意味与变革之源。众多思想家、文学家与艺术家诞生于这个时代。自嘉靖至明末的百年间是中国古代戏剧学的黄金时期,也是戏剧创作的高峰时期,尤其在万历年间更迎来了传奇创作的全盛期,理论与实践交相辉映。对晚明戏剧的研究在学界持续受到关注,至今仍是众多青年学子孜孜探求的重要课题。

殷娇博士的这一部著作聚焦晚明传奇中一对核心且充满张力的概念——"情"与"理"。明传奇以士人为创作主体,"理"是其深植于心的文化基因,承袭着先秦儒家的发端,经历了程朱理学的熔铸,成为统摄人伦秩序的根本准则;"情"则指向晚明时期涌现的、突破传统藩篱并蕴含个体诉求的新思想与文化质素。本书以晚明传奇中的两性书写为切口,考察不同情境和人物关系下的多元书写样态,探讨情与理在晚明传奇中的复杂关系——不仅是简单的冲突,更包含并行、融合、重构的过程。

本书深入探讨了晚明时期的政治、经济、思想文化背景,着力还原晚明剧作家的创作环境,颇下了一番功夫。殷娇并非仅仅将"晚明"视为时代背景,而是将其从历史分期概念转化为贯穿全书的核心视角。该视角聚焦于晚明社会顶层运作、经济转型、思潮涌现等方面的异步发展及互动,结合创作主体的生平、思想、交游等资料,既揭示了明传奇创作的内在变化及其原因,又剖析了晚明剧作家所面临的情理交织的境遇,在制度韧性与文化演进的拉扯中论述了晚明传奇两性书写的特性,也深化了我们对晚明特定历史、社会思潮以及时人思想与生活日常的理解。

本书对"情"这一概念的理解和阐释值得肯定。正如殷娇在绪论部分所指出的,大量研究将情与理的冲突看作是在晚明思潮(尤其是阳明心学)影响下的观念革新,搭建出"阳明心学—士人转变—写情溢欲—'反理'精神"的脉络,将晚明传奇中"情"的概念内涵与逻辑生成链条简化,机械建构"哲学启蒙—文学反叛"的进步叙事。本书不同于以往研究中常将"情"简化为"反理"符号的局限,摒弃了以往研究中普遍存在的预设立场,以及由此导致的选择性的文本解读倾向,指出并论证了"情"在晚明传奇中是一个流动的、复杂的概念,"在晚明传奇情与理的交锋与融合中,我们可见人性的冲突、情感的追求、两性的探索,亦可见庸俗媚悦的趣味、过度纵欲的劝惩、游戏人间的态度。不是简单的欲望解放或伦理持守,而是构建了多元文化的交流空间"。因而当晚明传奇中的情与理投射于两性书写时,呈现出了独特而丰富的面貌。

殷娇通过大量的文本细读,对晚明传奇进行了全面爬梳,其学术见解建立在扎实的文献基础之上。在研究对象上,本书突破了过往研究大多集中于才子佳人题材的局限,而将研究范围拓展至历史剧、佛道剧、文人事迹剧及市井剧等多元类型。同时,针对前人研究多聚焦经典个案的现象,她系统研读了相当数量的非典型文本,从而达成对晚明传奇中两性书写的多元性与整体性把握。基于此,殷娇对上百部晚明传奇进行了系统分类,归纳为若干类型模式,并深入解析了关目、曲词、宾白、动作及部分身段谱等内容。但她并未止步于晚明传奇剧目本身,而是纵向勾连元明清同类剧目及明清戏曲选本,横向比照通俗小说、花部戏曲等其他文艺形式,由此展现出严谨的研究态度和开阔的学术视野。

晚明传奇中的两性书写,本质上反映了特定历史背景下的文化表征,展现了情与理动态冲突与融合的复杂性与独特性。本书通过系统地归纳书写模式，剖析社会根源，揭示出两性书写中个体张扬与社会伦理，女性意识萌发与男性中心叙事，非现实维度的突破与回归世俗的困境等多重辩证关系，敏锐地指出这不仅仅是晚明政经巨变、思潮激荡的产物，更通过"以人为本"的创作立场，推动了明代传奇创作依托长篇叙事和代言体的本体特征，确立了新的美学范式，展现出社会转型中的价值困境。可以说，对晚明传奇中情与理的研究，是理解晚明社会的一扇窗口，因此具有文学和文化的双重意义。

殷娇入学时恰逢汤显祖与莎士比亚逝世400周年，上海戏剧学院及上海各院团、剧场都举办了相关的演出活动，当年在校的学生们获得了大量观看演出的机会。殷娇在多次观看不同版本的"临川四梦"后，产生了很多新的思考，尤其对这些作品中所表现的两性关系产生了兴趣，因此确定了对晚明传奇中情欲书写的研究。在博士论文开题之前，她发表了两篇相关论文——《浅析〈紫钗记〉立言神旨之"侠"》和《浅析汤显祖"后二梦"中的性描写》，虽然稍显稚嫩，但已然对感兴趣的问题进行了理性的研究和探讨，也为博士论文的写作积累了一定的基础。在博士论文写作和其后修订的过程中，她又发表了《晚明传奇中的思春戏探析》《论晚明传奇中"女性求欢"的书写》等论文，获得了不错的评价。犹记得在和她讨论博士论文的选题时，我指出，写好这个题目要把握好角度和尺度。她经过一段时间的思考，在开题时提出了"准确、还原、扎实、整体、客观"几个关键词作为研究主旨，即准确把握研究对象，还原创作生态，扎实文献基础，重视整体与局部，客观看待情欲书写。她在对论文的一次次修订和调整中，不断地接近这一目标，最终交出了一篇优秀的博士学位论文。

殷娇的硕士研究生学历毕业于中国戏曲学院，她考博时的笔试成绩和入学后的表现令我对中国戏曲学院的研究生教育水平有了新的认识。

硕士研究生在读期间，她系统地学习过中国戏曲史论和戏曲创作理论方面的内容，并编创过两部戏曲作品，对编剧技法以及当代舞台有比较直观的了解和实践。因而从现实意义的角度来看，本书的研究对于当代戏曲创作也有一定的价值，能够启发当代创作者平衡艺术创作与伦理规范，回应世俗审美而不媚俗，尊重大众审美并引导价值提升，在世俗化浪潮中坚守责任感与主体性，保持文化自觉与艺术创新。更进一步来看，能够通过对古典戏曲创作的研究，为中国戏剧理论体系的建设贡献一份力量。

殷娇在博士研究生毕业后入职中国艺术研究院戏曲研究所，近年来对当代戏剧的关注和研究较多。她对我说，本书不会是她对明代戏剧研究的终点，她正在探索将明代与当代戏剧研究进行连接与对话的可能。我想本书将会是一个好的开端，期待她的后续研究既能把握当代戏剧实践中的问题与变化，又能深入古代戏剧资源中探寻动能，最终形成新的研究视角与方法。

2025 年 6 月 5 日

目 录

绪　论 / 001

第一章　晚明传奇生成的社会背景 / 023
　　第一节　肆行与困局：晚明政局之变 / 026
　　第二节　纵欲、自适、狂狷：晚明传奇创作主体之变 / 034
　　第三节　人情以放荡为快，世风以侈靡相高：晚明经济转型与世风之变 / 048

第二章　晚明传奇生成的思想文化语境 / 059
　　第一节　思潮激荡：晚明思想的裂变与融通 / 062
　　第二节　文化勃兴：庶民阶层的崛起与诉求 / 085

第三章　晚明传奇中个体之情的"独角戏" / 093
　　第一节　"关情怕对摽梅影"：有女怀春的思春戏 / 096
　　第二节　"专望锦归人"与"男子作闺音"的闺怨戏 / 116

第四章　晚明传奇中才子佳人书写的典型与非典型性 / 141
　　第一节　问女何所思？佳人择偶的突破性书写与多维度呈现 / 143

第二节　男儿欲将知己许：君子好逑的情感博弈与精神慰藉 / 159

　　第三节　文鸳配秃鹜：谈情说爱的功能性与功利性 / 176

第五章　晚明传奇中的婚姻家庭与两性关系 / 195

　　第一节　重构夫妻伦理 / 198

　　第二节　重审纳妾权益 / 209

第六章　晚明传奇非现实境遇中的"绮梦"与"情鬼" / 233

　　第一节　绮梦的生成与延展 / 235

　　第二节　情鬼的形塑与幽媾的书写 / 263

　　第三节　经典关目的生成——以《牡丹亭》为例 / 282

第七章　跨门类视域下的创作比较与传奇特质 / 295

　　第一节　艳情小说的叙事对比 / 297

　　第二节　淫戏的演剧参照 / 309

结　语 / 325

附录：晚明传奇相关叙事模式总结 / 335

参考文献 / 343

后　记 / 359

绪论

一、研究对象与研究意义

（一）研究对象

1. "传奇"的定义

"传奇"一词作为专名最早见于唐代，始专称"作意好奇"的文言小说。唐代元稹小说《莺莺传》也被题名为《传奇》，唐代裴铏为其三卷小说集命名为《传奇》。南宋谢采伯在《密斋笔记》中将传奇与"志怪"题材并列："经史本朝文艺杂说几五万余言，固未足追媲古作，要之无抵牾于圣人，不犹愈于稗官小说、传奇、志怪之流乎？"①可知从南宋之后"传奇"已成为文言小说体裁的固定称呼。

"传奇"最早作戏曲义是在南宋年间，南宋末年张炎作词《满江红》，小标题"赠韫玉，传奇惟吴中子弟为第一"②，用"传奇"指代南戏③。及至元代，"传奇"又被用于称呼元杂剧，钟嗣成《录鬼簿》有"前辈才人有所编传奇于世者"④的分类。这种称呼一直延续到明代初期，朱有燉在《元宫词》中写道："《尸谏灵公》演传奇，一朝传到九重知。"可见明初杂剧仍有"传奇"之称。

及至明清时期，随着长篇戏曲的规范体制逐渐确立，"传奇"被加以

---

① 谢采伯：《密斋笔记》，商务印书馆1936年版，第1页。
② 张炎撰，吴则虞校辑：《山中白云词》卷五，中华书局1983年版，第90页。
③ 胡忌在《宋金杂剧考》（古典文学出版社1957年版）中提出张炎《满江红》中"韫玉传奇"指的是南戏《韫玉》。
④ 钟嗣成等：《录鬼簿》（外四种），上海古籍出版社1978年版，第8页。

更为详细精准的定义。首先,传奇是与杂剧相区别的长篇幅戏曲。吕天成《曲品》提到,"金元创名杂剧,国初沿作传奇。杂剧北音,传奇南调。杂剧折惟四,唱惟一人;传奇折数多,唱必匀派。杂剧但摭一事颠末,其境促;传奇备述一人始终,其味长。无杂剧则孰开传奇之门?非传奇则未鬯杂剧之趣也"[1],从时间、曲调、体制结构、审美风格等多方面指出传奇与杂剧的不同之处,显示出传奇之特性。其次,传奇是与戏文相区别的戏曲文体。《白兔记》副末开场中提到"扮演一本传奇","戏文搬下不曾?"可知其时有关传奇与戏文之间定义较为笼统。直到20世纪80年代,学界将"传奇"定义为南戏系统各种剧本的总称,具体即明清时期活跃在舞台上的海盐、余姚、弋阳、昆山等声腔及由它们演变的诸腔演出的剧本。[2]再次,传奇是与宋元戏文相区别的明清戏曲。王国维在《宋元戏曲考》中提出:"南戏出于宋末之戏文,固昭昭矣……然元代南戏之盛,与其至明初而衰息,此亦事实,不可诬也。"钱南扬、赵景深、傅惜华都沿用这一说法,将南戏和明传奇相区别。[3]以杂剧、戏文、宋元南戏等相近戏曲体制作为参照,可知"传奇"即明清两代盛行的长篇戏曲的专称,明清传奇以文人为创作主体,具有规范化的剧本体制和格律化的音乐体制。

笔者对晚明传奇中"理"与"情"的研究首先基于对"传奇"概念的界说。作为明清戏曲的典型形态,传奇具有宏阔的叙事容量与精微的艺术特质,包含着广袤的、深刻的有关明清社会生活的内容。传奇对文本的极度重视使得创作者得到充分尊重,作为创作主体的文人剧作家的

---

[1] 吕天成撰,吴书荫校注:《曲品校注》,中华书局2006年版,第1页。
[2] 参见《中国大百科全书》编辑委员会编《中国大百科全书·戏曲 曲艺》,中国大百科全书出版社1983年版,第256页。
[3] 钱南扬《宋元南戏百一录》(哈佛燕京学社1934年版)、赵景深《宋元戏文本事》(北新书局1934年版,山西人民出版社2015年影印版)、傅惜华《明代传奇全目》(人民文学出版社1959年版)等著作都沿用这一说法。

创作心态、创作思想、创作手法被包含于传奇中。长篇体制为世情百态的摹写、情节的充分展开与人物的多元塑造提供载体；而其规范化的体制易于反映出作品之间的共性与个性。这种兼具文艺张力与文化厚度的文体特性，既承载着晚明社会的精神图景，亦为考察文人创作理念与艺术规律提供了有效路径，由此确立其作为研究对象的学理价值。

2."晚明"的分期

"晚明"指明代中后期，是明代历史上一个重要而特殊的时期。晚明不等于明末，它有着特定时间段划分。不同研究领域、不同研究目的和方向的研究者们历来对此有所争论。"晚明"这一名称在清代初叶已频现于清人笔端，其含义较为简单，即"明代晚期"的简称[①]，含有对明代日暮途穷、走向覆灭的感叹。从20世纪30年代之后，"晚明"这一称谓被赋予了更多内涵。"晚明"之"晚"，不仅指向明代逐渐走向灭亡的时间段，也代表着中国社会转型的开始，走向近代的"新"精神。近年来，对于晚明的研究并未停止，关于晚明具体时间段的划分依然存在分歧。

在晚明史研究中，樊树志在《晚明史》中划定晚明"上起万历元年（1573）下迄崇祯十七年（1644）"[②]。商传在《走进晚明》中将明代划分为四段："太祖、建文及成祖作为开国时段。至仁、宣以后进入治国。正德后社会为之一变，万历后为之再变，直至明亡。"[③] 谢国桢的《晚明史籍考》中以"由明季万历至崇祯"为晚明时段。尽管分期依据存在学科差异，但基于社会结构转型、商品经济勃兴及文化思潮变迁等综合因素，大部分明史界学者认为晚明时段主要指涉明万历至崇祯（1573—1644）这一具有显著时代特质的时间段。

从明传奇的分期来看，戏曲学界历来有不同说法。张庚、郭汉城

[①] 参见刘晓东《"晚明"与晚明史研究》，《学术研究》2014年第7期。
[②] 樊树志：《晚明史：1573—1644》（上），复旦大学出版社2015年版，第6页。
[③] 商传：《走进晚明》，商务印书馆2014年版，第474页。

《中国戏曲通史》提出"万历初年以后，由于昆山腔的风行，传奇创作进入一个崭新的阶段"①。袁行霈《中国文学史》将明传奇发展阶段分为"明初传奇""嘉靖时期传奇""万历至崇祯年间传奇"②。徐朔方《晚明曲家年谱》认为"传奇的繁荣发展迎来了明代万历后期直到清初的中国舞台艺术在金元杂剧之后的又一昌盛时代"③。叶长海《中国戏剧学史稿》将万历朝看作"高峰阶段"，"这是传奇创作的全盛时期"④。郭英德的《明清传奇史》将明传奇的发展分为生长、勃兴、发展、余势和蜕变五个时期，其中，以万历朝为界限，"明万历十五年至清顺治八年（1587—1651）"⑤为勃兴期。可以看出，与上述史学研究中"晚明"时期划分相对应的是，在中国戏曲史上万历朝有着同样重要的分水岭式的意义。

历史与文艺的转型是一个渐变的过程，我们很难确定具体的某年某月。笔者综合史学界与曲学界的观点，以万历朝为分界线，将本书关于"晚明"的研究范围锚定于万历初年（约1573）到崇祯末年（约1644），将此时间段内的传奇作品纳入重点研究范围。需要说明的是，在具体操作层面，鉴于部分作家横跨明清两代，笔者以作品创作时间为根本依据，辅以作家主要活动时期为参照，避免机械的王朝断代局限。

3."情"与"理"的概念辨析

《说文解字》中解释"理"为"治玉也"。⑥《战国策》"郑人谓玉之未理者为璞"，将"理"作剖析之义。《说文解字》段玉裁注曰："玉虽至坚，而治之得其鳃理以成器不难，谓之理。凡天下一事一物，必推其情

---

① 张庚、郭汉城主编：《中国戏曲通史》，文化艺术出版社2014年版，第407页。
② 参见袁行霈主编《中国文学史》（第四卷），高等教育出版社2005年版，第91—96页。
③ 徐朔方：《徐朔方集》第二卷《晚明曲家年谱》"自序"，浙江古籍出版社1993年版，第5页。
④ 叶长海：《中国戏剧学史稿》，中华书局2014年版，第7页。
⑤ 郭英德：《明清传奇史》，人民文学出版社2012年版，第19页。
⑥ 鲁仁编，段玉裁注：《中国古代工具书丛编》第一册《说文解字注》，天津古籍出版社1999年版，第19页。

至于无憾而后即安,是之谓天理,是之谓善治,此引申之义也。"①"理"的含义由"治玉"引申为"治理"。《孟子字义疏证》曰:"理者,察之而几微必区以别之名也。是故谓之分理。在物之质曰肌理,曰腠理,曰文理。得其分则有条而不紊,谓之条理。"②将"理"看作事物的分理,后引申为事物的具体规律。《孟子·告子章句上》曰:"心之所同然者何也?谓理也,义也。"③《墨子·非儒下》曰:"仁人以其取舍是非之理相告。"④将"理"作"义理"之义,指社会宗法伦理、道德理性等行为规范。

在中国哲学理论中,"理"被赋予更深刻的含义。一将"理"通"礼",认为外在的"礼"是内在的"理"的表达方式,如《礼记·仲尼燕居》曰"礼也者,理也"⑤,《礼记·乐记》曰"礼也者,理之不可易者也"⑥。二将"理"作"性",即天地自然的运行规律。如《礼记·乐记》云:"天理灭矣。(注:天理,上天之理,犹天性)"⑦《庄子·天运》云:"夫至乐者,先应之以人事,顺之以天理,行之以五德,应之以自然,然后调理四时,太和万物。"⑧可以说,"理"在孔孟时期便被视为表达人之理性认知或道德理性的重要概念,但更强调后者的重要性。宋代儒学家以"理"与"气"论"性","性"被划分至"理"的范畴。"情"被纳入"气"的范畴,"性"与"情"在人心中此消彼长,形成善恶之分。朱熹将"理"上升为本体宇宙论的核心,看作宇宙运行的必然规律,强调其

---

① 鲁仁编,段玉裁注:《中国古代工具书丛编》第一册《说文解字注》,天津古籍出版社1999年版,第19页。
② 鲁仁编,段玉裁注:《中国古代工具书丛编》第一册《说文解字注》,天津古籍出版社1999年版,第19—20页。
③ 杨伯峻译注:《孟子译注》(下册),中华书局1960年版,第261页。
④ 张永祥、肖霞译注:《墨子译注》,上海古籍出版社2015年版,第277页。
⑤ 胡平生、张萌译注:《礼记》(下册),中华书局2017年版,第973页。
⑥ 胡平生、张萌译注:《礼记》(下册),中华书局2017年版,第739页。
⑦ 胡平生、张萌译注:《礼记》(下册),中华书局2017年版,第718页。
⑧ 郭象注,成玄英疏,曹础基、黄兰发点校:《庄子注疏》,中华书局2011年版,第272页。

非功利性的、先验性的特征，要求伦理的绝对自律。及至明代，阳明心学对宋儒理学进行修正发展，王阳明将心与理合二为一，认为纯粹的心之本体应当是与"理"一致的。"心即理也。天下又有心外之事，心外之理乎？"① 阳明心学以"心"替代"理"自觉指导、监督个体行为。

在中国古代文论中，"情"的含义主要可分为三类，一作情实，即客观的真实、真相。如《左传》曰"鲁有名而无情，伐之，必得志焉"②，《论语》曰"如得其情，则哀矜而勿喜"③。二作情感，即人类内心的自然感触。《毛诗序》曰"情动于中而形于言，言之不足，故嗟叹之，嗟叹之不足，故永歌之，永歌之不足，不知手之舞之、足之蹈之也"④，《礼记·乐记》曰"情动于中，故形于声"⑤。三作情欲，在广义上指人的一切嗜好、欲念。《说文解字》将"情"解释为"人之阴气有欲者"，将"情"与"欲"相互关联，且带有一定的负面含义。段玉裁注："董仲舒曰：情者，人之欲也。人欲之谓情。情非制度不节。《礼记》曰：何谓人情？喜怒哀惧爱恶欲，七者不学而能。《左传》曰：民有好恶喜怒哀乐，生于六气。《孝经援神契》曰：性生于阳以理执，情生于阴以系念。"⑥《荀子·王霸》曰："夫人之情，目欲綦色，耳欲綦声，口欲綦味，鼻欲綦臭，心欲綦佚。此五綦者，人情之所必不免也。"⑦ 情欲在狭义上特指男女间的情爱之欲。如《诗·桧风·隰有苌楚序》："国人疾其君之淫恣，而思无情欲者也。"⑧《论衡·物势篇》："夫妇合气，非当时欲得生子；情欲动而合，

---

① 王阳明著，吴光等编校：《王阳明全集》（新编本），浙江古籍出版社 2011 年版，第 2 页。
② 郭丹、程小青、李彬源译注：《左传》（下册），中华书局 2012 年版，第 2278 页。
③ 陈晓芬译注：《论语》，中华书局 2016 年版，第 262 页。
④ 毛亨传，郑玄笺，陆德明音义，孔祥军点校：《毛诗传笺》，中华书局 2018 年版，第 1 页。
⑤ 胡平生、张萌译注：《礼记》（下册），中华书局 2017 年版，第 714 页。
⑥ 鲁仁编，段玉裁注：《中国古代工具书丛编》第一册《说文解字注》，天津古籍出版社 1999 年版，第 506 页。
⑦ 张觉译注：《荀子译注》，上海古籍出版社 2012 年版，第 146 页。
⑧ 毛亨传，郑玄笺，陆德明音义，孔祥军点校：《毛诗传笺》，中华书局 2018 年版，第 183 页。

合而生子矣。"① 晚明时期，王阳明认为"七情顺其自然之流行，皆是良知之用，不可分别善恶，但不可有所着；七情有着，俱谓之欲，俱为良知之蔽"②。他将包括"喜、怒、哀、惧、爱、恶、欲"在内的"情"看作良知的正常表现，然而一旦过于执着便会转为"欲"，遮蔽良知。当良知觉察到私欲便会将其去除，回归到原本澄澈的本体。

在"理"这一概念的延伸与流变中，显示出对人的主体行为实践以及伦理道德的重视。"理"是从先秦时期起便产生的儒家传统中对社会行为的规范，经程朱理学重构后形成统摄人伦秩序的准则，是明代文人剧作家根深蒂固的文化属性。"情"则指晚明社会转型时期衍生出的突破传统边界、带有个体诉求的新兴思想与文化新质。从研究的具体对象和范围来看，笔者聚焦"情欲"这一概念，主要以晚明传奇中的男女情欲为研究对象，主要包括在不同情境和人物关系之内男女情欲的私人表达及两性互动。其中，部分思想与行动是情感与欲望的结合，即有"情"之情欲；部分出于对个人生理欲望的满足，是无"情"之情欲；还有少部分出于试炼考验或繁衍后代的目的，是无"欲"之情欲。最终揭示在传统价值体系与新兴文化思潮的博弈中，"理"与"情"的冲突、并行、融合、重构。

（二）研究意义

晚明是一个特殊的时代。在晚明七十余年中，大明王朝由盛转衰直至消亡，同时又有新生的社会阶层、经济模式、思想观念崛起。在政治方面，晚明一改明初的高压政策，君主无用世之心且逐渐失去掌控士人的能力。官场腐败，科举进阶之路日渐壅塞，一部分士人在庙堂中挣扎，另一部分则远走江湖，寄情于山水、园林、戏曲甚至恣意放纵欲望以缓

---

① 王充著，张宗祥校注，郑绍昌标点：《论衡校注》，上海古籍出版社2010年版，第70页。
② 王阳明著，吴光等编校：《王阳明全集》（新编本），浙江古籍出版社2011年版，第122页。

解焦虑，寻求新的精神寄托。在经济方面，手工业与商业贸易的发达和白银货币化使得晚明经济结构转型，人口增加、消费水平提高、贫富差距加大，晚明社会追求欲望满足的世风由此兴起。在思想方面，晚明思想界逐渐呈现出多元化、自由化的倾向。阳明心学流行于世，修正填补儒家学说中有关"心"与"理"的关系；佛道二教发展，并实现儒释道三教合一；经由传教士引入，西方思想开始影响中国。

在这样的时代背景之下，作为晚明传奇创作主体的士人从生态到心态都大为改观；社会阶层的变动使得晚明发生文化下移，庶民阶级开始拥有自己的文化品位和审美要求，因而晚明传奇的读者群不断扩大。此时的明传奇经历了南北曲的兴替，明初为人所推崇的北曲逐渐被曲调、风格完全不同的南曲逐替，隆、万年间，昆山腔的异军突起奠定了南曲的主流地位。士人创作时间与精力增多，庶民审美趣味提升，印刷业、出版业兴起，集合重造了新曲学观念的晚明传奇在这得天独厚的背景下欣欣向荣。

晚明传奇中情与理的研究具有文化与文学双重研究意义。其文化价值首先体现为其独特的社会意识载体功能。作为特定历史时期的代表性文艺形式之一，晚明传奇不仅折射出社会转型期文人创作者的集体意识，也构建了观察世俗伦理嬗变的生动场景。戏剧具有反映现实的作用，通过对晚明传奇的研究，我们可以了解到明人的日常生活与思想世界。在晚明时期新旧交替、社会转型、思想观念多元化的情境下，在思想史（尤其是精英思想史）中探寻不到的真实的时人情欲观念、两性生活、婚恋习俗可再现于晚明传奇中，成为鲜活的文化记忆与生动的生命经验。文人创作主体的背景、商业出版的市场逻辑、俗文学阅读及戏曲演出的民间传播，多重力量交汇形成独特的传奇创作机制，使晚明传奇呈现出同时期其他生活史如笔记、小说、地方志等材料不具备的综合性特征，通过文人剧作家的创作与不同阶层读者与观众阅读文本、观看演出，既表现出了不同社会阶层的共性，同时通过具体挖掘其中的个性案例也显示出晚明社会的复杂性。

晚明传奇中"情"的突破性书写是两性关系的突破性展示，是晚明时期性别权力结构的文化显影。晚明"纵欲"世风以男性为主体，女性多处于从属地位，少有自主性与自发性。因此，所谓的"纵欲"本质上并非体现为性别平等的实现，但通过戏剧创作建构了有限的解放。晚明传奇中展现的女性的闺中幻想、自荐枕席以及主动择偶、性爱中的排他或是抛弃传统伦理观念享受感官娱乐等行为，即使最终会通过回归婚姻的结局维持礼教秩序的表面完整，但依然反映出男性剧作家的新两性观，并在传播过程中产生了超越创作者意图的重要意义。女性读者通过文本投射的主体意识，逐渐将虚构的艺术反抗转化为现实性别认知的潜在资源，这些作品中人物的行为甚至成为其所向往、带有反叛心理的行为范本。尽管父权制深层结构未发生根本动摇，但为后世性别意识的现代转型提供了历史连续性的文化铺垫。

晚明传奇中情与理的研究为当代文艺创作中的两性书写提供了经验。在商业社会大众娱乐背景下应如何把握书写情欲的尺度？面对大众世俗化甚至庸俗化倾向的审美需求，是否应当在创作中采取媚悦或迎合的态度？如何在作品中兼顾大众喜好与个人创作责任感？甚至更进一步，在满足读者或观众需求的同时坚持自己的写作理念，引导提升读者或观众的审美趣味。晚明传奇中不乏一些优秀作品，在娱情与自娱、个性解放与伦理道德、社会价值取向与传统意识形态的冲突中完成了双赢，也证明了具有生命力的作品往往产生于文化自觉意识，在把握时代精神的基础上，通过艺术创新实现社会价值与审美价值的创造性统一。因此，本书探讨和研究的内容对于戏曲创作与批评中所面对的艺术真实与伦理规范的平衡、大众审美与价值引导的调和、商业诉求与创作主体的价值持守等问题具有普遍意义。

本书通过对晚明传奇中情与理的研究，在理论层面，探究了其形成的背景，分析了其具体内容，展示了其影响，扩充了晚明传奇的研究范围，丰富了晚明传奇的研究内容。通过思想史与文学史的双向论证，系统揭示了理学规约与情欲解放的辩证生成机制，拓展了戏曲文学研究的理论纵深。在戏剧创作层面，晚明传奇中有关"情"的研究包含了对叙事模式（如婚恋情境、佛道情境、非道德情境、非现实情境等模式）、人物塑造（如个人幻想、自主择偶、试炼考验、反叛越轨等特殊人物设定）、创作主旨（娱情、教化、牟利、自遣等目的）等方面的研究。这既反映了晚明时代背景影响下的创作趋同性，又包含着剧作家个体创作观的差异性。在文艺批评层面，情欲是文艺作品中的一个重要主题，是创作来源于世界，反映世界的重要内容之一。我们应当对其抱以客观、严肃的态度，审美亦审丑。既要看到其反映人性的积极的一面，也要了解放纵欲望所带来的后果；既要肯定欲望作为生命本真的存在价值，又要警惕自然主义倾向的异化风险。我们应对自由美好的追求予以赞美，对庸俗过火的描写加以区分，对无节制的放纵给予批判和反思。我们应当意识到，在审美维度需建立人性真实与艺术升华的平衡；在伦理维度应展开历史语境与当代阐释的对话，在理解晚明特定文化逻辑的基础上进行现代性反思；在创作维度强调创作的主体性，优秀剧作家应在世俗化浪潮中保持价值自觉，通过艺术转化实现叙事的超越。

二、学术史回顾

笔者对前人的研究进行了梳理，从宏观上来看，晚明传奇中的情与理的研究（如前文所述，本书聚焦狭义的"情欲"概念）涉及了戏曲史、思想史、文化史、社会生活史等诸多领域，包括了晚明时代的文学文化、思想观念、社会风貌、政经制度等各方面的研究，是相关多学科的分途并进。从微观来看，前人相关研究主要集中在艺术成就较高、题旨更为正面的作品上，形成众多有关同一部作品的专题个案研究。笔者主要从以下三个方面进行综述。

（一）晚明时期文化背景与士人心态研究是有关情与理研究的重要组成部分

第一，晚明思潮与士人心态研究。夏咸淳《晚明士风与文学》"生活篇"介绍分析了晚明士人"好女色，重情爱"的生活特色及理论源头；林中泽《晚明中西性伦理的相遇：以利玛窦〈天主实义〉和庞迪我〈七克〉为中心》以传教士利玛窦和庞迪我的作品为中心，研究中西方有关两性关系、家庭伦理、贞节观念等方面的异同；罗宗强《明代后期士人心态研究》专辟一节研究"阳明心学为情欲留出之模糊空间"；左东岭《王学与中晚明士人心态》将李贽"童心说"、以汤显祖为代表的"言情思潮"以及公安派"性灵说"作为晚明士人心态与思想的代表；周明初《晚明士人心态及文学个案》以徐渭、李贽、汤显祖、袁宏道为个案，分析其在晚明背景下的挣扎、谵妄、至情与适世。在这些研究中，"情"是晚明士人对抗严苛礼教的武器，是其实现个人价值的手段，也是其恣意享受生活愉悦的重要方式。

第二，晚明思潮与传奇创作研究。专著如丁芳《心学与晚明戏曲研究》在第二章"心学对士人人格的影响"中提出心学"无善无恶说"带来的"论迹不论心"观念易导致士人放纵情欲；第六章"心学对戏曲题旨的影响"中提到爱情剧重男性欲望的特点，将其称为"自得意气衍成情欲膨胀的白日梦"，同时对李贽、汤显祖、冯梦龙、孟称舜等人有关情欲的论点进行分析。田兴国著作《存在之思与传奇之思——从生存论存在论视域观照明代文人传奇》在"存在与情感"一章论述晚明文人在传奇中展示出的有关性爱之思索。博士学位论文如储著炎《晚明戏曲主情思想研究》（中央民族大学博士学位论文）探究了晚明主情戏曲形成的原因，其背景为"奢靡世风与情欲狂潮"，其成因为"个性解放思潮"；郑小雅《不惟近情动俗，还求融通兼美——晚明曲学范畴演进论》（福建师范大学博士学位论文）在"风教观与情本论"一节中，将男女之情作为情本论的重要内容进行研究，认为追求情欲的满足表现了个性意识的觉醒。综上，大部分学者认为晚明剧作家受到思潮中重视个人欲望满足的观念的影响，因而晚明戏曲盛行的"主情""感化"等创作观念显示出情欲是"情"的内涵中不可或缺的重要内容。

第三，有关晚明戏曲创作主体的研究。徐朔方的著作《晚明曲家年谱》中考据了四十位曲家的生平、作品、戏曲活动等，包括曲家与青楼交往密切，如冯梦龙"少从狎邪游"；王骥德六十四岁仍为许嫁他的妓女田姬度曲；梅鼎祚与南京名妓薛素素、杨美过从甚密，做《青泥莲花记》为其作传。或作戏曲之外的艳情作品研究，如沈璟的套数和小令不少"咏红裈之作，刻意形容，非到枕席间不止"；高濂被收录的十五套曲除了悼亡外都是艳情之作；史槃所遗套曲十首多是赠妓之作；吕天成作《红闺丽事》《青楼韵语》艳诗二百首，艳情小说《绣榻野史》是他"少年游戏之作"。罗锦堂《明代剧作家考略》中列举出的剧作家数量更多，但剧作家生平较《晚明曲家年谱》更为简略。刘召明《晚明苏州剧坛研究》在第二章"从晚明苏州剧坛看传奇艺术本体性的回归"中提到了苏州剧坛传奇创作重心的下移，主题取向的世俗化。谭坤《晚明越中曲家群体研究》则在第七章"越中曲家的传奇创作"第一节研究晚明传奇的主题取向，其中包括了文人情欲需求与道德规范之间的矛盾。硕博学位论文，如夏太娣《晚明南京剧坛研究》（华东师范大学博士学位论文）论述了晚明曲家与秦淮歌姬之间的交游往来；刘丽华《元明杂剧文人形象与剧作家心态变迁研究》（陕西师范大学博士学位论文）概述明中期以后剧作家的"癫狂放浪"的人生态度和不断超越传统的价值观；赵晓晗《明代万历戏曲群体结构研究》（西南大学硕士学位论文）论述了晚明纵欲之风的盛行及文人私欲的无节无忌；郑世鲜《晚明清初苏州文人群体戏曲活动研究》（南京师范大学硕士学位论文）在研究文人与伶人的交往中包含了群体狎妓的内容。综上，这些晚明曲家在时代背景下放浪形骸的生活态度、开放超脱的价值观必然影响到其创作心态，其艳情作品正与其所作传奇中的相关内容形成互文。

第四，关于晚明性文化的研究。此类研究将文学艺术作品看作晚明"情"的书写中不可或缺的一环。专著如吴存存撰写的《明清社会性爱风气》在第三章详细论述了晚明时期的纵欲风潮，包括对其思想源头的探究；纵欲风气的具体表现，如士妓交往、蓄养声伎、药石秘术等；对晚明艳情文学进行分析，如民歌、俚曲、狭邪小说等。刘达临《性与中国文化》从雅与俗两个角度将明代小说、民歌、散曲等文艺作品进行评价，肯定其人民性和现实性。康正果《重审风月鉴：性与中国古典文学》，分门别类从红颜祸水、游仙艳遇、偷情、秘戏等方面对中国古代文学作品进行分析，晚明时期的艳情小说、风情戏剧都被囊括其中。荷兰学者高罗佩《中国古代房内考》，按照中国朝代顺序依次介绍各时期的性风俗，第十章介绍了明代房中书、狭邪小说、春宫画等明代盛行的艳情文艺作品，将晚明种种性习俗看作中国性观念最后的标本、中国文化生命力的回光返照。上述文献都是中国性文化研究专著，对晚明性文化研究的共同点在于：首先，性文化在一个朝代中不是一成不变的，尤其以明代最为典型，晚明时期性风气的盛行大不同前；其次，在性文化中，占主导地位的是男性，大部分女性依然被限定在传统道德伦理的框架中，且多为被动接受；再次，在研究方法上都采取客观的态度与开放的视角，将文学文本与其他艺术门类结合，将文学研究与历史、社会风俗、士人心态、宗教信仰等多学科结合。

（二）有关晚明传奇的创作研究与女性研究较多地涉及了情与理研究

第一，有关晚明传奇婚恋或女性人物形象的研究。硕博学位论文，如蒋小平《晚明传奇中女性形象研究》（苏州大学博士学位论文），崔武杰《明清之际名教爱情剧研究》（山西师范大学博士学位论文），张涵《明清传奇中的骗婚模式研究》（厦门大学硕士学位论文），郑笑丛《明传奇中的婚恋习俗研究》（河南大学硕士学位论文），王姝《〈六十种曲〉中的婢女形象研究》（山西师范大学硕士学位论文），魏朝霞《明代才子佳人剧中"阻碍者"形象研究》（山西师范大学硕士学位论文），罗贝《晚明传奇中的妾形象研究》（宁波大学硕士学位论文），李珍《晚明传奇戏曲中妇德型女性形象研究》（陕西师范大学硕士学位论文），秦微芳《晚明传奇之情鬼戏研究》（吉林大学硕士学位论文）。期刊论文，如王永恩《从晚明戏剧中看社会婚恋观念的嬗变》（《戏曲艺术》2004年第4期），章雪晴《明清传奇中"思凡"类尼姑形象的类型分析》（《名作欣赏》2015年第29期），张丽娥、霍有明《身堕风尘，志悬霄汉：〈六十种曲〉妓女形象特质析论》（《社会科学论坛》2015年第2期）等。此类论文在研究晚明传奇中的婚恋情节与各类女性形象，如佳人闺秀、节妇、婢女、妓女、尼道、女鬼等形象时或多或少涉及有关"情"的研究。

第二，性别研究与女性研究。此类研究一是有关晚明女性社会生活的研究，专著如赵崔莉《被遮蔽的现代性——明清女性的社会生活与情感体验》，巫恕仁《奢侈的女人——明清时期江南妇女的消费文化》，美国学者高彦颐《闺塾师：明末清初江南的才女文化》，芦苇菁《矢志不渝：明清时期的贞女现象》，日本学者合山究《明清时代的女性与文学》等。此类研究将明末清初女性生活看作中国女性由保守向现代转型的重要时期，晚明女性的贞节观与情欲观、保守性与现代性、私人空间与公共领域开始复杂地交织在一起。女性在两性关系中被忽略的思想、情感、欲望得到一一展现。

第三，相当一部分专著或论文援引女性主义理论对中国古典文学进行批评。其中有研究女性创作者的著作，如王萌《禁锢的灵魂与挣扎的慧心——晚明至民国女性创作主体意识研究》、王郦玉《明清女性的文学批评》、刘军华《明清女性作家戏曲创作研究》、黄仪冠《晚明至盛清女性题画诗研究》；也有以文学作品中女性人物为研究对象的著作，如王永恩《明末清初戏曲作品中的女性形象研究》、华玮《明清戏曲中的女性声音与历史记忆》、吴秀华《明末清初小说戏曲中的女性形象研究》、王引萍《明清小说女性研究》、李胜《四大奇书中的女性形象探析》、楚爱华《女性视野下的明清小说》等。明清时期女性作家作为创作群体正式出现，通过她们及其作品我们可窥探到特殊历史背景下女性的觉醒，她们由"被表述者"变为"表述者"以展现自身的真实思想情感。虽然其表达方法与内容依然还在男性启蒙者限定的范围之内，但已然有所突破和觉醒。

（三）有关晚明传奇中情与理的研究还有相当一部分集中于个案研究

个案研究主要以汤显祖与《牡丹亭》为中心。笔者主要择取近十年来的研究进行列举综述。第一，汤显祖至情思想研究。硕博学位论文，如柳旭《晚明佛教与汤显祖"情至"文学创作的关联研究》（吉林大学博士学位论文）认为阳明心学在晚明时期与禅宗的结合使得"求真、贵适、厚情、纵欲"的风气盛行于文坛，汤显祖"至情论"受其影响很深；李名冠《汤显祖：从情理之辩到真情与真色》（浙江大学硕士学位论文）引汤氏"形骸之论"，将超越世俗、发自真心的"情"看作"至情"，"荐席成亲""挂冠为密"被分类为"矫情"与"俗情"；如陈衍伟《汤显祖诗学思想研究》（赣南师范大学硕士学位论文）第一章对汤显祖"情生诗歌"的诗学思想进行研究，将汤氏之情分为"情、欲、个人之情、社会之情等诸多情感"并一一列举诗作；郭宏英《论汤显祖的"真情"世界观——以戏剧创作的考察为核心》(天津师范大学硕士学位论文)分析赞扬了《牡丹亭》中的至情,对《邯郸记》《南柯记》中迷失于情欲、仅仅追求身体快感的行为予以批判。

第二,《牡丹亭》思想主旨研究。张丽红《性爱欲望的诗意化象征——〈牡丹亭〉"至情"主题的重新探讨》(《戏剧文学》2011 年第 6 期)梳理了不同学者对《牡丹亭》中"情"的定义,其中包括了以情抗理说、本色情欲说、倡导情欲说、异性情欲说等,作者则认为《牡丹亭》的核心在于对人类自然生理欲望的肯定;丁芳《情即理:阳明心学对〈牡丹亭〉情理关系的影响》(《兰州学刊》2012 年第 12 期)从"生生之仁"理论角度出发,认为《牡丹亭》中对夫妻大伦的肯定与男女追求情欲的赞扬是一致的,代表"情"与"礼"在《牡丹亭》中是不可分割的一体;刘冬梅《政治表达与情欲伪装——精神分析视野下的汤显祖与〈牡丹亭〉》(《文学前沿》2009 年第 1 期)认为《牡丹亭》的主旨在于汤氏在现实中被压抑的政治理想与情感欲望的满足。

第三,《牡丹亭》情爱内容研究。周松芳《论〈牡丹亭〉的情色描写》(《文化遗产》2017 年第 3 期)认为《牡丹亭》直白的描写是与"理"相格的最好方式,也是汤显祖纵情的独特书写;陈阳《〈牡丹亭〉中情爱女性潜意识描写探微》(《浙江社会科学》2005 年第 3 期)认为《牡丹亭》中的情爱描写是汤显祖塑造人物的切入点,根据"潜意识"理论,杜丽娘的心路历程即被情欲驱遣的年轻女性的情感发展过程;杨明贵《从爱情发生模式看杜丽娘之死的文化意蕴》(《安康学院学报》2011 年第 23 卷第 4 期)引用霭理士"性爱白日梦"的理论论述情爱在女性生命意识中所占比重之重,并揭示了杜丽娘作为欲望符号的本质。

第四,《牡丹亭》与其他文艺作品对比研究。王瑜瑜《深情与梦幻:从〈牡丹亭〉到〈临川梦〉》深入研究了《临川梦》对《牡丹亭》的再现与批评;王向《〈牡丹亭〉与〈金瓶梅〉的情欲之欲初探》(南昌大学硕士学位论文）认为《牡丹亭》是由欲望生情，并列举论述了这种情欲的"被唤醒""已失衡""被肯定"的特征；刘钱凤、张智义《欲望的舒缓　人性的张扬——〈牡丹亭〉和〈麦克白〉两剧主题比较研究》(《四川戏剧》2008年第5期）认为两剧都是主人公欲望的被压制与爆发，杜丽娘与柳梦梅之间的"爱情"没有由来和基础，故而双方追求的更侧重于情欲的释放；郑尚宪、黄云《激越的浪漫　凄美的感伤——〈牡丹亭〉和〈长生殿〉"情至"理想比较》(《东南大学学报（哲学社会科学版）》2007年第5期）通过对情至、情始、情追、情圆四方面的比较，认为《牡丹亭》不同于《长生殿》崇情贬欲的取向，而是追求自然本真欲望的满足。

由上述文献综述可知，涉及晚明传奇中的情与理研究的文献在如下几方面可补充拓展：

第一，大部分研究将晚明传奇中的情与理的冲突看作在晚明思潮（尤其是阳明心学）影响下的观念革新，囿于单向度思想史框架，搭建出"阳明心学—士人转变—写情溢欲—'反理'精神"的脉络，将晚明传奇中"情"的概念内涵与逻辑生成链条简化，机械建构"哲学启蒙—文学反叛"的进步叙事，致使部分研究过度聚焦精英思想对文学的表层投射，忽视晚明社会阶层变动与互动关系对创作生态的影响；预设"情欲解放"的价值立场，侧重于其积极的、进步的一面，对文本复杂性进行选择性阐释，对其价值与意义的肯定超过了对真实社会的反映与客观逻辑的生成，忽略了"情"的书写与传统伦理的复杂关系，缺乏中性客观的研究视角。

第二，对晚明传奇中"情"的书写研究重视局部多于整体。首先，研究者多聚焦晚明才子佳人剧，侧重于对才子佳人的婚恋情感研究，忽略了晚明传奇中历史剧、佛道剧、文人事迹剧、市井剧等类型。其次，个案研究居多，且多集中于对汤显祖《牡丹亭》的分析研究，囿于经典个案的重复阐释，缺乏对非典型文本的系统性观照。再次，除了个案专题研究之外，其他相关研究呈现碎片化特点，多是被包括在对晚明思潮、传奇叙事、创作主体等的研究中，未能构建独立的理论框架，缺少有关晚明传奇中情欲书写的整体性整合与总结研究。

第三，有关情与理的研究常套用典型性理论框架。作者往往先预设一个西方的经典性理论（最流行的莫过于弗洛伊德和霭理士的理论），然后将其作为传奇批评的基础，并选择适用于此理论的传奇作品填充入框架中。这种研究方法由于理论先行而难以深入精微。创作主体的文化自觉被简化为理论论据，作品在一定程度上成为验证理论的工具性材料。

三、研究思路与研究方法

本书的研究思路与方法综合如下：

第一，把握研究对象，厘清研究范围。本书是以晚明为背景、传奇为载体、情与理为视点的断代史范畴式研究。笔者在绪论第一部分中对"传奇"的定义、"晚明"的时代划分、"情"与"理"概念与研究范围进行了明确与辨析。

第二，本书从戏曲生态学的角度，以学科交叉的方法进行研究。晚明是中国历史上重要的政治、经济、文化转型期。笔者对晚明传奇的考察研究不仅从戏剧学着手，亦包含关于晚明社会学、哲学、文学等领域的研究。笔者力求在把握"传奇"的内部生态状况的同时对"晚明"这一外部生态环境进行还原，将传奇作为晚明文化的重要部分放入其所处的历史文化语境中。历史文化语境的重建有助于笔者获取更为中性客观的视角，以此发掘晚明时代特有的、传奇这一文艺形式的特征与规律。

第三，强调文献的占有和文本的细读。本书研究的展开需要以占有和细读大量晚明传奇为基础，一方面，我们无法在晚明历史、社会生活史和思想史中钩沉出每一部作品从诞生到流行的过程，故而通过文本细读重返历史文化语境,还原传奇创作的背景、剧作家的创作心态、读者和观众的品位与要求,"透过文学性解读以达到对社会性的认识,而不是回到庸俗社会学的批评方法"①。另一方面,大量的传奇文本细读有利于发现、总结出其中的共性特征。对晚明传奇的研究不是先引入理论预设框架去套用文本,这样的方法易使研究陷入失去逻辑的误区;而数量较少的文本占有又容易使人得出带有倾向性的结论。故而对晚明传奇的文本细读极为重要,本书主要以《古本戏曲丛刊》及《六十种曲》(主要指《古本戏曲丛刊》中未收录作品)为研究基础。

第四,重视整体与部分的关系,以综合性、动态化的眼光进行考察。不同于同一时代的以情欲为主体的艳情小说,晚明传奇中的"情"只是传奇整体中的一个部分。笔者专注于研究这一"部分"的同时,力求以综合的视角兼顾整体与部分之间的关系,同时以动态的眼光考察不同整体中部分与部分之间的关系。尤其是目前有关晚明传奇情与理的研究多集中于个案研究,本书力求探究经典个案与其他作品之间的联系及其意义。

第五,以学术客观的态度对待情欲研究。情欲是人类生而有之的情感,是文艺作品反映社会现实的重要主题之一。笔者在研究中不会为了提升其"个性解放"意义而过度夸张,而是会客观探究其出现的必然性、突破性和独有的美学观,研究其文艺价值与社会意义。

要而言之,笔者力求准确、还原、扎实、整体、客观地看待剧作家与传奇作品,做到作家作品与历史文化语境相结合、创作实践与理论研究相结合、历史与当下相结合,与文本对话、与剧作家对话、与新文献对话。本书对晚明传奇的研究必然存在一定的疏漏与不足,但笔者诚挚地希望对晚明传奇中情与理研究的尝试是有启发性的,期待获得学界回应与方家指正。

---

① 陈思和:《文本细读在当代的意义及其方法》,《河北学刊》2004年第2期。

第一章
晚明传奇生成的社会背景

晚明传奇须立足于其生成的历史场域，这代表着作者身处的时代背景和文化立场，既需避免孤立化的文学阐释，也要警惕机械的社会决定论。晚明不仅是一个朝代的穷途末路，也是社会转型的重要开始。本章回归晚明政治背景、经济状况、意识形态、世道风俗等历史文化语境，既剖析传奇文本的创作机制与美学特质，亦揭示其作为社会文化表征的深层含义，最终实现文学内部研究与外部研究的有机统一。

洪武初年，尊"理"为治国思想，颁布了完善而严格的法律条例，建立了周密的人事与监察制度，庞大的国家机器一刻不停地按照既定模式运作着。成化时，社会风气已有变化，大量传奉官与义官的出现开始显出朝廷卖官鬻爵的腐败。弘治勤政带来的中兴很快为正德的肆无忌惮和激狂放荡所打破。嘉靖时期，君臣之间已有不可调和的矛盾。及至万历，朝廷颓势已现，直至崇祯明朝灭亡。与之相反的是，在这样的背景下，晚明思想与文化展现出了前所未有的繁荣与兴旺——晚明传奇在这片特殊的土壤上生长得枝繁叶茂。

第一节　肆行与困局：晚明政局之变

明万历四十三年（1615）五月初四，紫禁城里发生了一件令群臣哗然、天下侧目的疑案——晚明三大案之一的梃击案。一男子手持枣木棍堂而皇之地闯入慈庆宫，打伤内侍，长驱直入，闯到殿檐之下方被擒拿并交于守卫。据《明神宗实录》所载：

> 是日酉时，有疯癫男子一名，持枣木棍入慈庆宫，击伤守门内官李鉴，直至前殿檐下，为内官韩本用等所获，付东华门守卫指挥朱雄收之。
>
> 庚戌，皇太子遣奴婢韩本用等以闯宫事奏闻，上命法司提问。①

《日下旧闻考》载："慈庆宫，光宗青宫时所居，张差梃击处也。"②青宫即太子东宫，慈庆宫即明光宗朱常洛于万历朝的潜邸。皇太子居所乃明朝要地，"不知姓名男子"竟如入无人之境，实在蹊跷。③经"司法提问"，才知做出如此疯狂举动者系蓟州一普通百姓，其动机涉皇太子朱常洛与万历宠妃郑氏之子间的储位之争，因官员分野而久争无果，遂成疑案。

---

① 《明实录·明神宗实录》卷五三二，台湾"中央研究院"历史语言研究所据国立北平图书馆红格抄本影印，第10014—10015页。
② 于敏中主编，瞿宣颖等点校：《日下旧闻考》（第2册），北京出版社2018年版，第542页。
③ 参见张廷玉等《明史》卷二百四十四，中华书局1974年版，第6343页。

究其根本，此案发生的原因在于国本之争，这是神宗放纵私欲于公事带来的结果。同时，也因此牵出万历时期朝局混乱、宫禁失守、官员党争、私议朝政等种种问题。这一事涉统治阶级、文官集团、普通百姓等社会各阶层的案件展示出晚明复杂的社会政治背景，且带来了严重的后果："……梃击之案，是为明代后三案之一。后三案之反复，为邪正朋争报复惨杀之枢纽，明于是以亡。"①故笔者以此案入手，切入对晚明政治背景的研究。

一、明神宗的"酒色财气"

就冲龄践祚的神宗而言，万历朝的前十年是张居正的时代。明朝实行内阁制度，以内阁学士代行宰相之职，朝廷政治中心在内阁，内阁中心在首辅。张居正在担任首辅的十年间，主持裁决军政民生在内的一切国家大事，整吏治、改赋役、饬武备、开新政，万历朝实现了一段时间的中兴之治。同时，他也担负着教导神宗的责任，除了督导经史，亦讲授为君之道。张居正曾呈进并讲解《帝鉴图》，讲到宋仁宗不喜爱珠玉的事迹，告诫小神宗"明君贵五谷而贱金玉……铢两之间为价不赀，徒费民财，不适于用"②。神宗少时好书法，张居正以梁元帝、陈后主、隋炀帝、宋徽宗等为例，谏言"君德之大，不在技艺间也……宜及时讲求治理"③。神宗与张居正君臣相得，对他的督导和劝诫一一听从。至万历十年（1582），张居正去世，情况发生了翻天覆地的变化。"反张派"为了巩固自身利益，揭发出张居正在世时所行的种种不端劣迹。神宗发现自己信

---

① 孟森：《明史讲义》，四川人民出版社2018年版，第315页。
② 《明实录·明神宗实录》卷十八，台湾"中央研究院"历史语言研究所据国立北平图书馆红格抄本影印，第0520页。
③ 《明实录·明神宗实录》卷三三，台湾"中央研究院"历史语言研究所据国立北平图书馆红格抄本影印，第0774页。

任的元辅竟然有另一张面孔：他劝诫皇帝节俭，自己的生活却奢侈至极，"宫室舆马妻妾奉御有同王侯"①；他教导皇帝重德行，自己却科举舞弊，"自撰策题，先为子懋修请客对策，都中预知必为状元"②；他将前任首辅高拱看作政敌，甚至对其加以陷害。

> 高拱扼徐阶，居正倾高拱，三人皆良相，而恩怨权势之间相轧如此。惟徐阶之倾严嵩，则为世所美。而居正得志以后，则明于治国而昧于治身，其受报亦至酷，遂为万历初期政局之纲领。③

正如上述引文精准概况的一样，神宗所信任的张先生"明于治国而昧于治身"，三位首辅相轧即"万历初期政局之纲领"，处在这样"初期政局"中的皇帝"明白了别人也和他一样，一身而具有'阴''阳'的两重性。有'阳'则有'阴'，既有道德伦理，就有私心贪欲"④，死去的张先生失掉了威信，神宗皇帝失去了张居正的掣肘，他因而发现了为君为人的另一种可能性。

在万历朝的阶段划分中，神宗亲政后的时期被称作是"醉梦之期"⑤，他对个人欲望的放纵堪称明朝诸帝之最，给上至朝堂下至市井以巨大的影响。时任大理寺左评事的雒于仁在《酒色财气四箴疏》中对神宗之评价可见一斑。他抨击神宗之病"在酒色财气者也"⑥，并具体列举神宗四病

---

① 刘台：《恳乞圣明节收辅臣权势疏》，《万历疏钞》卷十八，载《续修四库全书·四六八·史部·诏令奏议类》，上海古籍出版社1996年版，第673页。
② 杨四知：《追论党恶权奸欺君误国乞正国法彰天讨疏》，《万历疏钞》卷十八，载《续修四库全书·四六八·史部·诏令奏议类》，上海古籍出版社1996年版，第677页。
③ 孟森：《明史讲义》，四川人民出版社2018年版，第291页。
④ [美]黄仁宇：《万历十五年》（增订纪念本），中华书局2006年版，第66页。
⑤ 孟森：《明史讲义》，四川人民出版社2018年版，第9页。
⑥ 《明实录·明神宗实录》卷二一八，台湾"中央研究院"历史语言研究所据国立北平图书馆红格抄本影印，第4086页。

之表征及对症箴言。此四病中影响最大者莫过于"财"与"色"。

神宗贪财、好货且不加掩饰,"得银则喜,无银则不喜"①,在他亲政之初"帑藏充盈,国最完富"②,经年累月直至万历中后期,竟出现了"天库空虚"的局面。神宗视"天下之财皆朕之财"③,专属宫廷用度的内库财货不够其挥霍,神宗便以各种手段进行敛财:收受贿赂,传索帑金,派遣内监采榷。传索帑金是指向各太仓银库(即国库)索要钱财,国家赋税收入竟有三分之二流入神宗内库。内监采榷是指派遣宦官为矿监税使,前往全国各地开矿收税。万历二十五年至三十四年(1597—1606),矿监税收入白银五百余万两,黄金一万余两。④这是一笔大于同时期关税、商税的数目,绝不可等闲视之,由此带来的社会影响也不可估量——出自宫廷的内监以权代法,强行搜刮,中饱私囊,不论是否能开采出矿,都强行将收税指标分摊给地方政府或富户,继而压迫至平民百姓。"大珰小监,纵横绎骚,吸髓饮血,以供进奉。大率入公帑者不及什一,而天下萧然,生灵涂炭矣"⑤,由此引发临清、湖广等多地民变。

神宗之好"色"亦为人所诟病。在精神上,神宗"溺爱郑妃,惟言是从,储位应建而久不建"⑥,为此,皇长子生母王恭妃不仅没有相应位分,皇长子朱常洛进学时间也被一再拖延。从另一方面来看,精神上独爱郑妃并未影响到神宗的纵情,南京吏部右侍郎赵志皋曾上疏神宗保养身体:"得非衽席之爱不能割,曲蘖之好不能免乎?有一于此,足耗元

---

① 《明实录·明神宗实录》卷二一八,台湾"中央研究院"历史语言研究所据国立北平图书馆红格抄本影印,第4086页。
② 夏燮撰,沈仲九标点:《明通鉴》卷六七,中华书局1959年版,第2395页。
③ 《明实录·明神宗实录》卷二一九,台湾"中央研究院"历史语言研究所据国立北平图书馆红格抄本影印,第4098页。
④ 参见樊树志《晚明史:1573—1644》(上),复旦大学出版社2015年版,第494页。
⑤ 张廷玉等:《明史》卷三百五,中华书局1974年版,第7806页。
⑥ 《明实录·明神宗实录》卷二一八,台湾"中央研究院"历史语言研究所据国立北平图书馆红格抄本影印,第4086页。

气。皇上行之有节而不沉溺，则元气自充矣。"①"色"之于神宗已影响到了其身体健康。于"色"一道的放纵不是神宗的个人私事。明朝以儒代法，理学是维持朝廷运行和建立社会伦理的基础，"君君臣臣，父父子子"，"君不君则臣不臣耳"，道德和伦理不仅是维护皇权统治、约束官员百姓的手段，同时也制约着君主的行为。长幼有序的伦理不能因父亲宠爱哪个孩子的母亲而有所改变，作为万民表率的君主更不能凭借自己的喜好决定国家大事。神宗试图以郑氏所出皇三子朱常洵为储君的想法遭到群臣激烈反对。以国本之争为主题的君臣博弈持续了十余年之久，直到万历二十九年（1601），神宗才勉强立朱常洛为太子。神宗明显的个人态度导致此后时有易储传闻甚嚣尘上，建国本后二十年仍有挺击案这样的离奇案件发生。

由于神宗在矿监税和争国本问题上的态度，群臣纷纷上疏劝谏，大臣们的观点更为正义。但即便立储之后，被迫屈服的神宗与朝臣之间的博弈也一直未曾停止。神宗因尊严受挫的报复心理和起居不节慎带来的身体不适②，开始了长达三十年的怠政。在此期间，"帝既不视朝，不御讲筵，不亲郊庙，不批答章疏，中外缺官亦不补"③。神宗想要大权独揽但又懒怠朝事，导致种种不良后果，其中最严重的即缺官不补和党争不断。

> 旧制：给事中五十余员，御史百余员。至是六科止四人，而五科印无所属，十三道止五人，一人领数职。在外，巡按率不得代，六部堂上官仅四五人，都御史数年空署，督抚监司亦屡缺不补。……职业尽弛，上下解体。④

---

① 谈迁著，张宗祥点校：《国榷》卷七十五，中华书局1958年版，第4606页。
② 参见《明实录·明神宗实录》卷一八三，台湾"中央研究院"历史语言研究所据国立北平图书馆红格抄本影印，第3416、3418页。从明万历十四年起，神宗接连传旨因病免朝，申时行等多次上疏"宜节慎起居""清心寡欲、养气宁神"等语劝谏神宗。
③ 孟森：《明史讲义》，四川人民出版社2018年版，第304页。
④ 张廷玉等：《明史》卷二百一十八，中华书局1974年版，第5761页。

朝廷缺官至此，荒怠如斯。神宗对选拔官员、大计漠然置之，朝臣以消极态度应对，朝廷由上到下难以运作，朝事废弛，制度松懈，国家机器几近解体。

　　同时，神宗的怠政行为还加剧了由争国本引发的党争。张居正去世后，朝廷失去绝对权威，神宗难堪重任，官员们纷纷结党以保证自身利益。明史学家一般将国本之争看作万历党争的初起①，但没人能料想到，近三十年后梃击案发生时，官员们依旧在相互攻讦，久争不下，遂成疑案。"万历年间的政治可以说是东林与三党（齐、昆、宣——引者注）消长的历史"②，到万历后期，党派林立，党争愈演愈烈，官员以私人利益为办事出发点，政府机构形同虚设，且埋下了天启阉党之祸端。

　　神宗将天下看作私天下，极度重视自身感受和个体欲望的满足，怠于理政而精于享受，空有揽权之心，并无治国之策。朝臣总结道"论圣心三好，曰：好货、好疑、好逸"，"大臣以偃偻周密为谦光，小臣以奔走依托为本事，传舍其官者，以速化鸣得意，代庖他职者，以因循误积薪，党同伐异者，白日而倚冰山，嗜利肥家者，暮夜而伺金穴，皆由此三好之心为之"③。从朝廷到市井，从官场至民间，时风易变皆因神宗所起，且这种负面影响在万历朝之后依然延续。

二、晚明诸帝的怠政与妄为

　　明光宗在神宗阴影之下战战兢兢做了近二十年太子，一朝登基便颁布新政，发内帑为辽东军饷，停矿监税，力图改变万历朝局的种种弊端。

---

① 参见商传《走进晚明》，商务印书馆2014年版，第88页。
② 谢国桢：《明清之际党社运动考》，北京出版社2014年版，第24页。
③ 《明实录·明神宗实录》卷四二九，台湾"中央研究院"历史语言研究所据国立北平图书馆红格抄本影印，第8101页。

与前朝的大刀阔斧相比，光宗在后宫被抓住了沉溺女色的弱点——失去依仗的郑贵妃为保住宫中地位，向光宗进献了美女八名，纵欲过度的光宗因而一病不起。鸿胪寺丞李可灼进献神药"红丸"，光宗服药后病情加重，次日驾崩。此时距他登基仅过去一个多月。

光宗长子朱由校继承皇位，改年号泰昌为天启。天启初年，曾一度出现过众正盈朝的局面，但很快被以魏忠贤为首的阉党打破。熹宗朱由校志不在理政，却对做木工油漆充满兴趣：

> 圣性又好盖房，凡自操斧锯凿削，即巧工不能及也。又好油漆匠，凡手使器具皆御用监、内官监办用。……当其斤斫刀削，解服盘礴，非素昵近者，不得窥视。或有紧切本章，体乾等奏文书，一边经营鄙事，一边倾耳注听。奏请毕，玉音即曰："尔们用心行去，我知道了。"①

司礼监秉笔太监魏忠贤视此情形为良机，一面与熹宗乳母客氏联合，获取熹宗信任，一面替皇帝"分忧"，揽权理事。魏忠贤给依附自己的党羽加官晋爵，令他们掌控朝廷重要部门；对上疏"倒魏"的官员则残忍迫害，他利用朝中三党与东林党之间的党争，攻讦杀害了大量东林党人。魏忠贤甚至将以"梃击"为首的晚明三案推翻，编撰《三朝要典》，"逆珰杀人则借三案，群小求富贵则借三案。经此二借，而三案全非矣"②。阉党借史做混淆是非、镇压异己的手段，阿谀奉承之辈则篡改历史以求功名利禄，他们甚至还争相为魏忠贤歌功颂德、造生祠。熹宗对此不闻不问，甚至不断加封魏忠贤，其权势达到一人之下万人之上的顶峰。直至天启七年（1627），二十三岁的熹宗因病早逝，其弟信王朱由检即皇帝

---

① 刘若愚：《酌中志》卷十四《客魏始末纪略》，北京古籍出版社1994年版，第72页。
② 张廷玉等：《明史》卷二百六十五，中华书局1974年版，第6839页。

位，是为思宗。

思宗即位后进行了两项重要举措：处置阉党和平定辽东。他雷厉风行地处置了以魏忠贤为首的阉党集团，但可惜的是党争并未在朝堂上消失。从万历到天启再到崇祯，几十年来不曾中断的门户之见、党派之争已彻彻底底地融入了官员们的思想和行为之中，官员们党同伐异，相顾相防，或是唯唯诺诺，循默塞责，政治分歧变成了无谓的内耗，国家大事被敷衍耽误，甚至因而损失了忠臣良将。这让朝廷对辽东的战事愈发艰难。思宗对日渐兴起的建州女真部认识不足，又对边将怀有猜忌之心。他遥控战局，做出了错误判断，有心议和，又不愿担负骂名。与此同时，中原民变四起且愈演愈烈，本就陷于泥沼般党争的朝廷在攘外和安内的大小战争中左支右绌，捉襟见肘，最终演变成明朝灭亡的直接原因。

客观看来，思宗御极以来，励精图治，兢兢业业，《明史》评价他"在位十有七年，不迩声色，忧勤惕励，殚心治理"[①]。但同时他也有着刚愎自用、猜忌多疑、急于求成、矫枉过正的缺点。在他执政的十七年里，竟更换了五十位阁臣[②]，处死过十一位封疆大吏[③]。正如后人所评"先帝焦于求治，刻于理财，渴于用人，骤于行法，以致十七年之天下，三翻四

[①] 张廷玉等：《明史》卷二十四，中华书局1974年版，第335页。

[②] 参见王士禛撰，靳斯仁点校《池北偶谈》卷十《谈献六》，中华书局1982年版，第219页。《崇祯五十相》提道："崇祯朝，阁臣五十人：韩爌、孙承宗、黄立极、张瑞图、李国㯅、施凤来、来宗道、杨景辰、李标、刘鸿训、周道登、钱龙锡、成基命、周延儒、何如宠、钱象坤、温体仁、吴宗达、郑以伟、徐光启、钱士升、王应熊、何吾驺、文震孟、张至发（始由外僚入阁）、林釬、孔贞运、黄士俊、贺逢圣、傅冠、刘宇亮、薛国观、杨嗣昌、程国祥、方逢年、蔡国用、范复粹、姚明恭、张四知、魏照乘、谢升、陈演、蒋德璟、黄景昉、吴甡、**魏藻德**、李建泰、方岳贡、范景文、丘瑜。"

[③] 参见张廷玉等《明史》卷二百四十八，中华书局1974年版，第6425页。"终崇祯世，巡抚被戮者十有一人：蓟镇王应豸，山西耿如杞，宣府王养冲，登莱孙元化，大同张翼明，顺天陈祖苞，保定张其平，山东颜继祖，四川邵捷春，永平马成名，顺天潘永图，而河南李仙风被逮自缢，不与焉。"

覆，夕改朝更，耳目之前觉有一番变革，向后思之讫无一用"①。思宗自缢殉国，最终铸就了一位非亡国之君的亡国悲剧。

在梃击案发生的万历四十三年（1615），明朝颓势已现，皇帝弃朝怠政，太子与后妃忙于皇位之争，诸臣陷在排除异己、彼此攻讦的党争之中。与此同时，万历四十四年（1616）正月，将会在朝代更迭中替代大明的后金政权轰轰烈烈地建立了。"思宗而在万历以前，非亡国之君也；在天启之后，则必亡而已矣"②，明亡于是，这正是对晚明诸帝与政局的精练概括。

第二节　纵欲、自适、狂狷：晚明传奇创作主体之变

晚明政局的起伏使得晚明士人生态兼之心态发生了很大变化。晚明复杂的历史文化语境给士人打上了时代的烙印，士人的心态及其指导的行为同时反作用于社会生态。晚明士人是晚明传奇的创作主体，俞为民曾将明代各时期戏曲剧作家中的文人作家列表统计（见表1-1）③：

---

① 张岱：《石匮书后集》卷一《烈帝本纪》，载《石匮书 石匮书后集》，上海古籍出版社2008年版，第445页。
② 孟森：《明史讲义》，四川人民出版社2018年版，第326页。
③ 俞为民据《曲品》《远山堂曲品》《远山堂剧品》《今乐考证》及《明代传奇全目》《明代杂剧全目》《古典戏曲存目汇考》等曲目论著所载的作家与剧目统计，参见俞为民《论明代戏曲的文人化特征（上）》，《东南大学学报（哲学社会科学版）》2002年第1期。

表 1-1　明代各时期文人戏曲剧作家统计表

时期 \ 人数 \ 身份	进士	举人	诸生及一般文士	藩王、官僚及世家子	合计
洪武—正德① （1368—1521）	2		4	4	10
嘉靖—隆庆 （1522—1572）	10	4	6	2	22
万历—崇祯 （1573—1644）	21	9	44	6	80

笔者将明万历至崇祯年间曲家的范围进一步缩小，将尚有传奇作品留存于世的曲家进行统计，列表如表 1-2②：

表 1-2　明万历至崇祯间文人曲家身份统计表

出身	进士	举人	诸生及普通文士	官吏
人数	12	4	27	24

由以上两表可见，有明一代文人曲家数量在不断增加，且万历以后明代戏曲由古典文学修养较高的士大夫阶级创作。徐朔方在《晚明曲家年谱》中认为传奇区别于南戏的独特属性在于"传奇是文人创作，其他不同的属性都由此而产生"③。郭英德在《明清传奇综录》中提出"文人传

---

① 按：此处"正德"在原文中为"成化"，似为笔误。
② 笔者据《晚明曲家年谱》《明清传奇综录》《古本戏曲剧目提要》所载作家与剧目统计，除去化名、阙名之外，有名有姓的 101 位曲家中，进士 12 人，包括屠隆、陈与郊、汤显祖、臧懋循、秦之鉴、沈璟、叶宪祖、阮大铖、顾大典、郑之文、范文若、吴炳；举人 4 人，包括张凤翼、佘翘、陈汝元、韩上桂；生员及普通文士 27 人，包括梁辰鱼、高濂、孙柚、周履靖、郑之珍、江楫、叶良表、沈自晋、沈嵊、袁于令、卜世臣、王光鲁、王翃、梅鼎祚、王骥德、汪廷讷、冯梦龙、许自昌、孟称舜、徐复祚、周朝俊、单本、刘还初、张瑀、史槃、朱期、吕天成；官吏 24 人（与前文诸项有所交集），包括刘还初、袁于令、孟称舜、高濂、江楫、汪廷讷、冯梦龙、许自昌、韩上桂、陈汝元、朱期、顾大典、郑之文、范文若、吴炳、阮大铖、叶宪祖、沈璟、秦之鉴、屠隆、陈与郊、汤显祖、臧懋循、谢国。
③ 徐朔方：《徐朔方集》第二卷《晚明曲家年谱》"自序"，浙江古籍出版社 1993 年版，第 10 页。

奇在明清传奇创作中占据着主导地位，因为明清时期传奇创作的主体是文人"①。因而研究晚明传奇必须对晚明士人群体进行深入考察。

从主体性因素而言，剧作家个人经历与身份认同构成创作动机的直接来源，社会现实为士人提供创作灵感与素材，其作品又成为观照时代的镜像。尽管受限于史料，我们很难在茫茫史海中钩沉稽古，探询出每一位剧作家的具体创作因由。但除了剧作家个人经历之外，其创作前的储备与积累是创作的基础和深层原因，士人群体深层文化资本的形成既源于个人积累，更受到晚明时代精神的塑造。值得注意的是，晚明戏曲创作已突破单一文本生产模式，呈现出立体化的文化生态：不再仅限于案头的平面创作，而是处在以创作为中心的结社、交游、演出家乐、评论、理论论述等多维化的戏曲生态背景中。因而对晚明士人群体进行深入考察的同时，需把握整体性研究，唯有将个体经验置于群体网络与时代语境中考察，方能完整揭示晚明传奇创作的内在机制与历史意义。

一、明初士人的生态与心态

明朝（1368—1644）享国276年，共传十六帝，十七朝。由太祖朱元璋开国到神宗朱翊钧践祚（1368—1573）经历了二百余年，这段时间即立朝到晚明之前。在这二百余年里，明代士人的生存环境、社会地位、与君主的关系等一直在变化着，因而其心态、思想状况也在随着更易。这二百余年间的士人状况之于晚明士人，是一个连续的继承和发展的过程，同样也是一种鲜明的对比观照。

明代初期，朱元璋一方面恢复科举制度开科取士，另一方面则为了加强中央集权而废除了宰相制，以皇权为绝对权威。在建文时期，曾有

---

① 郭英德编著：《明清传奇综录》"前言"，河北教育出版社1997年版，第4页。

过短暂的文官治国的尝试,初现的文治气象随即因靖难之役的爆发而中断。永乐年间,朱棣继承洪武朝主要政治基调,强调君权专制和皇帝独裁。皇帝利用独立于三法司之外的诏狱、东厂等机构行使监察、缉捕、刑讯、审判等职能,并实行重典治官。譬如为打击文官与勋贵势力结合的"胡惟庸案",从明洪武十三年(1380)延续到洪武二十三年(1390),前后牵连诛杀三万余人。[①] 为惩治官员贪污的"郭桓案",洪武十八年(1385)户部侍郎郭桓及六部左右侍郎以下全部被处死,"词连直省诸官吏,系死者数万人"[②]。因而明前期士人处于严苛紧张的环境中,身心皆难以得到舒展。

至仁、宣年间,总体政局趋于平和宽容,内阁权力逐渐增大,从永乐年间的"顾问"机构变为"俨然汉、唐宰辅"[③] 的中枢机构。此后,在"土木堡之变""夺门之变"等几次朝局大变动中,文官集团在皇权式微之时巩固加强自身权力,逐步确立了明朝以文官为政治主体的地位。弘治一朝是有明一代君臣关系极为和谐的时期,孝宗性情宽和,对大臣直谏"嘉纳之"[④],"至廷杖诏狱等惨酷事,终弘治之世无闻"[⑤]。这一被文官称为"中兴"的时代培养出了一批具有强烈社会责任感和治平抱负的官员。

正、嘉年间,士人心态为之一变。武宗精力旺盛且极具个性,种种不符合帝王身份的行为,引起了百官激烈反对。强势的武宗与文官集团坚决对抗到底,他贬斥言官,并不断提升宦官和佞臣权力以压制朝臣。正德年间更是发生过两次大规模廷杖,尤其是在百官阻谏武宗南巡一事上,一百多位官员被罚跪午门外五日,白日罚跪,夜晚收监,后行廷杖,

---

① 参见张廷玉等《明史》卷三百八,中华书局1974年版,第7908页。
② 张廷玉等:《明史》卷九十四,中华书局1974年版,第2318页。
③ 张廷玉等:《明史》卷一百九,中华书局1974年版,第3305页。
④ 张廷玉等:《明史》卷一百八十一,中华书局1974年版,第4806页。
⑤ 孟森:《明史讲义》,四川人民出版社2018年版,第209页。

杖死十五人①，给官员由身到心带来很大的伤害。

武宗无嗣而崩，使得宦官和佞臣失去依靠，文官集团重掌权力。嘉靖年间"大礼议"事件中，刚刚登基的世宗为了给生父兴献王以"皇考"尊号，甚至"遣中官谕意"向礼部尚书毛澄"长跪稽首"，"出囊金畀澄"②，对文官的低姿态并没有使世宗达成目的。"左顺门案"随之发生，二百多位官员跪谏，撼门大哭，世宗将其中"八人编伍，其余四品以上者俱夺俸，五品以下者杖之"③，被杖的一百八十多人中十九人伤重而死。世宗以强硬的态度和铁血手腕获得"大礼议"的胜利。其后，世宗提拔支持者，贬谪反对者，使得新组建起来的文官集团失去了从前的统一性与和谐性。他赋予内阁极大权力，通过控制内阁掌控百官，包括六卿在内的官员们大都"波流茅靡，泄沓取容"④。左顺门前的仗义死节转为衣冠丧气，唯唯诺诺。

二、晚明士人的异化与分裂

正如上节论述，及至晚明，神宗纵欲怠政，光宗因色猝死，熹宗放任阉祸，思宗刚愎自用，混乱的政局已无法为士人提供一展抱负的良好环境。更严重的是，君臣之间已失去应有的信任与默契。神宗竟在奏折中辱骂臣子为"此畜"，称其上疏为"犬吠"⑤；熹宗朝阉党大肆残害反对者，熹宗的不作为令许多耿介直臣受尽酷刑，以身殉道；思宗在位期间，仅阁臣便更换五十位，处死十多位封疆大吏。君之视臣如犬马，则臣视

---

① 参见张廷玉等《明史》卷一百八十九，中华书局 1974 年版，第 5020—5028 页。
② 张廷玉等：《明史》卷一百九十一，中华书局 1974 年版，第 5057—5058 页。
③ 谷应泰：《明史纪事本末》卷五十《大礼议》，中华书局 1977 年版，第 752 页。
④ 张廷玉等：《明史》卷二百二，中华书局 1974 年版，第 5349 页。
⑤ 参见《明实录·明神宗实录》卷五八九，台湾"中央研究院"历史语言研究所据国立北平图书馆红格抄本影印，第 6662—6663 页。

君如国人；君之视臣如草芥，则臣视君如寇仇。大部分士人的治平理想被消磨殆尽。

居高位者或是循默软熟，只求保全己身；或是党同伐异，相互攻讦。张居正去世后神宗对内阁持消极否定态度，纵私欲、怠朝政且专挑性格软熟之人为相。这些阁臣对上惧怕天子之怒，对下担心百官抨击，于人虚与委蛇，于己文过饰非，无怪史评诸相"外畏清议，内固恩宠，依阿自守，掩饰取名，弼谐无闻，循默避事"①。天启朝内阁成员在魏忠贤的威势之下诚惶诚恐，沦为阉党附庸。思宗御极后命新组建的内阁清算阉党，因此事牵连甚广，阁臣们竟因不愿树敌而试图敷衍了事。面对辽东战事、中原民变、朝廷南迁等重大问题，他们龟缩逃避，畏葸不前，既没有理政能力又缺乏承担责任的勇气。

这样的风气裹挟着整个朝廷，阁臣的言行不仅使朝局恶化，更使得自身的权力和威信不断降低，失去精神领袖的百官们一部分趋利避害，附丽媚悦当权者，结党自保，不辨是非，"名盛则附之者众，附者众，则不必皆贤而胥引之，乐其与己同也。名高则毁之者亦众，毁者不必不贤而怒而斥之，恶其与己异也"②。党争因而逐渐恶化发展成党祸。一部分重名节、持操守的士人，在混乱无序、乌烟瘴气的朝局中保持着人格的完整，但他们的直言勇谏往往轻则遭到贬谪，重则丧命。面对这样的情形，相当一部分士人心灰意懒，为了保全自身的安危和名声的清白，就此辞官离开了朝廷。

庙堂之外的文人科举晋升之路也日益艰难。八股文就其在文学上的意义来说并非反面存在。"能精举业者，未有不能为诗、古文、词者也。

---

① 张廷玉等：《明史》卷二百十八，中华书局1974年版，第5768页。
② 张廷玉等：《明史》卷二百三十二，中华书局1974年版，第6067页。

而诗、古文可传者，亦往往出精举业之手"①，善治八股者必然有深厚的学术功底，精于格律文体且往往有所成就。譬如在会试中拒绝张居正延揽的汤显祖因长于八股而享有才名。然而纵观明代历史，"对八股文的批判几乎与肯定其为'明代之胜'的论说相伴而生"②，究其原因，八股文依托科举制度而生，随着晚明政治、经济的变化，承载了无数士人"精神心术"的科举制度也发生了变化，生成"由积弊而引起的谐谑"③。

首先，人口激增和教育的普及使得参加科举的人数成倍增多。据顾炎武记载，宣德七年（1432），"天下生员三万有奇"④，至明末生员额数则"不下五十万人"⑤，这个数字并不包括未取得生员资格的大量童生。在这些生员当中，每三年通过乡试参加会试的仅有四千余人，而及第者只有三百人左右。⑥其次，政府没能采取有效措施缓解超负荷人数带来的压力。缩短官员任期，加快其迁转速度的方法反而降低了官吏效率，产生"迁转既速，则罢黜亦易，贤愚莫分，略不爱惜"⑦的后果。不仅如此，雪上加霜的是，卖官鬻爵的合法化使得官吏名额被占用，更不必提万历怠政期间，各处严重的缺官不补现象所带来的隐患。再次，科场腐败风气日盛，科举失去了应有的公平性，"士子以侥幸为能，主司以文场为市，利在则从利，势在则从势……富室有力者，曳白可以衣紫；寒畯无援者，

---

① 陈懿典：《陈学士先生初集》卷二十九，载《四库禁毁书丛刊》集部第79册，北京大学图书馆藏明万历四十八年（1620）曹宪来刻本，第535页。
② 郑雄：《八股文为"明代之胜"说的多维建构与瓦解》，《文艺理论研究》2021年第2期。
③ 启功、张中行、金克木：《说八股》，中华书局2000年版，第1页。
④ 顾炎武著，黄汝成集释，栾保群、吕宗力点校：《日知录集释（全校本）》卷十七，上海古籍出版社2006年版，第962页。
⑤ 顾炎武撰，华忱之点校：《顾亭林诗文集》，中华书局1983年版，第21页。
⑥ 参见郭培贵《明代科举各级考试的规模及其录取率》，《史学月刊》2006年第12期。
⑦ 袁裦撰，何朝晖点校：《世纬》卷下《久任》，载《世纬 明夷待访录》，凤凰出版社2017年版，第19页。

倚马不得登龙"①，"其贿买钻营、怀挟倩代、割卷传递、顶名冒籍，弊端百出，不可穷究"②。作为官僚体制流通的基础环节和官吏选拔的重要手段，科举之路已壅塞至此，腐败如斯，很难不令士人们对朝廷产生失望情绪，政府对士人们的控制力与影响力也在不断减弱。

朝政之腐朽和举业之困难导致士人异化，功利心炽而士风噪竞空疏。参加科举花费不赀，有幸考取功名者身心家庭皆需回身弥补，取得功名则贪求利禄，官场腐败加剧科举难度，形成恶性循环。面对这样的境况，不少家境尚可者干脆选择放弃科举取士的道路，在举业之外另寻寄托；而经济状况不佳的底层士人，或是举业时断时续，或是彻底放弃以另谋生路。

士人这一称呼是在朝官员和社会上的士大夫的合称，这两者通常被看作一个整体，代表一个独立的阶层。晚明以来，士人逐渐发生异化和分裂，原本同质的士人逐渐脱出了原有独特性，变得互不相似，其群体因而进一步发生分化。晚明士人的分化由传统士人"非仕即隐"的二分法变得更为细化、复杂，形成更多元的群体层次。有得过且过的混沌者，有舍生取义的忠直者，有阿谀谄媚的奉承者，有党同伐异的党争者，有心灰意懒的弃官者，有埋头苦读的参举者，有好货好色的纵欲者，有洒脱恣肆的弃巾者，有游走在仕隐边缘的山人，有弃文就贾的儒商。此种多元分化展现出士人思想与价值观的多元化。

---

① 徐复祚：《花当阁丛谈》卷五，载尹德新主编《历代教育笔记资料》（第3册），中国劳动出版社1992年版，第333页。
② 张廷玉等：《明史》卷七十，中华书局1974年版，第1705页。

三、晚明士人心态之变

（一）从治生到纵欲

自古以来，因官场腐败、仕途不顺、举业困难等诸多原因导致的辞官与弃巾不论在哪一朝代都不算罕见，但晚明士人大量异化，其数量之多前所未有。在晚明社会背景下，他们面临物质与精神的双重困境。

在儒家传统观念中，士人将"德者，本也，财者，末也""君子固穷"等圣训作为基本义利观，认为只有士人才能做到"无恒产而有恒心"。底层士人将出仕看作是实现个人价值的唯一途径，宁肯固守清贫，也绝不屑于操持财货之事。明永乐年间，"画竹称冠绝今古"的王孟端（1362—1416）为邻居传来的箫声所感，画竹一幅赠之。邻居是一位富商，顿时喜出望外，奉上两段昂贵的驼绒再求一幅作配。王孟端道"俗子何足当我笔也"，并索回之前一幅撕碎。[①] 此例可见明初士人对财货的鄙薄和对精神交往的追求。

到明中叶以后，士人对待财货的态度逐渐发生了变化，不仅不避讳谈钱，而且主动谋求财货。李诩（1506—1593）著述的《戒庵老人漫笔》中"文士润笔"一条记录了士人们以文换钱，"无不重财"的现象：

> 嘉定沈练塘龄闲论文士无不重财者，常熟桑思玄曾有人求文，托以亲昵，无润笔。思玄谓曰："平生未尝白作文字，最败兴，你可暂将银一锭四五两置吾前，发兴后待作完，仍还汝可也。"唐子畏曾在孙思和家有一巨本，录记所作，簿面题二字曰"利市"。都南濠至不苟取。尝有疾，以帕裹头强起，人请其休息者，答曰："若不如此，则无人来求文字矣。"马怀德言，曾为人求文字于祝枝山，问

---

① 参见倪进选注《元明笔记选注》（上册），上海教育出版社2018年版，第130页。

曰："是见精神否？"（俗以取人钱为精神。）曰："然。"又曰："吾不与他计较，清物也好。"问何清物，则曰："青羊绒罢。"①

较之明初，士人润笔已成为司空见惯的现象。晚明士人脱出"君子喻于义，小人喻于利"的传统义利观，开始正视生计问题。陈确（1604—1677）在《学者以治生为本论》中总结士人读书与治生之间的关系，强调治生之于读书人的重要性：

> 确尝以读书治生为对，谓二者真学人之本事，而治生尤切于读书。……唯真志于学者，则必能读书，必能治生。天下岂有白丁圣贤、败子圣贤哉！岂有学为圣贤之人而父母妻子弗能养，而待养于人者哉！②

晚明社会的复杂境况令许多士人放弃了自身的政治属性，但他们不会也不能放弃根植于体内的文化属性。文化属性成为士人治生、获取财货的重要手段，润笔费来自自身擅长的书画、应酬唱和的诗文，为他人（尤其是富商亲眷）撰写的寿序或墓志铭，为书商创作或撰写的书评等。这一行为极具普遍性，包括享有朝廷俸禄的官员们也加入其中，文化商品化逐渐生成。底层士人的润笔行为更趋于职业化，除此之外，他们还会选择授馆、幕府、山人等职业维持生计。值得注意的是，晚明起士人渐不以商贾为贱业，为商人"代言"的情况累见不鲜，一些士人开始参与商业活动以获取利益，甚至出现了许多士人"弃儒就贾"的现象。

在基本生计问题解决之后，晚明士人对物质生活的要求逐步增加，消费观念也随之转变。这表现在生活的方方面面。以衣饰中的"巾"为

---

① 李诩撰，魏连科点校：《戒庵老人漫笔》卷一，中华书局1982年版，第16页。
② 陈确：《陈确集》卷五，中华书局1979年版，第158—159页。

例,"在庆历(隆庆、万历)前犹为朴谨,官戴忠靖冠,士戴方巾而已",在此之后则"首服之侈汰,至今日极矣"①,叫得上名称的样式有十几种之多,缀以玉饰,缝纫皮金,颜色多样,质地多种,甚至包括纱、罗、丝等高级布料在内。在饮食方面,"嘉、湖乡士夫宴郡邑官者,动言客席须银一两一桌"②。在住宅方面,"缙绅喜治第宅,亦是一蔽……穷极土木,广侈华丽以明得志",万历年间有士大夫罢官之后"赀累巨万,家居缮治第宅,甲于一郡,材具工匠皆越数百里外致之"。③ 在交通工具方面,明代有"文官三品以上方可乘舆"的严格规定,明初官员多步行或骑驴,后逐渐有人开始骑马,及至晚明,"壬寅〔万历三十年(1602)〕入都,则人人皆小舆"④,这不仅包括大小官员,就连举人、监生也"无不乘轿","一举人轿边随从约有二十余人,皆穿新青布衣,甚是赫奕"⑤。如此侈汰且违背礼制的情形,仅是晚明士人基本生活中关于衣食住行的一个侧面。

竞奢士风引起了其他阶层人民的模仿,刺激了社会消费,促进了经济的发展。但客观看来,一些士人过度放纵、沉溺于欲望,给自身身心带来伤害,也引发了攀比、逐利、腐败等不良后果。这些后果同好货好色之风联系起来,在一定程度上形成了恶性循环。同时,其他阶层的模仿也让士人群体生出另一种担忧的情绪。由于环境风气变化,金钱的重要性逐步加重,成了提高社会地位的重要工具。随着士人弃儒就贾,商人入赀捐官,阶层之间的浮动变化令本来身为四民之首的士人感到担忧。他们因而用文化消费来进行炫耀,以特殊的"雅"的品位,来区分与庶民之"俗"的不同。

因而,在消费压力和身份焦虑下,晚明士人需要确立自身身份的独

---

① 顾起元撰,孔一校点:《客座赘语》卷一《巾履》,上海古籍出版社2012年版,第16页。
② 李乐:《见闻杂记》续卷十,上海古籍出版社1986年版,第829页。
③ 谢肇淛:《五杂俎》卷三,中央书店总经售,第120页。
④ 顾起元撰,孔一校点:《客座赘语》卷七《舆马》,上海古籍出版社2012年版,第155页。
⑤ 何良俊:《四友斋丛说》卷三五《正俗二》,中华书局1959年版,第321页。

特性，填补物欲之下的精神空白。在拥有物质保障的同时，找寻新的精神寄托与人生价值以走出心灵困境。

（二）从仕隐矛盾到自适自娱

具有实用理性心态的士人们以极强的适应能力进行自我调节与自我保护，在入世与避世的矛盾中调和出适世以自适的心态。这一心态的核心在于对自我情感感受的重视，这也使得晚明士人不同于其他时期处在仕隐矛盾中的文人。黑暗腐朽的帝国局势蚕食、消解着晚明士人的社会责任感，他们选择性地忽视了庙堂风雨，将更多注意力转向世俗生活，更加关注个人内心的涟漪微波。这种心态反映在其生活中即自由表达、率性而为、满足个人欲望、尽情享受生活乐趣，"不必矫情，不必逆性，不必昧心，不必抑志，直心而动"①。他们或寄情书画，或游历四方，或结社宴游，或求禅问道。

他们之中有如张岱（1597—1689？）一样，寄情浊世，得意尽欢者：

> 少为纨绔子弟，极爱繁华，好精舍，好美婢，好娈童，好鲜衣，好美食，好骏马，好华灯，好烟火，好梨园，好鼓吹，好古董，好花鸟，兼以茶淫橘虐，书蠹诗魔……②

也有享受世外之乐，在纷繁热闹之外，满足自身乐趣者。如张大复（约1554—1630）笔下的理想生活：

> 一卷书，一麈尾，一壶茶，一盆果，一重裘，一单绮，一奚奴，

---

① 李贽撰，张建业主编，张建业、张岱注：《李贽全集注》第1册《焚书》卷一，社会科学文献出版社2010年版，第199页。
② 张岱著，云告点校：《琅嬛文集》，岳麓书社1985年版，第199页。

一骏马，一溪云，一潭水，一庭花，一林雪，一曲房，一竹榻，一枕梦，一爱妾，一片石，一轮月，逍遥三十年，然后一芒鞋，一斗笠，一竹杖，一破衲，到处名山，随缘福地，也不枉了眼耳鼻舌身意随我一场也。①

晚明文人的自足是从物质到精神的自我满足。他们尊重并尽力满足自己与同好的一切爱好，将理想生活化，又将生活艺术化，世俗色彩和文人雅趣因此交融。这一点也表现在此时期对应的各类文学作品中，如游记、小品、文人传奇等。文人创作由带有求取名利的功利性抑或经国不朽的责任感走向了娱情自娱。晚明文人传奇的案头化倾向有很大原因即文人的自娱性。

（三）狂狷与反叛的士风

晚明士人理想与现实剧烈冲突，仕途坎坷、抱负成空的境况令许多士人油然而生出愤世嫉俗的逆反心理。在黑暗政局和思想解放的背景下，生发了狂狷与反叛的心态，并逐渐扩大成时之士风。狂狷人格在孔子时期被认为是"不得中行"之人，即行为不合乎中庸之道，"狂者进取，狷者有所不为也"②。历朝历代也不乏狂狷之人。晚明士人的独特性在于，他们将狂狷推向更极致的方向，以狂放恣肆、傲诞狷介为特点。且相比于魏晋时期局限于上层社会的狂狷者，晚明士人的狂狷反叛没有受到年龄、财富、职业、阶层等分层的限制。大量士人放弃追求儒家仁人君子式的个体完美人格，欣赏、接受真实而不规范的独立人格品质。

---

① 张大复：《闻雁斋笔谈》卷五《泗上戏书》，载《续修四库全书》——三—《子部·杂家类》，上海古籍出版社2002年版，第677—678页。
② 陈晓芬译注：《论语》，中华书局2016年版，第176页。

其放纵恣肆、不受世俗道德规范的约束，随心率意而行，大有是真名士自风流之态。屠隆（1542—1605）在青浦为县令时"泛舟置酒，青帘白舫，纵浪泖浦间，以仙令自许"，后调任礼部，与西宁侯亲厚，相聚诗酒"两家肆筵曲宴，男女杂坐，绝缨灭烛之语，喧传都下"。①臧懋循（1550—1620）任南京国子监博士时，"每出必以棋局、蹴球，系于车后。又与所欢小史衣红衣，并马出凤台门"②。汤显祖评二人为"自古飞簪说俊游，一官难道减风流。深灯夜雨宜残局，浅草春风恣蹴球"③。钱谦益记下了这段逸事，并称"艺林至今以为美谈"④。可见这种打破传统社会规范的行为不仅让行为者们自认为是洒脱不羁，而且旁观者也不以为忤，是为大部分人所肯定的。

其傲诞孤介，绝不趋炎附势，不作世故之态，与人来往合则交，不合则去。徐渭（1521—1593）为胡宗宪幕宾时与之约定"若欲客某者，当具宾礼，非时辄得出入"，"葛衣乌巾，长揖就坐，纵谈天下事，旁若无人"。⑤李贽（1527—1602）"又今世俗子与一切假道学，共以异端目我，我谓不如遂为异端，免彼等以虚名加我，何如？"⑥。布衣鹅池生宋登春（1515—1586）也是一个典型的例子，他善诗画，才名出众，流寓荆州时，知府徐学谟前去拜访，登门两次方见其人，且"戴紫冠，衣皂缯衫，报谒，踞上坐"。后来某次会面徐学谟迟到，宋登春就锁上门睡起觉

---

① 钱谦益：《列朝诗集小传》丁集上"屠仪部隆"，上海古籍出版社1983年版，第445页。
② 钱谦益：《列朝诗集小传》丁集上"臧博士懋循"，上海古籍出版社1983年版，第465页。
③ 臧懋循在屠隆被罢官后一年同样被贬，与他一道被贬、同日出关的还有崇奉程朱理学、坚决反对心学的唐伯元。汤显祖感慨不已，写诗一首送别臧懋循，并寄给一年前被贬的屠隆。参见汤显祖《送臧晋叔谪归湖上，时唐仁卿с谈道贬，同日出关，并寄屠长卿江外》，载汤显祖著，徐朔方笺校《汤显祖集全编》（一），上海古籍出版社2015年版，第375页。
④ 钱谦益：《列朝诗集小传》丁集上"臧博士懋循"，上海古籍出版社1983年版，第465页。
⑤ 袁宏道著，钱伯城笺校：《袁宏道集笺校》卷十九《徐文长传》，上海古籍出版社2008年版，第715—718页。
⑥ 李贽撰，张建业主编，张建业、张岱注：《李贽全集注》第1册《焚书注》卷一，社会科学文献出版社2010年版，第18页。

来，怎么敲门也不应声。数年后，徐学谟被罢官回原籍，宋登春"为道士装，持一钵，裹败衲，行乞三千里"去拜访徐学谟①，颇有些任侠狷介之气。

晚明士人多是狂中有狷，狂狷并举，其心态带有极强的叛逆性。他们对名利带有轻视之态，甚至对腐朽的政局表现出厌恶之情。对待物欲、色欲从不避谈，如若顺意，可纵情享受，也可散尽家财。得其青眼者，不论身份地位乃至商贾皆可交游往来。他们叛逆权威、蔑视世俗，其"狂"即求"异"，其"狷"即求"真"。超越世俗价值观的奇与异被看作难得的脱俗情趣，发乎情不必止乎礼，赤裸裸坦露真性是其所追求的一种精神境界。因而这一时期的文艺作品常展示出大俗大雅、大畸大癖的特点。

当然，并不是每一位晚明士人都能在时代的浪涛中勇敢航行，他们中同样也有颓丧乃至一蹶不振者，有故作清高或是佯狂夸张以沽名钓誉者，甚至还有随波逐流、腐败、谄媚、结党者。客观来讲，急功近利、缺乏社会责任感是这个时代士人的通病，这种心态也影响了时代精神、世风的变化。

第三节　人情以放荡为快，世风以侈靡相高：晚明经济转型与世风之变

晚明是一个社会大变迁的时代，这种变迁不仅表现在其政治上的风

---

① 参见钱谦益《列朝诗集小传》丁集中"鹅池生宋登春"，上海古籍出版社 1983 年版，第 515 页。

云突变，士人的心态巨变，同时也表现在以其经济发展变化为基础引起的世风、文化、社会地位、权力分配等诸多方面。这种变化涉及社会各个阶层，士、农、工、商四民在社会剧变之下形成了前所未有的生活习惯、情趣品味、生存方式、思想观念，催生了新的社会图景。晚明传奇既是折射社会转型期的镜子，也是特殊土壤中结出的果实。

一、晚明经济转型

晚明人口数量大增且发生了明代第三次人口大流动。据明代人口研究学者统计，洪武二十四年（1391）人口数为7055万，到万历二十八年（1600），人口数量已达到1.9亿。[①] 同时，晚明时期的人口流动数量也处于高峰，且性质不同于明初洪、永年间政府组织的大规模开荒屯垦，以及明中期宣、正、成、弘年间的逃税逃荒[②]，而是人口主动的、有目的性的迁移流动，其趋向在空间上是由农村流向城镇，由经济不发达区域流向经济发达区域，在职业上是由农业人口流向非农业人口。

晚明时期，大量农民由种植粮食作物改种经济作物，诸如棉花、水果、甘蔗、烟草等。经济作物需要完成生产、加工、销售的一整套流程才能产生经济效益，这一过程使得社会分工扩大，手工业逐渐从农业生产中脱离而出并迅速发展。以棉纺织业为例，棉花采摘后需经过轧花去籽、人工纺纱、织布，更进一步则需要进行技术要求更高的踹布、染布等。脱离农业劳动的手工业者们相互之间的生产环节并不相连，他们需要借助商人和市场购买棉花，买卖成品或半成品换取报酬。农、工、商

---

① 按：关于洪武和万历年间人口数量的统计学界各有争论，目前较为统一的万历人口数量有1.5亿、1.9亿、2亿上下。笔者取其中间数值，采用高寿仙的人口计算方法。参见高寿仙《明代人口数额的再认识》，载《明史研究》第七辑，黄山书社2001年版，第76页。
② 参见林金树《人口流动及其社会影响》，载万明主编《晚明社会变迁：问题与研究》，商务印书馆2005年版，第33—35页。

因而形成一条产业链，改变了一直以来的农村单一的经济结构，也改变了过去传统的男耕女织、以物易物的自然经济状态。

大批以手工业或商业贸易为核心的市镇由此兴起，如以纺织业盛行的东昌府"阖境桑麻，男女纺绩，以给朝夕"①，其境内种植棉花的高唐、恩县"江淮贾客，列肆赍收，居人以此致富"②，盛产瓷器的景德镇"陶舍重重倚岸开，舟帆日日蔽江来"③，以冶铁闻名的佛山在明末"有炉户数万家"④。这些市镇如雨后春笋，数量繁多，它们将乡村和大型城市、州府连接在一起，组成了大型的商业网络，有些市镇甚至繁荣发达胜过州府。四通八达的交通、繁华的城镇、就业岗位的空缺吸引了大量人口流入，同时生出了"机工出机，织工出力，相依为命"的新型生产关系，即雇佣关系。本身以贩和运为主体的商人逐渐分工细化，以便利的交通和货源充足的市镇为依托，分为采购、运输、销售多种分工，大量行商因而变为坐贾，定居为市镇的新居民。商品经济因而快速发展，晚明城市化进程加速，原本的政治中心如北京、南京，商业中心如苏州、杭州等规模都不断扩大，同时出现了许多具有"现代意义"的大都会。

晚明经济结构转型的另一个重要标志在于白银货币化。成、弘之后，白银在民间开始逐渐取代宝钞的位置。在明嘉靖时期提出、万历年间推广的"一条鞭法"规定赋役合一，计亩折银，使得白银货币化最终确定下来。在此过程中，田赋由征收麦、米等"本色"转为征收白银，其他诸如徭役、盐课、茶课、关税等赋役都由实物改革为货币化。小农经济

---

① 王命爵、李士登修，王汝训纂：《（万历）东昌府志》卷二《物产》，明万历二十八年（1600）刻本，第35页。
② 王命爵、李士登修，王汝训纂：《（万历）东昌府志》卷二《物产》，明万历二十八年（1600）刻本，第35页。
③ 缪宗周：《咏兀然亭》，载陈雨前主编《中国古陶瓷文献校注》（下），岳麓书社2015年版，第871页。
④ 司徒尚纪：《广府民系》，广东人民出版社2023年版，第172页。

开始转向市场经济，这是社会进步的表现，但同时，整个社会由上到下深受白银货币化影响。过去自给自足的农民不得不以物换钱，甚至出卖土地缴纳赋税，因而使得土地兼并加重，农民改行谋生。手工匠人则因以银代役获取自由，民营手工业开始发展起来。商人阶层的人数增多，地位提高，改变了传统社会的风俗习气，贫富差距也逐渐加大。士人阶级也不能免俗。

同时，由于白银货币化，使得中国对白银的需求大大增加，海外进口成为白银的重要来源。明隆庆初年解除海禁，中国市场网络向海外延伸，大量出口商品如丝绸、瓷器等，同时将以日本和美洲为主开采出的白银吸入，中国的丝银之路使得中国由此走进世界经济体系之中。

二、晚明世风之变

在商品经济迅速发展、诸多市镇崛起的背景下，人们的消费欲望被不断刺激，消费水平也逐步提高，人们不吝于满足物欲，尽情享乐。同时，白银代替可交换的谷物、布匹等实物出现在人们的生活中，并展示出广泛的作用和影响力，使用白银可以缴纳赋税、替代徭役、雇佣劳动力，甚至可以改换门庭，入赘捐官。这样的境况一再向人们强调着白银的重要性，白银即金钱至上的观念印刻在每个人的思想中，融入了社会每个阶层。人们对金钱趋之若鹜，且人与人之间的关系也逐渐围绕金钱为中心发生变化。经济结构和货币制度的改变使得社会的价值观念、行为习惯、风俗习气都发生了巨大改变。

明初期，太祖朱元璋在《大明律》和《大诰》中对社会各阶层、各职业民众的衣食住行等生活的方方面面制定了严格的规则和限制。

> 诰至，一切臣民所用居处器皿、服色、首饰之类，毋得僭分。

敢有违者，用银而用金，本用布绢而用绫、锦、纻丝、纱、罗；房舍栋梁，不应彩色而彩色，不应金饰而金饰；民之寝床船只，不应彩色而彩色，不应金饰而金饰；民床毋敢有暖阁而雕镂者，违诰而为之，事发到官，工技之人与物主各各坐以重罪。①

从是否可穿着棉布之外的绫、锦、纻丝、纱、罗，是否可佩戴金银饰品，到屋宇栋梁的面积高度、涂彩雕镂，婚丧嫁娶的规格大小都因主人身份等级的不同而有所差异。及至晚明，这些禁令渐渐失去了原有的效力。上一节的论述中已提到过晚明士人之僭越，事实上，其他阶层也纷纷效仿，在其日常生活中视竞奢逾制为常事。以时人衣饰为例，"今男子服锦绮，女子饰金珠，是皆僭拟无涯，逾国家之禁者也"②，"今者里中子弟，谓罗绮不足珍，及求远方吴绸、宋锦、云缣、驼褐，价高而美丽者以为衣"③，人皆以奢侈华丽为时尚，男子从衣着打扮上甚至"大类妇人"④难辨男女雌雄。这种风尚俨然已成为群体趋势，倘若有人不追逐时尚，就会遭到他人嘲笑与轻视，"有不衣文采而赴乡人之会，则乡人窃笑之，不置之上座"⑤。甚至连社会地位低下的贱籍都可以逾越规制，将高门士族、品级诰命才可使用的服装首饰、材质图案披挂上身，"至贱如长班，至秽如教坊，其妇外出，莫不首戴珠箍，身被文绣。一切白泽麒麟、飞鱼、坐蟒，靡不有之"⑥。然而纵观晚明社会，衣饰的违制仅仅只是时人

---

① 《大诰续编·居处僭分第七十》，载张德信、毛佩琦主编《洪武御制全书》，黄山书社1995年版，第843页。
② 张瀚著，盛冬铃点校：《松窗梦语》卷七，中华书局1985年版，第140页。
③ 《（万历）通州志》卷二《风俗》，《天一阁藏明代方志选刊》（10），上海古籍书店1981年影印版，第47页。
④ 李乐：《见闻杂记》续卷十，上海古籍出版社1986年版，第914页。
⑤ 《（万历）通州志》卷二《风俗》，《天一阁藏明代方志选刊》（10），上海古籍书店1981年影印版，第47页。
⑥ 沈德符：《万历野获编》卷五，中华书局1959年版，第148页。

竞奢生活中的一部分而已。

除了衣饰，时人侈靡逾越表现在生活的各个方面，"服舍违式，婚宴无节，白屋之家侈僭无忌，是以用度日益华靡，物力日益耗蠹"①。由俭变奢，由谨守规制变肆意逾制的社会风气在晚明蔓延开来，其范围之广涉及不同阶层、不同地域，由士人到平民，由城市到乡村，由南方到北方。饮无度，宴奇珍，房屋违式，服饰违制，婚筵丧奠争相攀比规模投入，有些平民之家甚至未富先奢，为了攀比倾家荡产。

这种违禁和逾制还表现在人与人之间的关系变化中。内在观念指导具体行为，原本谨守的等级秩序、尊卑地位开始松动之后，主仆上下、贵贱高低、长幼之序、男女之别逐渐模糊。

儒家所强调的父系家族制以父系为大家长，血缘为纽带，"孝"与"悌"从横向与纵向两方面将家族成员牢固地维系在一起。儒家传统观念中，"孝悌"即礼，晚明时期金钱至上观念冲击着父子与兄弟之间固守的孝悌之礼，外在的血缘网络被内在的心理物欲打破，"淳庞之气益漓浮薄，以至父子兄弟，异釜而炊，分户而役"②。"今江浙之间，多有此风，一入门户，父子兄弟，各树党援，两不相下。万历以后，三数见之。此其无行谊之尤。"③这些现实情况让明代家训中常出现的"孝悌""天下无不是父母"等强调上下尊卑等级的训谕成为空文，原本为了家族共同利益而"合"，如今为了个人利益而趋向于"分"的情况屡见不鲜，父系家族秩序松动。

夫妻之间"夫为妻纲"、男女之间"男尊女卑"的观念也有所松动。在自然经济体系中，男性因体力优势主导农业生产，而手工业与商业的

---

① 顾起元撰，孔一校点：《客座赘语》卷七《俗侈》，上海古籍出版社 2012 年版，第 156 页。
② 《（万历）滕县志》，载顾炎武撰，黄珅等校点《天下郡国利病书》，上海古籍出版社 2012 年版，第 1656 页。
③ 顾炎武著，黄汝成集释，栾保群、吕宗力校点：《日知录集释（全校本）》卷十三，上海古籍出版社 2006 年版，第 813 页。

勃兴催生了新型劳动分工模式，凭借技术精细化与生产组织化的产业，如纺织、桑蚕等，使女性劳动转化为具有独立经济价值的商品化生产。物质基础的嬗变必然冲击上层伦理秩序，传统纲常的绝对权威性在现实利益考量中逐步弱化。受程朱理学影响，明中前期对妇女贞节要求极为苛刻，甚至有一套严格的奖惩制度，女性被污、再醮甚至肌肤被异性触碰，都算作失节，女性从生理到心理都受到了巨大的压抑。晚明风气有所改变，女性不仅在上元、端午、清明、中秋等节日纷纷走出家门参与活动，并且还能"夜走城市步月"[①]，"拟饰倡妓、交结姐媪、出入施施无异男子"[②]，《陶庵梦忆》中甚至还记载了一则妇女扮男装的奇事。[③]家庭经济结构变动，女性在家计方面作用的提高，使得女性的经济贡献获得家庭与社会认可，传统性别秩序也在这个过程中被重估乃至弱化。

　　处于四民之下的贱籍在公共空间的僭越礼制也成为常态化。譬如奴籍的奴婢仆从、乐籍的教坊伎人常见逾制的穿着和逾礼的行止，世人司空见惯，不以为忤，"（长班、教坊）且乘坐肩舆，揭帘露面，与阁部公卿，交错于康逵。前驱既不呵止，大老亦不诘责"[④]。贱籍暴富后追求社会地位，动摇着"贵贱有等"的等级秩序根基，"令甲、娼优、隶卒之子，不许入学，迩来法纪荡废，胶序之间，济济斌斌，多奴隶子"[⑤]。明初期森严的等级制度、传统观念中的纲常伦理被一一逾越破坏，明初建构的社会控制体系全面失序。

---

① 李乐：《见闻杂记》续卷十，上海古籍出版社1986年版，第799—800页。
② 顾起元撰，孔一校点：《客座赘语》卷一《正嘉以前醇厚》，上海古籍出版社2012年版，第17页。
③ 参见张岱著，林邦钧注评《陶庵梦忆注评》，上海古籍出版社2014年版，第165页。
④ 沈德符：《万历野获编》卷五，中华书局1959年版，第148页。
⑤ 伍袁萃：《林居漫录》卷二，台湾伟文图书出版社1977年版，第67—68页。

三、晚明社会权力的重新分配

晚明时期自然灾害频发,民众屡屡陷入饥荒,政府救灾救荒能力却在不断减弱。明代中央集权制使赈灾、施恩百姓的权力牢牢掌控在皇帝手中,晚明皇帝的懒政荒政行为使朝廷救荒工作无法迅速开展。同时,官场腐败的情形也令实际救荒工作困难重重。明代政府曾以摊派借粮、旌奖表彰等方式令富民参与救荒,但之后借粮不还、旌奖泛滥、官员贪污等情况使得富民对政府产生不信任的情绪,合作救荒无以为继。晚明时期的富民逐渐开始采取独立于政府之外、直接面向灾民的赈灾行动。"立会建仓、社区救济、田主赈济佃户,是明后期出现的救荒新事物"[①],在此过程中,过去以政府为主导的模式改变了,富民以经济上的实际付出,换取实际参与甚至主导救荒的权力,这种富民直接在政事中占有主要地位的情况在过去是前所未有的。

晚明行政权力的转移还表现为里甲制度的崩解。明初推行的里甲制度将地方乡村社会整合为由丁粮最多的十名"里长"管理同区一百户村户(即"甲首"),以方便登记户籍、征收赋役、统一管理、教化等工作自上而下地实行。晚明人口大量流动、贫富分化严重、赋役加重等情况令里甲制度逐渐瓦解,非职役性地方精英开始参与到社会管理中。地方精英一般被划分为"职役性、身份性、非身份性",即政府推行的基层领导如粮长、里长,文人士大夫出身的士绅,以及"前两类之外所有能在地方社会发挥支配作用的人士",如拥有暴力武装的豪强、宗教领袖、一方富豪等。[②] 职役性地方精英没落,非职役性精英依托自身功名、财富、

---

① 张兆裕:《变迁中政府权力的转移》,载万明主编《晚明社会变迁:问题与研究》,商务印书馆 2005 年版,第 349 页。
② 参见高寿仙《晚明的地方精英与乡村控制》,载万明主编《晚明社会变迁:问题与研究》,商务印书馆 2005 年版,第 249—250 页。

武装力量或是强大的活动力和广泛的号召力等形成新兴的非正式的地方权力组织。晚明政府无力统筹管理全部地方事务，故而除了抓紧赋役、治安等重点方面之外，其余事务诸如学校、仓廪、水利、桥梁等越来越多地需依靠地方精英的协助办理。因而政府集权专制制度收缩，民间组织对地方事务的控制力增强，民治兴起。

晚明乡村中社会权力结构已然异化，同时期的市镇也发生了巨大改变。晚明时期民变①蜂起，大量社会群体事件发生在经济发达的江南市镇及周边区域。因商品经济与手工业不断发展，市镇中的商人、市民、手工业者因而获利，政府遂将征税对象转向市镇。神宗爱财好货，派遣宦官巧立名目，掠夺敛财，经济发达的市镇商人、手工业者被层层盘剥，深受其害。以发生在明万历二十九年（1601）的苏州民变为例，敕织造太监孙隆驻苏州督税，"凡遇商贩，公行攫取，民不堪命。又机户牙行，广派税额，相率改业。佣工无所趁食"②。以葛成为首的数千织工冲进城内，围攻税署，棍毙税棍，火烧其住所，孙隆乔装越墙逃走。

这并不是孤例，此类民变在晚明频繁发生，仅万历年间因反对矿监税而发生的民众群体斗争事件就有 27 起之多。③其民变规模之大，往往涉及几千甚至上万人，且包括了社会各阶层人士，既有豪商富民也有诸如机工织户、脚夫货郎等小商贩、小手工业者。其特殊之处在于其中往往还有士人的支持帮助。明天启六年（1626），苏州市民反对阉党逮捕东林党人周顺昌：

---

① 按：指民众发生事变，这一概念含义较广，既包括明代城镇民众集体性事变，也包括各地农民的造反起义。此处取前者含义，此行为是不同阶级民众为了自身利益而发生的社会群体事件，其目的在于希望政府调整政策而不是推翻明代政府统治。
② 孙珮编：《苏州织造局志》卷十二《杂记》，载钱思元、孙珮辑，朱琴点校《吴门补乘 苏州织造局志》，上海古籍出版社 2015 年版，第 550 页。
③ 参见韩大成《明代城市研究》，中华书局 2009 年版，第 334—338 页。据其表格统计计算得知。

> 众咸愤怒，号冤者塞道，至开读日，不期而集者数万人，咸执香为周吏部乞命……蜂拥大呼。势如山崩。旗尉东西窜，众纵横殴击，毙一人，余负重伤，逾垣走。①

晚明民变的目的从为了争取保护自身利益、抵抗过度税收转变为反对阉党执政，保护自己支持的东林党人，其主旨已由经济层面转入政治层面，带有明显的民主政治色彩。事实上，晚明时期民众关心政治的传统由来已久，在当时出版业发达的背景之下，记录时事的时事小说和邸报也颇受民众欢迎，尤其是用于抄发朝廷文书、政治情报的邸报，刻录盛行。在万历二十六年（1598），首辅沈一贯（1531—1615）便曾描述过民众议政的情形：

> 往时私议朝政者不过街头巷尾，口喃耳语而已。今则通衢闹市唱词说书之辈，公然编成套数，抵掌剧谈，略无顾忌。所言皆朝廷种种失政，多人无不乐听者。②

显然城市的发展令居住在"通衢闹市"的市民比之闭塞乡村的农民更关心朝政。且这种关心和重视是前所未有的。由于朝政松懈、吏治弛废、舆论环境宽松，民众舆论的力量因而也逐渐由小增大，甚至与士大夫思想行为结合，他们合作抵抗皇权专制及其派出的代表——宦官，形成一股非君思潮。普通市民百姓自下而上关心、参与、改变了政治。

不论是民间舆论的兴起还是民变的发生，究其根本原因，都在于经济发展、社会转型的背景下，新的社会结构排列和新兴阶层在兴起，国

---

① 张廷玉等：《明史》卷二百四十五，中华书局1974年版，第6354页。
② 沈一贯：《敬事草》卷三《请修明政事收拾人心揭帖》，载《续修四库全书·四七九·史部·诏令奏议类》，上海古籍出版社1996年版，第194页。

家政府却日益落后、腐朽、不作为。晚明市镇民变多以"为民除害"为口号，但是当社会矛盾发展到一定程度，政府又无心且无力加以解决的时候，民众与政府的矛盾无法缓和共存，此类"民变"发展为更大规模的起义，最终颠覆明王朝。

小 结

晚明经济结构转型、社会分工细化、白银货币化，促成了商业、手工业、交通、城市化等的发展与发达。社会风气、等级秩序、思想文化、社会权力的分配因而变化，庶民文化、平等思想、民众参与政治开始兴起。庶民生活展现出前所未有的自由活泼，晚明世风也转向侈靡放荡。经济的发展带来社会思想文化的转型，各阶级违禁逾制已成常态，原本谨守的伦理纲常、贵贱尊卑因而动摇。四民之间的界限有模糊化趋势，商人、手工业者的社会地位得以提升，一些豪匠、商贾甚至能同士人平起平坐。"新四民论""士商平等"等言论不断涌现。社会等级结构的变化使得社会权力分配发生转变。晚明灾荒频发，政府制度弛废，乡村里甲制度崩解，富民分割政府权力参与救荒，地方精英参与学校、仓廪等政事决策，市民组织群体民变由经济到政治层面不断递进，以维护自身权益。种种情形已然显现出民治兴起的苗头。但我们不能忽略奢侈纵欲之风带来的负面影响；白银通货危机和政治改革带来的赋役加重使得部分平民变为流民，流民变为流寇；违禁逾制走向极端就发展成了违法的恶劣行为；新的社会结构要求新的利益，而旧的社会制度无法满足、无所作为时，社会变革便成为历史的必然。

第二章 晚明传奇生成的思想文化语境

嵇文甫在《晚明思想史论》中将晚明称作"思想史上的转型期",这一时期的思想"杂"而非"庸","嚣张"而绝不"死板",可称作"乱世之音"但绝非"衰世之音"①。这"是一个动荡的时代,是一个斑驳陆离的过渡时代。照耀着这时代的,不是一轮赫然当空的太阳,而是许多道光彩纷披的明霞"②。这"许多道光",正包括了"王门诸子的道学革新运动,继之以东林派的反狂禅运动,而佛学、西学、古学,错综交织于其间"③。在这许多明霞照耀之下,晚明社会、文化发生了巨大变化,当思想的光辉投射在创作者身上时,他们的文学艺术作品随之受到影响,其作品因而被赋予了时代的独特性。

---

① 嵇文甫:《晚明思想史论》,中华书局2017年版,第1页。
② 嵇文甫:《晚明思想史论》,中华书局2017年版,第1页。
③ 嵇文甫:《晚明思想史论》"序",中华书局2017年版,第1页。

第一节　思潮激荡：晚明思想的裂变与融通

明肇兴之初，洪武帝朱元璋开始致力于确立朱明汉族政权（尤其是比之元政权）的正统性与合理合法性。他批判元"夷狄"种种"废坏纲常"的行为，要求天下人"讲论圣道，使人日渐月化，以复先王之旧"①。代表汉文明的儒学圣道重新被确立为政治意识形态，重设科举制度以期政治权力和儒家之道结合。被称为孔孟之道继承者的程朱理学成为明代新儒学的核心。洪武时期对理学地位的确认尚处于实验探索阶段。明初开科取士以四书五经等儒家经典为命题依据，以程朱为主要注疏："《四书》主朱子《集注》，《易》主程《传》、朱子《本义》，《书》主蔡氏《传》及古注疏，《诗》主朱子《集传》，《春秋》主左氏、公羊、穀梁三传及胡安国、张洽《传》，《礼记》主古注疏。"②直至明永乐时期彻底完成思想意识的统一。成祖朱棣命人编撰了《四书大全》《五经大全》《性理大全》三部天下士子必读经典，以此为学校施教的范围及科举选拔人才的标准。至此，统治者以官学化的方式彻底确立了程朱理学在有明一代的权威性，并逐渐将其从政治意识形态领域延伸至社会生活范围，不仅士人，百姓日用、道德伦理、人情往来、家族礼仪等皆以程朱理学为中心。

在明代中前期，崇圣学、尊程朱的思想客观上促进了政治稳定、文治发展；简化了官员选拔制度，减少了豪门贵族的权力垄断，有利于维持社会秩序，保持社会安定。但随着时间推移，本以科举为手段，实现

---

① 张廷玉等：《明史》卷六十九，中华书局 1974 年版，第 1686 页。
② 张廷玉等：《明史》卷七十，中华书局 1974 年版，第 1694 页。

理学理想为目的的设定颠倒了。科举制度逐渐丧失了其公平原则和政道合一的理想化目的，成为士人获取利益的捷径。再者，正如第一章第一、二节所述，晚明政局改变，世风迁移，士人心态嬗变，不同阶层分化，"思想世界其实已经产生了深刻的危机……社会生活的同一性在逐渐丧失的时候，思想的同一性却依然存在"①，在程朱理学无法应对秩序失范，统一的思想标准无法统一士人心态、阶级变化、社会分裂的危机之下，新的思想必然应运而生。引用嵇文甫在《晚明思想史论》中追根溯源得出的结论——晚明新思想的诞生"追溯起源头来，我们还得从明朝中叶王阳明的道学革新运动讲起"②。

一、阳明心学及其流变

阳明心学是晚明文艺研究中绕不开的话题。自五四新文化运动以来，文史哲各界学者对阳明心学进行不断研究与阐释。新中国成立后的"十七年"研究中，首次将心学与晚明戏曲联系起来，将心学看作是反抗程朱理学禁锢、解放人性的基础，是晚明进步精神的源头。20世纪80年代以后，对心学与戏曲关系的研究论断逐渐多元化，学界提出了不同于"反封建、反理学"的各类具有创见的观点。可见阳明心学与晚明戏曲之关系的复杂性。

（一）阳明心学

李泽厚在《中国古代思想史论》中将王阳明看作"继张载、朱熹之

---

① 葛兆光：《中国思想史》第二卷《七世纪至十九世纪中国的知识、思想与信仰》，复旦大学出版社2001年版，第292页。
② 嵇文甫：《晚明思想史论》，中华书局2017年版，第1页。

后的宋明理学全程中的关键人物"①。事实上,王学门人一直将自家学派看作先秦儒家孔孟之道的真正传承。后世研究者不乏将阳明心学与程朱理学的差异对抗看作儒学内部的争论与修正,也有人将其看作宋儒理学的进一步发展,由"理"至"心"即理学发展的不同阶段。朱熹将"理"取代张载提出的物质性的"气",将"理"上升为本体宇宙论的核心。因而,"理"成为宇宙运行的必然规律,人类在日常生活中应当普遍遵守的绝对命令。一方面,"理"是非功利性的、先验性的,人类对道德伦理的遵守、践行不是出于名利或是感性快乐,而应当是天理所命,不可违背,展现了其绝对的崇高性。从另一方面来看,这种道德的崇高化、人的圣化即要求伦理的绝对自律,是对人类的自然情感与欲望的否定。程朱理学追求天理,并将其放置于超越世俗世界的位置。这种理想化观点一旦处于政治语境下被皇权利用,即成为约束、管制人民的死板教条,禁锢约束人的身心,同时也成为八股考试中死记硬背的内容,士人获取功名利禄的踏板。

阳明心学是在程朱理学盛行的背景下产生的。心学即以"心"作为纯粹的、独立的宇宙本体,程朱理学中处于指导地位的"理"被装入"心"内,成为其附属品,"心"替代"理"自觉指导、监督个体行为。掌控宇宙间万事万物运行规律的"理",在阳明心学中被看作是来源于"心"。朱熹强调"理一分殊"的观点,即天理是统一的,存在于万事万物之中,万物之"分殊"共同构成"一理"。王阳明却将心与理合二为一:

> 心即理也。天下又有心外之事,心外之理乎?②

---

① 李泽厚:《中国古代思想史论》,生活·读书·新知三联书店2008年版,第254页。
② 王阳明著,吴光等编校:《王阳明全集》(新编本),浙江古籍出版社2011年版,第2页。

王阳明将"心"看作"道心"与"人心"的结合（可简单看作天理与人欲）。心即理并不是说顺应人心的自然情感欲望，而是说纯粹的心之本体应当是与天理一致的。倘若"私欲障碍，则天之本体失了"，王阳明将被私欲遮盖的心灵比喻为"只为许多房子墙壁遮蔽，便不见天之全体，若撤去房子墙壁，总是一个天矣"。① 可见，道心与人心，天理与私欲的消长都是在一个"心"内完成的，王阳明将道心与人心的判断标准赋予个体。而消长转换的方法、判断善恶的标准在于"致良知"。"致良知"是阳明心学的核心纲领。

> 喜、怒、哀、惧、爱、恶、欲，谓之七情。七者俱是人心合有的，但要认得良知明白。……七情顺其自然之流行，皆是良知之用，不可分别善恶，但不可有所着；七情有着，俱谓之欲，俱为良知之蔽；然才有着时，良知亦自会觉。觉即蔽去，复其体矣！此处能勘得破，方是简易透彻功夫。②

王阳明认为人心有七情，其自然流转是良知的正常表现。一旦过于执着便会转为私欲，遮蔽良知。良知是自然能动的，觉察到私欲便会将其去除，回归到原本澄澈的本体。因而，"良知"是心之本体，在心内而非物外，需要我们返回内心的自觉灵明之处体验。

> 盖良知只是一个天理，自然明觉发见处，只是一个真诚恻怛，便是他本体。……良知只是一个，随他发见流行处，当下具足，更无去求，不须假借……而其间轻重厚薄，又毫发不容增减，若可得

---

① 王阳明著，吴光等编校：《王阳明全集》（新编本），浙江古籍出版社2011年版，第105页。
② 王阳明著，吴光等编校：《王阳明全集》（新编本），浙江古籍出版社2011年版，第122页。

增减,若须假借,即已非其真诚恻怛之本体矣。①

良知没有外在形体,也无需借助外界外在,它存在于内心"自然明觉"之处,以"真诚恻怛"为中心。其"自然明觉"说明了良知的"玄妙性"与"自觉性"。其玄妙在于王阳明有意神化良知,凸显其对人心灵的主宰作用,甚至称其为"天植灵根""造化的精灵"。其"自觉性"在于这种玄而又玄的良知是普遍固定存在于每个人心中的,是先验的,因而不必借助外力便能自然而然地产生作用。"见父自然知孝,见兄自然知弟,见孺子入井自然知恻隐,此便是良知,不假外求。"②因而"真诚恻怛"即是孝、悌、忠等一系列道德产生的基础,"他不管什么圣贤榜样、道理格式,而只教人照着自己当下那一点真诚恻怛实做将去"③。这种不可增减、无需假借的自然真诚给人以皆能成圣的可能。

阳明高足黄绾认为"致良知"观点直接承继自孟子,"盖致知出于孔氏,而良知出于孟轲性善之论"④,心学门人一向认为心学是先秦儒家正统传承。王阳明重新对《中庸》中"博学之、笃行之"予以诠释,将这两者合二为一。不同于朱熹"格物致知"的实践方法,王阳明倡导"知行合一"。朱熹认为"世间之物,无不有理,皆须格过"⑤,是先穷尽万物之中的"知",其后付诸"行"。王阳明认为"学、问、思、辩"在内的"知"都是"行"的过程中解决问题的手段,"知是行之始,行是知之成"⑥,"知"即"行"。由于从外部世界获取知识必然要借助视觉、听觉、

---

① 王阳明著,吴光等编校:《王阳明全集》(新编本),浙江古籍出版社 2011 年版,第 92 页。
② 王阳明著,吴光等编校:《王阳明全集》(新编本),浙江古籍出版社 2011 年版,第 7 页。
③ 嵇文甫:《晚明思想史论》,中华书局 2017 年版,第 5 页。
④ 王阳明著,吴光等编校:《王阳明全集》(新编本),浙江古籍出版社 2011 年版,第 1338—1339 页。
⑤ 黎靖德编,王星贤点校:《朱子语类》卷十五,中华书局 1994 年版,第 286 页。
⑥ 王阳明著,吴光等编校:《王阳明全集》(新编本),浙江古籍出版社 2011 年版,第 5 页。

嗅觉、触觉等外部感觉，外部世界是由内部心灵呈现的，外部感觉是被心灵操控的，"知"与"行"都包含在"心"中，"一念发动处，便即是行了"①，只要"心"的确立就意味着"知"的获得与"行"的完成。这样一来，朱熹从无极太极乃至草木昆虫中获得的客观认知，在心学这里成了心性功夫的呈现，只要保持心的真诚纯粹，那么所知所行自然都是真诚纯粹的——一切道德伦理都出于心的自觉。阳明心学试图把道德伦理放入心理之中，将"道学问"转为"尊德性"，这是对道德层面的绝对重视。"传统儒家的圣人观包含德性与知性这两个方面的话，在阳明学的视域中，圣人则成为摆脱了知性向度的纯粹德性人格。"②"致良知"即在心灵内部而非世俗世界中不断体悟和提升自己，重在心性功夫的修持。

王阳明的顿悟始于明正德三年（1508）"龙场悟道"，至明嘉靖七年（1528）离世，阳明心学一直处在变化与发展之中。嘉靖六年（1527）"天泉证道"完成了他本人对心学的最后阐释与补充。"天泉证道"提出了著名的"无善无恶是心之体，有善有恶是意之动，知善知恶是良知，为善去恶是格物"③。

"天泉证道"是一桩有名的公案，因为王门弟子对这四句话有着截然不同的解释。钱德洪（1496—1574）认为在意念发动之前的无善无恶的心才是心之本体，外部世界对意念的影响可能导致善恶的萌动。人们可以"格物"的手段保持心灵的纯净，祛恶扬善、格除私欲以恢复心之本体的状态，"格、致、诚、正、修，此正是复那性体功夫"④。钱氏着重点在"良知"的"知"，注重的是"功夫"。王畿（1498—1583）则取"良知"之"良"，重"直悟"。他提出"若说心体是无善无恶，意亦是无善

---

① 王阳明著，吴光等编校：《王阳明全集》（新编本），浙江古籍出版社2011年版，第106页。
② 彭国翔：《良知学的展开——王龙溪与中晚明的阳明学》，生活·读书·新知三联书店2005年版，第374页。
③ 王阳明著，吴光等编校：《王阳明全集》（新编本），浙江古籍出版社2011年版，第128页。
④ 王阳明著，吴光等编校：《王阳明全集》（新编本），浙江古籍出版社2011年版，第128页。

无恶的意,知亦是无善无恶的知,物亦是无善无恶的物矣。若说意有善恶,毕竟心体还有善恶在"①。既然心是无善无恶的,那么由心出发的知、物、意又怎么会分善恶呢?王阳明对两位弟子的观点采取调和态度,解释"吾教法原有此两种:四无之说(王畿之说——引者注)为上根人立教,四有之说(钱德洪之说——引者注)为中根以下人立教"②。这样一来,王畿确立了另一条思想路线:突出"良知"中"良"的存在,认为心之本体即善,心中包含的知、物、意全都看作是"善"的,使得由心出发的所有活动都被赋予合理性。因而给心灵的自由发展留下了极大的空间。

王学门人中,钱德洪与王畿因"天泉证道"而分化为两个派别,后世将其并称为"钱王"。事实上,王阳明去世后,王学影响力不减,并开始不断分化为不同派别,王学在晚明思想界愈发风靡盛行。

(二)王学的分化

关于王门派别的分流衍化,研究者主要按照地域、成就、理论特色等进行了分类。黄宗羲按照地域将王门诸子分为浙中、江右、南中、楚中、北方、粤闽、泰州等派别。按照王学分化演进的内在逻辑与大体方向,王学亦可分为左右两个派别,"王学的发展过程,同时也就是它向左、右两方面分化的过程"③,本书着重考察左右两派的理论分疏与演化轨迹,旨在呈现王学发展过程中哲学突破与社会思潮的互动。

1. 王学右派

王学右派以聂豹(1487—1563)、罗洪先(1504—1564)、再传王时槐(1522—1605)等人为代表。聂豹以"归寂"为其学说重点,主张

---

① 王阳明著,吴光等编校:《王阳明全集》(新编本),浙江古籍出版社2011年版,第128页。
② 王畿撰,吴震编校整理:《王畿集》,凤凰出版社2007年版,第2页。
③ 嵇文甫:《晚明思想史论》,中华书局2017年版,第16页。

"归寂以通感，执体以应用"①，以静坐为功夫。"寂"是心未接触外物的本来面目，"归寂"返回澄澈无物的心之本体，即致良知。反对"放逸"，以"收敛"为"致良知"的功夫手段。罗洪先"始致力于践履，中归摄于寂静，晚彻悟于仁体"②。其主张"致虚""主静"，即回归虚静之心，以此获取良知。通过静坐功夫，罗洪先彻悟仁体，认为不必刻意打压私欲，而是让良知自觉散去杂念。晚年更是达到了动静、物我两忘的境界。王时槐师从刘文敏（1490—1572），是王阳明的再传弟子。他继承了老师"性命相修"，以苦功夫致良知的主张。他个人提出"透性""研几"的观点，即以性为本，直透本性，在私欲杂念等外在因素影响本善之性前以"研几"的手段回归本心，去除杂念，反映在现实生活中，即注重自我修养，"收敛沉潜，退藏于密"③。对于"悟"和"修"的关系，他提出了"悟由修得"④。他的主张是王学由虚转实的重要基础。

2. 王学左派：以泰州学派为主

上文提到的王畿是王学左派的主要代表人物之一，他提出"以自然为宗"⑤，强调良知的自然性，"良知者，性之灵也"⑥，认为良知不仅是心的本体，也是天地之灵，故而心与天地是一体相通的。良知还有"当下具足"⑦的特性，即肯定良知的先天具足，强调良知至善，不需修正，当下即是。同时，王龙溪还认为良知具有普遍性，"愚夫愚妇未动于意欲之

---

① 黄宗羲著，沈芝盈点校：《明儒学案》卷十七，中华书局2008年版，第370页。
② 黄宗羲著，沈芝盈点校：《明儒学案》卷十八，中华书局2008年版，第386页。
③ 王时槐撰，钱明、程海霞编校：《王时槐集》，上海古籍出版社2015年版，第422页。
④ 王时槐撰，钱明、程海霞编校：《王时槐集》，上海古籍出版社2015年版，第461页。
⑤ 王畿：《答季彭山龙镜书》，载王畿撰，吴震编校整理《王畿集》，凤凰出版社2007年版，第212页。
⑥ 王畿：《白鹿洞续讲义》，载王畿撰，吴震编校整理《王畿集》，凤凰出版社2007年版，第46页。
⑦ 王畿：《答吴悟斋》，载王畿撰，吴震编校整理《王畿集》，凤凰出版社2007年版，第251页。

时，与圣人同，才起于意、萌于欲，不能致其良知，始与圣人异耳"①。愚夫愚妇和圣人一样都具有良知，不同之处在于其良知有时会因私欲而不能显现，去除私欲遮蔽之后，人人都有成圣人的可能。可见，王畿的主张具有自然主义倾向，主张人性平等，同时，对"良知"之"良"的放大又给"有善无恶"的心灵以绝对自由。王畿的思想影响很大，甚至"时时越过师说"②，同时勤勤恳恳讲学数十年不辍以传播心学，无怪乎"后来王学的所谓'左派'后人，大体上都是从王阳明、王畿学说中这种内在理路自然引申出来的"③。

泰州学派的出现使得王学左派进一步发展。王艮（1483—1541）是泰州学派的开创者。首先，他发挥了王阳明与王畿良知"当下具足"的主张，提出了"良知致"，即肯定良知的现成性，无需刻意庄敬修持，只需顺其自然，先天具足的"良知"便可以保养澄澈，甚至判断去除私欲。其次，王艮创造性地提出了"百姓日用即道"的观点，不同于宋明理学中理想性的圣人极端道德化，王艮认为"道"就在平民群众的日常生活中。由于生活环境、机遇的不同，受制于"物欲、气禀之偏"④，人与人之间可能有"先知"和"后知"的差异，"道"有时候处在"百姓日用而不知"的状态，王艮因而以有教无类的目标教授民众，改善他们如鳝鱼一般"奄奄然"⑤的命运。再次，他以"乐学"为其思想的延续，以"乐"为心之本体。他将儒家之"乐"进行发挥，运用到教学中，指导人们以洒脱畅遂的态度进行学习，通过学习祛除私欲，回归本心，这样又能获

---

① 王畿：《致知议略》，载王畿撰，吴震编校整理《王畿集》，凤凰出版社2007年版，第132页。
② 嵇文甫：《晚明思想史论》，中华书局2017年版，第16页。
③ 葛兆光：《中国思想史》第二卷《七世纪至十九世纪中国的知识、思想与信仰》，复旦大学出版社2001年版，第314页。
④ 王艮撰，陈祝生等校点：《王心斋全集》，江苏教育出版社2001年版，第29页。
⑤ 王艮撰，陈祝生等校点：《王心斋全集》，江苏教育出版社2001年版，第55页。

得其乐。他的《乐学歌》为人所传诵：

> 人心本自乐，自将私欲缚。私欲一萌时，良知还自觉。一觉便消除，人心依旧乐。乐是乐此学，学是学此乐。不乐不是学，不学不是乐。乐便然后学，学便然后乐。乐是学，学是乐。於呼，天下之乐何如此学，天下之学何如此乐！①

同时，"淮南格物说"也是王心斋最为重要的理论之一。他将"格"解释作"格式"②，"物"即"身与天下国家，一物也"③。"身"是物之本，修身则是"立本"，是齐家治国平天下的基础。由此引申出的"安身立本""明哲保身"的观点，主张爱己爱人。这一主张突出了个人的重要性，与宋明理学中个人与天理对立，为了实现道德圆满可牺牲个体的理论有着巨大差别。同时，他也强调人人都需要有社会责任感，在天下、国、家等背景下修身践履。

3. 罗汝芳思想概论

王心斋之后，"山农及其传人何心隐、罗近溪在泰州学派中占有重要地位"④。山农即颜山农（1504—1596），他提出"体仁制欲"的观点，主张放松心灵，任其自然，对欲望的克制要讲求方法，反对强行抑制，被迫承受。何心隐（1517—1579）与颜山农并称为"颜、何一派"，他与颜山农一样都怀有急救溺世、改良社会的抱负。他反对"无极""无欲"⑤，其行事作风与众不同，因而被别人视为另类或狂者、侠者。

罗近溪即罗汝芳（1515—1588），他师从颜山农，是王艮的再传弟

---

① 王艮撰，陈祝生等校点：《王心斋全集》，江苏教育出版社2001年版，第54页。
② 王艮撰，陈祝生等校点：《王心斋全集》，江苏教育出版社2001年版，第34页。
③ 王艮撰，陈祝生等校点：《王心斋全集》，江苏教育出版社2001年版，第34页。
④ 吴震：《泰州学派研究》，中国人民大学出版社2009年版，第41页。
⑤ 黄宗羲著，沈芝盈点校：《明儒学案》卷三十二，中华书局2008年版，第704-705页。

子，但其思想成就、影响都远超颜、何二人，被称作是"泰州派中唯一特出者"①。他将心学传播范围进一步扩大，晚明时期不少文学创作者，譬如汤显祖、袁宏道等人都受其主张的影响。罗汝芳正处在王门分支众多、派别林立、主张杂陈的时期，他提出简洁有力的"赤子之心""形色天性""万物一体""孝悌慈"的主张，"虽素不识学之人，俄顷之间，能令其心地开明，道在眼前。一洗理学肤浅套括之气，当下便有受用"②，是研究王门后学不可忽略的重点。

罗汝芳认为"赤子之心"即良知本体，是人心未受任何影响的原初境界，是孝悌等基本伦理道德的发端、成圣的基础。它具有不虑不学、当下现成的特性，是形色天性的统一。圣凡之间的区别在于凡人的赤子之心在成长的过程中不免"感物而动""为欲所迷"③，倘若得遇先知指点，幡然顿悟，逆转此心，反求本心，那么圣心即成。他将宇宙看作一个充满生机的整体生命，从万物生长中感受到了"万物一体""物我同仁"的境界。这说明了个人身心与宇宙一体，反身修己即修天下万事万物，在日用生活中求道成圣，才不辜负宇宙生生之意。

罗汝芳受王艮"乐学"主张的影响，提出"乐体"的观点，意在提醒人们感受本体之乐，在乐的基础上进行学习。罗汝芳所提倡的"乐"，是自然而然、率性而行、从容快活之乐，这既是与生俱来的良知"本体而得"④之乐，也是被"天机感触"⑤之乐，具有无限生机，体现着活泼可贵的生命力。

---

① 牟宗三：《从陆象山到刘蕺山》，上海古籍出版社2001年版，第204页。
② 嵇文甫：《晚明思想史论》，中华书局2017年版，第27页。
③ 罗汝芳撰，方祖猷等编校整理：《罗汝芳集》壹《近溪子集·卷御》，凤凰出版社2007年版，第124页。
④ 罗汝芳撰，方祖猷等编校整理：《罗汝芳集》壹《近溪子集·卷御》，凤凰出版社2007年版，第112页。
⑤ 罗汝芳撰，方祖猷等编校整理：《罗汝芳集》壹《近溪子集·卷御》，凤凰出版社2007年版，第112页。

"孝悌慈"也是其重要主张之一。他以"孝悌慈"为"赤子之心"的基础,并将父母兄弟之间的天然之爱扩大范围,由己及人至天下之孝悌。这种主张立足于泰州学派为下层普通民众开启明智的特点,更易于百姓理解。罗汝芳还表现出积极入世的精神,"出则治化天下,处则孝化天下",居家者孝悌,入世者以德行德政为官。他强调个人精神追求,并逐步将其建立在社会关系、道德伦理、政治理念之中。通过罗氏之理论主张,我们可以清晰地感受到他的乐观浪漫理想主义伦理观和心怀天下、济世救人的侠义精神。罗汝芳对良知概念的继承和创造使得心学在阐释层面被重构,在他之后,心学在一定程度上发生了转向。

4. 李贽思想概论

李贽(1527—1602)是晚明思想界不可忽略的一位人物,后世研究者常把他划分到泰州学派一脉。近年来,学界对此说法虽有所争议,但可以肯定的是,李贽与王门人际交往、学术讨论密切,其思想倾向确乎受到了阳明心学及其后学影响,可以说,李贽是"一位超出当时任何学派的学无常师而又特立独行的思想家"[1],同时,其言行又"最能把左派王学的精神充分表现出来"[2]。

李贽以"童心说"作为其主张的核心基础。"童心"是人最初的本心,它与罗近溪的"赤子之心"有相似之处,但罗氏之心是良知本体,本身可判断善恶,而"童心"则"无所谓善,无所谓恶",代表每个人生来具有的主体性和能动性。童心的反面即"理",名教义理对心的规范和管束导致个体的屈从,因而做出一些违背本心的言行。人一旦失去原心本性,"心"就会被"理"替代,即个人主体性丧失。"李贽不仅反对以名教义理为童心的内容,而且将义理视为丧失童心的根源。"[3] 李贽将"真

---

[1] 吴震:《泰州学派研究》,中国人民大学出版社2009年版,第38页。
[2] 嵇文甫:《左派王学》,开明书店1934年版,上海三联书店2014年复制版,第64页。
[3] 杨国荣:《王学通论——从王阳明到熊十力》,华东师范大学出版社2003年版,第167页。

心"作为"童心"的落脚点,"夫童心者,真心也",他强调童心自然而然、生机活泼的原初特性。在对自我要求方面敞开胸次,坦然面对本心,自信而不自欺,不受外物迷惑。倘若因好"名心"而产生"机心",即不符合真道德的"假道学",他反对此类"非童心自出"的"假人""假言""假事""假文"。李贽从"童心"延伸出了"私心"的概念。"私心"所代表的是个体之"真",包含着个体正当所需的自然性欲望与社会性欲望。"吃饭穿衣,即是人伦物理"[①]即对个体私欲合理性的肯定。同时,他由"私"引出"利",在个体层面上赞同个人的正面诉求,在社会层面上支持事功的建立。值得注意的是,他对"私"与"利"的肯定是站在个体之"真"与自然欲求的基础上,并不等于赞同单单为了名利富贵而"偏私"的心态行为。

同时,李贽还创造性地提出了"平等"的概念,主要落脚于三教平等、凡圣平等和男女平等。三教平等基于晚明时期儒释道三教合流的思想背景,李贽本人出入佛儒之间,受到不同思想的启发,他反对儒家排斥佛道、独断专行的做法,他在承认其差别的同时又定义其目的皆为"求道"。其次,李贽将学儒成圣的范围扩大到了每一个人,人人做到尊德性,"尧舜与途人一,圣人与凡人一"[②]。再次,李贽以"天地人物共造端于夫妇之间"[③]为基础,申发出男女平等的观点。他不因男女性别差异而抱有偏见,不以性别而定义长短,他公开收受女性为徒,反对贞操对女性的束缚,支持寡妇改嫁,肯定男女自由恋爱的行为。他的平等观被时人视为异端,但其观念也展现出了前所未有的包容性特点。

[①] 李贽撰,张建业主编,张建业、张岱注:《李贽全集注》第1册《焚书》卷一《答邓石阳》,社会科学文献出版社2010年版,第8页。
[②] 李贽撰,张建业主编,牛鸿恩、许抄珍注:《李贽全集注》第14册《道古录注》卷上,社会科学文献出版社2010年版,第260页。
[③] 李贽撰,张建业主编,籍秀琴注:《李贽全集注》第12册《初潭集注》(一)卷一《夫妇篇总论》,社会科学文献出版社2010年版,第1页。

李贽在文艺理论方面也颇有见解。他提出了著名的"化工说"，强调情感的自然流露与不受任何束缚的自我表达，"天下之至文，未有不出于童心焉者也"①，他将"不作意，不经心，信手拈来"②的作品称作"化工"。他注重"七情之乐"，肯定个体情感喜怒哀乐的释放，只要是非功利性地真实表达自我感受的作品，他都予以绝对赞扬。同时，他反对音乐的绝对教化作用，认为真正的音乐应当是无功利性的，应当是原情而发、渐近自然的作品。

　　同王学左派中的许多人物一样，李贽被人诟病其"狂"却不以为忤，以"狂者"自居。事实上，李贽之"狂"首先在于其"真"，他不自欺、不作伪，坚持本心，追求自由，反对天理的压制管束，坚持个体人格的独立。他的主张具有以情越礼的倾向，以真心流露的"情"压抑自然的"礼"。其次，其"狂"在于他视众人平等，不因宗教、贵贱甚至性别论短长。他所着重关注的不是成圣，而是个体精神的完整，不是应然上要成为什么样的人，而是实然上是怎么样的人。再次，李贽的"狂"中还包含着一种"禅而大谈功利，大谈术数"的"大活动"③精神，其"功利"与"术数"包含经世致用、兼济天下之意。他重视个体的社会功用，并不赞成以道德作为评价人才的唯一标准。也正是因为如此，李贽常被称作"异端"，他甚至敢于批判儒家经典，公然反对理学束缚，认为名教累人。在他之后的儒学学者对他的批判和反对亦是常态，但客观上来看，其"童心说"带来的对个体价值的重视，确乎影响到了晚明及其之后思想的发展，这在其后大量文史哲学家的作品中可以窥见。

---

① 李贽撰，张建业主编，张建业、张岱注：《李贽全集注》第1册《焚书注》卷三《童心说》，社会科学文献出版社2010年版，第276页。
② 李贽撰，张建业主编，贾奋然等摘编：《李贽全集注》第20册《小说戏曲评语批语摘编·李卓吾先生批评西厢记》，社会科学文献出版社2010年版，第613页。
③ 嵇文甫：《晚明思想史论》，中华书局2017年版，第67页。

小 结

晚明是一个政治、经济、文化等多方面产生巨变的时期。彼时政治不复明初之清明,制度不断僵化,经济大力发展,社会阶级开始变动,"知识无法解释各种异于往常的现象,思想无以回应秩序的种种变动"①,阳明心学的出现为时人解决思想危机开辟了一条新道路。

程朱理学之后,没有哪一种思想如同阳明心学一样广泛传播、影响深刻。"阳明学作为一种思想学说,固是理论思辨的产物,同时阳明学的产生及其展开过程本身又是一场思想运动,其具体表现就是讲学。"② 从王阳明到王门弟子,无不抱有极大的热情以讲学的方式四处传播学问,其规模之大者,听者集聚千人以上,其时间之长者,以讲学为终身事业不辍。

因而王阳明将"心"与"理"、"知"与"行"合二为一,着重强调道德和心性功夫的修持。天泉证道之后,王畿"四无说"的提出逐渐将心学由理性向感性确立。其后,王学左派大盛,王畿放大"良知"之"良";王艮讲求"良知致""乐学",并创见性展现出了平民主义倾向;颜山农"率性而为,纯任自然";何心隐反对"无欲";罗近溪提出了"赤子之心""万物一体"等富有勃勃生机和浪漫主义的主张;直至李贽由"童心"引出"真心"与"私心","良知现成论内在地蕴涵了淘空乃至否定道德规范(天理)的可能性,从二王到颜钧、罗汝芳,还没有走到这一步,而李贽提出的童心说则将这种可能性变成了现实"③。

客观来说,阳明心学诞生的初衷是对理学的修正,以致良知为目的地维护儒学,纠正士风。对于被政治不断压缩生存空间的士人们来说,

---

① 葛兆光:《中国思想史》第二卷《七世纪至十九世纪中国的知识、思想与信仰》,复旦大学出版社 2001 年版,第 295 页。
② 吴震:《阳明后学研究》,上海人民出版社 2003 年版,第 422 页。
③ 鲍世斌:《明代王学研究》,巴蜀书社 2004 年版,第 235 页。

心学起到了挽救其心态的作用。其反求诸己、建立事功的主张确乎有助于荡涤其时委顿腐败的世风。心学对于主观力量的强调，对于个体价值的重视，也成为人们用以对抗混乱政局、腐朽制度的精神武器。

王阳明试图将心理伦理化的主张客观上导致心理逐渐取代伦理，作为标尺的天理逐渐演变为感性的需求。这为王门后学的发展埋下了理论危机。尤其是王门左派强调心的"当下具足"性，使得一切从心出发的活动充分具有合理性。"把道德本体日渐参之以情感和情欲，最后走到人欲即天理、私心即公道的地步，那个道德本体的超验性质便实际无存了。"① 这种情况不仅给人心自由舒展、发挥留下了极大空间，而且在一定程度上为个人欲望的放纵提供了理论依据，甚至走向了纵欲主义。

王学带来的思想危机引起了王学内部和外部的警觉并提出了种种调节、补救的思想。这也使得晚明时期思想逐渐走向多元化。但很快，由于天启年间朋党之争对于各思想学派的波及，以及来自农民起义和异族侵犯的战争压力，士人们逐渐将目光转向事关存亡的国家危机，对于"心"与"理"的讨论就此中断了。

二、佛、道的发展及儒释道三教合一

晚明不仅是心学盛行的时期，佛道二教也在此时期实现复兴。儒释道三教合流成了晚明思想界的一大特点，其影响由"人"开始最终落脚到文学艺术之中。

（一）晚明佛道发展

明初政府对佛道实行严格把控、恰当利用的政策。这是由于曾经做

---

① 李泽厚：《中国古代思想史论》，生活·读书·新知三联书店 2008 年版，第 275 页。

过僧人的朱元璋深谙佛教内部的各类积弊，并了解其对群众的影响有时甚至可达到颠覆政权的程度。太祖认为崇尚佛道太过会导致"徒众日盛，安坐而食。蠹财耗民，莫甚于此"①。因而在礼部之下先后设立祠祭司和僧录、道录二司，将整顿作为一项重要政务，加强对僧道的管理，多次颁布政令改革、限制、整顿以佛道为主的各类教派，具体内容包括裁撤寺院道观、废除滥售度牒、严格控制僧道数量、限制其出家年龄、禁止僧道在外活动结交有司等。同时，太祖对其巩固统治的特性加以利用，将之限制以"善世凶顽，佐王纲而理道"②的定性。他曾在南京召集名僧，组建盛大的"蒋山广荐法会"，超度战争中的死者，祈福新的明王朝。他还曾敕刻包括《心经》《金刚经》《楞伽经》在内的佛教经书。在道教方面，太祖亲信正一教道士，召其入朝封赏并组织祈雨打醮等活动。成祖朱棣曾命人编辑道教经典《道藏》。朱棣延续了太祖对僧道的态度，在紧缩控制的基础上加以利用，因而由明初至明中，佛道二教基本处于平稳低调的状态，直至晚明时期迎来复兴。

佛教在晚明的复兴以统治者崇信佛道为基础。嘉靖皇帝笃信道教，日奉斋醮，竟达到二十年不曾上朝的地步；万历时期仁寿皇太后与慈圣皇太后皆笃信佛教，广修寺庙。晚明政局的混乱导致了士人心态巨变，一大批士人走向了逃禅入道之路。而对于中下层百姓来说，身处明末内忧外患的环境，他们更为需要寻求精神寄托。

晚明时期佛教复兴，其时高僧辈出，其中最有名的即晚明四位佛教大师：云栖袾宏（1535—1615）、紫柏真可（1543—1603）、憨山德清（1546—1623）、蕅益智旭（1599—1655）。四位龙象佛学主张的共同点在

---

① 《明实录·明太祖实录》卷八六，台湾"中央研究院"历史语言研究所据国立北平图书馆红格抄本影印，第1537页。
② 朱元璋：《授善世禅师诏》，载葛寅亮撰，何孝荣注解《金陵梵刹志》，南京出版社2011年版，第9页。

于支持佛教内部诸宗通释及外部佛儒共通。其时禅宗与净土宗最为流行，显现出融合倾向。禅宗参究彻见心性，主张"顿悟"，"佛是自性作，莫向身外求。自性迷，佛即是众生，自性悟，众生即是佛"①。净土宗教义简单，主要以修念佛行业和弥陀的愿力内外相应，可往生极乐净土。②禅、净二宗"无论是易行教的特质，还是重践履、轻教义的要求，都是受佛教经教规范最少而带有某些悖离佛教传统的色彩，这也是晚明文人崇佛甚烈的根本原因"③。

同时，晚明佛教还具有世俗化特征和平民化倾向。禅、净皆以简单的修行方法传世，降低了平民百姓入门的门槛。禅宗"农禅并重""劈柴担水，无非妙道"等实践方法有利于普通平民百姓的修行。晚明佛教（尤其是禅宗）谈心性、重自然、自性自度的观点对于普通百姓自我意识的觉醒起到了一定的启发作用。

明代道教以全真教派和正一教派为主要教派。明朝中后期，正一教因嘉靖皇帝的崇信而更为兴盛，在政治上占有较高的地位，全真教则走向隐逸清修一派路线。晚明道教亦有教内各派趋同，教外与佛儒合流的趋势。正一教"已不局限于传统的符箓斋醮，更多地吸收了全真的性命双修之学与严格的教规教风"④。全真教以三教合一为主要思想，"以性命双修为宗旨"，"有的强调男女合修"。⑤道教以老庄哲学精神为基础，崇尚自然之道。其返璞归真、回归自然的主张影响着晚明士人在恶劣环境下由儒入道，看淡功名，寄情田园；其"法天贵真，不拘于俗"的审美主张则成为晚明文学尚"真"与"自然"的重要基础之一；其质朴淡泊

---

① 杨曾文校写：《敦煌新本六祖坛经》，上海古籍出版社1993年版，第41页。
② 参见《中国大百科全书》（第三版）网络版，https://www.zgbk.com/ecph/words？SiteID=1&ID=78680&Type=bkzyb&SubID=52294。
③ 周群：《儒释道与晚明文学思潮》，上海书店出版社2000年版，第16页。
④ 牟钟鉴、张践：《中国宗教通史》（下卷），社会科学文献出版社2000年版，第807页。
⑤ 牟钟鉴、张践：《中国宗教通史》（下卷），社会科学文献出版社2000年版，第809页。

的精神则成为明末恣意放纵风气之下部分文人反思修正的理论依据。同时，道教具有多神化特征，包括关帝、城隍、真武、土地、送子娘娘等神灵都被吸收入其神灵体系，这些神灵来自民间经包装后再次被推广到民间，以满足不同地域、阶层百姓的信仰，显示出包容性与世俗化倾向。

（二）儒释道三教合一

晚明文人"逃禅入道""援道、佛入儒"的过程也是释、道二教"入世"的过程。佛教曾因出家即无君无父而为儒家伦理观所诟病，于是佛教将"节""孝"等观念引入自身思想体系，譬如戏曲中的《目连救母劝善戏文》就是一个将佛教因果观与儒家伦理观结合的鲜明案例。晚明道教"劝善书""因果书"流行于世，"已得到了更大范围的普及和更大程度的盛行"①，除了以往教人得道成仙的目的之外，更多地用以劝人在世俗社会中多做善行，与世俗伦理不断融合。

晚明士人受佛道影响极大。其时"禅风浸盛，士夫无不谈禅，僧亦无不欲与士夫结纳"②。如清人所作《居士传》记载了107位明代居士，其中明万历至崇祯年间的居士多达103人③，这些居士多为文人，包括了焦竑、钟惺、"三袁"等在内的各派文坛领袖。其时文人与高僧结交甚密，相互影响。同时，不少文人亦同时出入佛道之间，因而促进了晚明儒佛道三教之间的交流与融合。阳明心学在从"心"本体到"致良知"的理论发展过程中吸收了佛、道二教的思想，并借鉴了"禅定""入静"的修持功夫。王学门人中出入释道、赞成三教合一的思想家亦不在少数。晚明心学的兴起，对致良知功夫的追求，将这一层面（指实践层面）的三

---

① 卿希泰主编：《中国道教思想史》（第三卷），人民出版社2009年版，第540页。
② 陈垣著，陈智超主编：《陈垣全集》第18册《明季滇黔佛教考》，安徽大学出版社2009年版，第119页。
③ 参见周群《儒释道与晚明文学思潮》，上海书店出版社2000年版，第6页；彭绍昇撰，张培锋校注《居士传校注》，中华书局2014年版。

教合一推向高潮。①

晚明三教合流的趋势影响了文人的生活方式、思想主张、创作内容。大量晚明文人三教兼综，在其文学作品如小说、戏曲、诗词中可见释老思想的投射。晚明传奇中专有一类以佛道为题材或穿插有释老人物的作品，其素材、主题、人物、审美都受到三教合流的影响，这些传奇中不乏因果轮回、惩恶扬善、修炼登仙、色空、禁欲等因素。道家"双修""房中术"，佛教"色空""因果轮回"等思想也深刻影响着文人的创作。

晚明三教合流的思潮使得民间信仰趋向于多神化，因而不少民间教派由儒释道中脱胎而出，兼以世俗化改造，在晚明民间逐渐兴盛起来。这些民间教派的成员组成复杂且以中下层百姓为主，在民间传播范围广泛。其信仰的神灵多为女性，教内高层人员中女性占比也较大，女性可以参加教内活动，因而"在崇拜对象和活动中重视女性的作用。经卷中有朦胧的男女平等思想，对妇女的苦难有较多关切"②。同时，这些民间宗教经义常以通俗易懂的民间说唱形式在教众中进行传播，客观上也有利于各阶层观众、听众的培养与民间艺术的发展。

三、西学对士人两性观的影响

在晚明纷繁灿烂的思想潮流中，西学的输入和影响也是不可忽视的思想动向之一。15—16世纪，欧洲老牌殖民国家派遣数千名天主教耶稣会传教士前往远东传教，自明万历以后，罗明坚（Michele Ruggieri，1543—1607）、利玛窦（Matteo Ricci，1552—1610）、郭居静（Lazzaro Cattaneo，1560—1640）、龙华民（Niccolò Longobardi，1559—1654）、庞

---

① 参见张雪松《"三教合一"概念的历史钩沉》，《党政干部学刊》2014年第11期。
② 牟钟鉴、张践：《中国宗教通史》（下卷），社会科学文献出版社2000年版，第866页。

迪我（Diego de Pantoja，1571—1618）等传教士相继来华，为晚明思想界带来了一阵新鲜的风气。

这些传教士在进入中国前先学习了中国的语言和文化，他们利用西方自然科学知识作为敲门砖，进而将天主教义儒学化，以儒家经典诠释教义以迎合士人，因而吸引到了一批接受西方科学且试图以此治平的士人。其中最著名的包括后来被称为中国天主教"三柱石"的徐光启（1562—1633）、李之藻（1565—1630）、杨廷筠（1557—1627）。李卓吾、袁中郎、谭元春、叶向高、李日华、汪廷讷等人对传教士利玛窦颇为推崇。其传教成果不仅体现在涵盖各个阶层，包括官员与士人，还体现在入教人数的持续翻倍增长，在1584年天主教信友只有3个，1596年有100多个……1608年有两千多，1636年增加到3万余人，1664已有24万余人①。传教士们以西方科技文化为媒介，"宗教输出的热情便成了文化交流的主要动力"②，客观上促进了中西方文化的交流。

通过中国士人与西方传教士的交流和学习，引进了大量实用的西学知识。天文知识的输入有助于推算天文、修订历法；地理知识的输入有助于科学的地图测绘；水利、机械工程的传入有助于晚明农田水利的科学化发展；有关于建筑、音乐、美术的知识也都经由传教士带入中国。同时期的欧洲已经历过文艺复兴，处于科学与艺术的变革之中，新鲜的知识漂洋过海被传教士带到中国，同时一些新的思想主张也随之而来，中国的接受者们在接受利用西方科技的同时，也潜移默化地受到了其思想的影响。以两性观为例，在儒家传统观念中，"性"是不能公开谈及的一个话题。西方传教士则相反，他们输入了截然不同的"性"主张。

---

① 参见［意］德礼贤《中国天主教传教史》，商务印书馆1933年版，第60、67页。
② 牟钟鉴、张践：《中国宗教通史》（下卷），社会科学文献出版社2000年版，第827页。

（一）女性贞节观

明代中国对女性贞节观的要求极为严苛，甚至达到了荒谬的程度。女性丧夫（甚至包括未婚夫去世的情况）后，如自尽殉夫或守节五十年可获得朝廷的旌表。整个家族会因而受益，不仅全家享受免除赋税差役的好处，还会为宗族带来清白高尚的声名，有利于全家跻身于名门之列。倘若寡妇再醮或女子被侮辱，则被视为失节——这种要求后来竟逐渐发展为女性被男性触碰或是共处一室则等于失去清白。传教士利玛窦针对这一现实情况和其所想要传达的教义，提出了对苛刻贞节观的反对，并称这种行为是"守小信于匹夫"。在其教义中，并不禁止寡妇再醮，以中世纪晚期和近代早期欧洲的婚恋情况为例，寡妇有"数量多、改嫁比率高和再嫁速度快的特点"①。选择守贞不嫁的妇女大多是出于对财产的保护或是信仰等个人原因，并非为男性守节或宗族利益。"这一差异显然是西方个体本位与中国家庭本位两种不同传统在寡妇身上的反映。"②

同时，利玛窦反对女性为了保持贞节而自残甚至自杀的行为。这种贞节观是封建伦理道德观在两性关系上的表现，女性作为男性的附庸，需要以身体的清白证明精神的专一，一旦贞操受到损害女性便需要以自残自杀的形式来证明清白。这与利玛窦阐释的"灵肉分离"与"爱己"的教义是恰恰相反的。"因为贞洁并不等同于肉体的完整而是灵魂的美德，所以任何女人都不会因受玷污而失去贞洁。"③在利玛窦诠释的教义里，肉体只是暂时存在的，灵魂才是永恒的。"造物主每造一物，即各赋以爱己之心。"④爱己是爱人的前提，不做损害自己肉体的行为是爱己的前提。

---

① 俞金尧:《中世纪晚期和近代早期欧洲的寡妇改嫁》,《历史研究》2000 年第 5 期。
② 林中泽:《晚明中西性伦理的相遇——以利玛窦〈天主实义〉和庞迪我〈七克〉为例》,广东教育出版社 2003 年版，第 118 页。
③ ［古罗马］奥古斯丁:《上帝之城》,庄陶、陈维振译，复旦大学出版社 2011 年版，第 14 页。
④ ［意］利玛窦著，朱维铮主编:《利玛窦中文著译集》,复旦大学出版社 2001 年版，第 459 页。

（二）夫妻两性观

来自欧洲的传教士们还带来了双向往来的夫妻两性观。儒家传统家庭观念的核心在于"孝悌"，贤惠的妻子应当代替丈夫服侍父母、维护家庭、绵延子嗣；负责的丈夫应当做到"贤贤易色"，即以敬重的态度对待贤妻而非受诱于其美貌。受推崇的夫妻相处模式应是相敬如宾，妻子事夫如天。在西方传教士的观念中，婚姻应以感情为基础，"这种（婚姻）爱应该这样结成：它的动机是纯洁的，夫妻互爱或结婚不是为了一些世俗之利益，或者漂亮的外貌，或者满足性欲，而是为了愉快而体面地生活在一起……因为当他们平等之时，他们就会生活和谐，但如果他们是为了嫁妆或眼前利益而结婚，他们就会争吵不休。因此，你想结婚，就娶一个平等者"[①]。夫妻之间应当互敬互爱，"你们作丈夫的，要爱你们的妻子……爱妻子的，便是爱自己了"[②]（在中世纪婚姻观念中，如夫妻意见相左时，妻子仍需听从丈夫的意见）。夫妻关系是维系整个家族的核心，夫妻之间彼此相爱且互相体贴的相处模式才能使得婚姻稳定持久。同时，夫妻结合不应仅仅为了绵延子嗣，肉体的接触应当以灵魂的相爱为基础。教会法规包含"婚姻的义务"（debitum conjugii），表示夫妻双方应该满足对方性需要[③]，妻子的欲望要求与丈夫一样应当受到重视和满足。

夫妻之爱应当具有专一性与排他性，夫妻双方应当从身体到心灵都只专属于彼此，而不应当向丈夫或妻子以外的人分享。这一点是以传教士提倡的"单偶制"为基础的。这也是他们向中国士人传教时所面临的一大问题——一夫一妻多妾制是中国古代由来已久的传统，妾室可以完

---

① Robert R.Edwards & Stephen Spector: The Olde Daunce: Love, Friendship, Sex and Marriage in the Medieval World, pp. 53-54. 转引自刘文明《上帝与女性：传统基督教文化视野中的西方女性》，武汉大学出版社 2003 年版，第 208—209 页。
② 《以弗所书》，载《新约全书（新译本）》，中文圣经新译会 1976 年版，第 292 页。
③ 参见惠慧《自然、肉欲和自我——托马斯·阿奎那和教宗约翰·保罗二世论性爱与婚姻》，载赵广明主编《宗教与哲学》第 7 辑，社会科学文献出版社 2018 年版，第 216 页。

成更多地延续后代、满足丈夫欲望、协助正妻管理家务等任务。西方所提倡的一夫一妻单偶制对中国男性来说是难以实现的。在利玛窦的回忆中，当他向中国男性说明一夫一妻制时，他们"都赞不绝口，但愿意这样做的人极少"①。尽管"多妻制在中国有地位的人中很普遍"，但他也乐观地提出，"已有不少有地位的人信教"②，其中即包括徐光启和瞿汝夔。可以说，单偶制在中国的接受虽然是入教者们的一大阻碍，但是西方传教士带来的全新的两性观依然影响到了不少人。

16世纪的中国和欧洲都在经历着经济的发展和思想、文艺的兴盛。在现实社会中，商业的发展为男女两性接触提供了更多机会；在思想上，新思潮的兴起为女性地位提升、男女满足个人欲望提供了理论依据。但具体来看，在相似的全球大背景下，隔海相望的东西方之间有巨大的差异实属正常。来自西方的传教士们发现并记载了这些不同，他们并不是为了单纯地进行文化比较，而是为了推广西方文化和教义，因而在传播西学的同时也了解着中国文化，客观上促进了文化交流与融合，影响了一部分中国士人以更多元、开放的视角看待事物。

第二节　文化勃兴：庶民阶层的崛起与诉求

晚明思想文化的多元嬗变深刻影响了晚明创作的生态格局，也为晚

---

① ［意］利玛窦：《利玛窦中国传教史》（下），刘俊馀、王玉川合译，载《利玛窦全集》（2），台湾光启出版社1986年版，第327页。
② ［意］利玛窦：《利玛窦书信集》（下），罗渔译，载《利玛窦全集》（4），台湾光启出版社1986年版，第289页。

明传奇创作主体关于"情"与"理"的思考带来了举足轻重的影响。与此同时，社会文化的转型和新思想观念的层出不穷催化了士人之外的其他阶层的自我意识和文化自觉，其文化表达意识和审美需求发生了潜移默化的变化。从士人角度看来，与其他阶层的接触加深了他们对非士人生活的了解，因而产生了大量书写商人、市井、青楼等题材的文艺作品，他们在作品中反映了不同阶层的多样化生活。从普通民众角度看来，与士人互动的增多给他们以效仿士人的机会，他们的生活有了士人文化与思想的投影。同时，更深层次的变化在于创作主体性的位移，作为文人作品的读者或观众，他们的审美品位与文化要求反过来影响着文人创作。

一、庶民社会地位的提升

晚明思想转型的表征之一在于四民之中士人之外的其他阶层地位的提高。譬如过去从事"百工贱业"的手工业群体，他们因社会城市化的发展而由农村流动至城市，凭借一技之长在城市安家立命。世风的变化和行业的发展使得他们的手艺得到极大的重视。碾玉的陆子冈、治犀的鲍天成、善镶嵌的周柱、做梳的赵良璧以及其他善治扇、治琴、治金银者，及竹、漆、铜、窑制作者，其手艺皆被称为"进乎道矣"的"绝技"。[①] 张岱认为这些工匠们能够"与缙绅先生列坐抗礼焉"[②]，袁宏道则评价此类技艺与成品"士大夫宝玩欣赏，与诗画并重……诸匠之名，故得不朽"[③]。新安墨工方于鲁甚至能与兵部侍郎汪道昆联姻。在手工业市场上，名匠姓名已形成品牌意识，比之产品本身质量更令消费者青睐。

---

① 参见张岱著，林邦钧注评《陶庵梦忆注评》，上海古籍出版社2014年版，第29页。
② 张岱著，林邦钧注评：《陶庵梦忆注评》，上海古籍出版社2014年版，第131页。
③ 袁宏道著，钱伯城笺校：《袁宏道集笺校》卷二十，上海古籍出版社2008年版，第730—731页。

变化更加明显的是商人阶层。晚明时期士商之间的互动不断增多，表现在生活中，士商交游互往，甚至结为知己或是姻亲者不在少数；表现在其思想中，即士人为商人撰写带有褒扬性质的传记，譬如寿序、墓志铭等。在他们的文章中出现了新四民论、士商平等的观点。王阳明认为"四民异业而同道"，李梦阳（1473—1530）则认为"商与士异术而心同"。随着士人弃儒就贾，商人家庭出身的士子增加，士商之间的等级高下甚至有模糊的趋势。这一方面说明了士人思想之变化及其对商人的肯定，另一方面则说明商人自身价值的不断提高。商人不再同过去一样处于士农工商最底层，需要依附士人以求得更舒展的生存空间。他们以市场经济发展的背景为立足点，将自身价值与影响力由物质领域逐渐扩展到思想、文化乃至政治领域。

从思想文化方面来看，晚明小说、戏曲中出现了大量反映市井平民生活的作品，文人士大夫在思想领域对商人的态度发生转变，因而商人在文化领域的价值逐渐提高。但更值得关注的是，晚明商人前所未有地构建出了本阶层的意识形态。首先，晚明出现了一批商人专用书籍，如《一统路程图记》《商程一览》《士商类要》《经营论》，这些商业用书介绍了经商详细路线、防骗指南、经营方法以及为商之道等。其中保留了不少商人的意识形态，譬如在《客商一览醒迷》中，作者福建商人李晋德提出了道德胜于利益的为商之道，他认为只有恪守道德、自我约束才能建立起规范的商业环境，以"义"获得更大的"利"[①]。其次，晚明商人提出了"贾道"的新含义，其中既包括了对经商之道的总结，同时也明确了自身经商的意义。商人开始表现出对经商事业的自信，并认为此事业具有非同一般的严肃意义。明代著名的晋商席铭（1481—1542）认为即使不能如士人般立功名，经商也是重要于农桑的传家之基业："丈夫苟不

---

① 参见李晋德著，杨正泰校注《客商一览醒迷》，《天下水陆路程·天下路程图引·客商一览醒迷》，山西人民出版社1992年版，第270页。

能立功名于世，抑岂为汗粒之偶，不能树基业于家哉？"①婺源商人李大祈（1522—1587）认为："丈夫志四方，何者非吾所当为？即不能拾朱紫以显父母，创业立家亦足以垂裕后昆。"②《新安休宁名族志》中形容徽商程周的事业为"创业垂统，和乐一堂"③，对其事业的肯定可见一斑。再次，商人将被认为是"圣人之学"的儒家思想运用到商业中。他们学习儒家治人、治国等方法用以经营，同时以忠恕、诚信、执中、慎行等儒家道德观念约束自己，优化环境，甚至以儒家立功、立德之说作为自我肯定的依据。这些内容在上述两类意识形态中也时常显现。

晚明商人的影响力不仅在于思想文化方面，更重要的是，他们开始在社会政治领域拥有一席之地。晚明商人修桥铺路、赈灾济荒的行为不断出现在各类方志、传记之中。在特殊情况下，他们甚至代替一部分士大夫的作用，参与政事，赈济百姓。如他们所期盼的"立功""立德"的同时，不仅政府对他们的态度有所改变，而且他们在民众心目中的地位和影响力也不断提升。

二、庶民文化普及与文化需求

明代的文化普及率较之从前有明显提高。明代注重文治，不断在府、州、县、卫所等大小各地建立儒学，"此明代学校之盛，唐宋以来所不及也"④。教育的普及使得晚明生员数量剧烈增长，科举难度增加。许多终年不第的生员以授馆为生，一些放弃科举的士人由于思想的转变而面向民众讲学，且讲学活动在当时极为兴盛。在这样的循环中，民众识字率

---

① 韩邦奇：《苑落集》卷六《席君墓志铭》，载张正明主编《明清晋商商业资料选编》（上），山西经济出版社2016年版，第352页。
② 张海鹏、王廷元主编：《明清徽商资料选编》第1427条，黄山书社1985年版，第470页。
③ 张海鹏、王廷元主编：《明清徽商资料选编》第708条，黄山书社1985年版，第234页。
④ 张廷玉等：《明史》卷六十九，中华书局1974年版，第1686页。

因而增加，张岱曾记载晚明时期"后生小子，无不读书，及至二十无成，然后习为手艺"①。

明代刊刻书籍之盛更是前所未有，出版业于成化、弘治年间"印书日趋发达，至嘉靖万历而极盛"②。官刻书籍之多、参与刻书部门之广都是空前的，"内府、经厂、南北两国子监及部院都刻书。当时十三省布政司、按察司……及各府亦无不有刻"③。与官刻相比，私刻更偏向于个人化，晚明文人或记录祖辈作品，或用以教授家族后代，或书写个人爱好，凡是有物质基础者纷纷刻书。与私刻相比，坊刻更注重利益，晚明坊刻超过官刻与私刻，在出版业占据了主导地位，追求商业利益是书坊刻书的第一目标。因而坊刻本更重视市场需求，代表了大众品位。

晚明坊刻以刊刻科举时文、日用类书籍、大众通俗文学为主。科举时文类书籍包括中进士、中举者范文，名士猜题所作八股文等文章选集。实用类书籍则包括了皇历、农桑、识字童蒙、医疗养生、经商指南等方面，甚至在世风的影响下出现了各种娱乐指南，譬如风月、酒令、蹴鞠、投壶、灯谜、笑话等。这类书籍很多在书名上带有"居家必用""四民便览""士民便用"等关键词，说明其市场定位是面向士农工商各阶层人士的。大众通俗文学主要包括小说和戏曲，这类文学作品开始反映寻常市民百姓，甚至商贾的生活，且许多文人士大夫也加入了创作，不可胜记。同时，为了吸引各阶层读者，坊刻本往往会配有插图，图文并茂，风格各异，数量可观，起到了保存戏曲文本，促进本土戏曲的传播及各地戏曲交流的重要作用，尤其是徽州等刻书业发达的地区带动了戏曲刻书上

---

① 张岱著，刘耀林校注：《夜航船》"序"，浙江古籍出版社2012年版，第1页。
② 张秀民著，韩琦增订：《中国印刷史（插图珍藏增订版）》，浙江古籍出版社2006年版，第240页。
③ 张秀民著，韩琦增订：《中国印刷史（插图珍藏增订版）》，浙江古籍出版社2006年版，第239页。

寻求元本、严于校勘的求精风。①

除了戏曲刊刻之外，庶民对戏曲演出也抱有极大的热情。由他们参与的公共场域的演出包括了迎神赛社、四时八节、婚丧嫁娶等，其时"远近士女走集，一国若狂"②。同时，晚明时期还增加了女性读者（观众）群体，一方面，出版业的发达使得女教典籍被大量刊刻发行；另一方面，女性阅读小说、戏曲的记载也并不罕见，一些女性甚至兼作者与读者于一身，或是参与小说、戏曲的评点之中。

三、"情"的群体审美趣味

晚明商品经济的发展驱动了印刷业、出版业的勃兴，民营书坊的数量增多、规模扩大及热销书目类型，正体现了在经济不断发展的情况下，晚明各阶层民众超越物质生存需求的文化消费诉求。新兴的读者（观众）群体自主生成了新的审美趣味，文化资源由精英的垄断逐渐转向互动与共享。

> 今天下自衣冠以至村哥里妇，自七十老翁以至三尺童子，谈及刘季起丰沛，项羽不渡乌江，王莽篡位，光武中兴等事，无不能悉数颠末，详其姓氏里居。自朝至暮，自昏彻旦，几忘食忘寝。③

> 南人喜谈如汉小王（光武），蔡伯喈（邕），杨六使（文广），北人喜谈如继母大贤等事甚多。农工商贩，钞写绘画，家畜而人有之；

---

① 参见张慧子《明代徽州戏曲刻书考论》，《戏剧艺术》2024 年第 5 期。
② 李日华著，屠友祥校注：《味水轩日记》卷二，上海远东出版社 1996 年版，第 98 页。
③ 袁宏道著，钱伯城笺校：《袁宏道集笺校》附录一，上海古籍出版社 2008 年版，第 1636 页。

痴骏女妇，尤所酷好，好事者因目为《女通鉴》，有以也。①

怪、力、乱、神，俗流喜道，而亦博物所珍也；玄虚、广莫，好事偏攻，而亦洽闻所昵也。②

由此可见晚明小说、戏曲等通俗文学传播之广，以及民众对此的喜爱。事实上，庶民对通俗文学的喜爱及审美要求并不是在短时间内一蹴而就的，其中经历了庶民生态及心态的不断变化，"在通俗文学与经济之间常需要有一个或若干中介才会发生关系，文化就是最有意义的中介……城镇→市民→市民意识→市民文化需求→市民审美情趣→通俗文学"③。可见，庶民（市民）文化及其审美情趣是生成通俗文学的必经环节，因而其审美之于晚明传奇创作举足轻重。

美学家叶朗这样定义群体的审美趣味："审美趣味是主体显示自身偏爱的审美鉴赏能力。这种能力制约着主体的各种审美行为，既体现在审美创造的各种成果即审美产品之中，又反映在审美鉴赏时主体对审美产品的鉴赏评价中……由诸多个体审美趣味的相似性或一致性所体现出来的是群体（或集团）的审美趣味。这反映了不同社会阶级、阶层、职业、文化背景的社会群体较为一致的审美理想和价值标准。"④晚明庶民在俗文学方面的审美趣味亦表现在对情欲题材的偏好中。

嘉隆间，乃兴【闹五更】【寄生草】【罗江怨】【哭皇天】【干荷叶】

---

① 叶盛撰，魏中平校点：《水东日记》卷二十一"小说戏文"，中华书局1980年版，第213—214页。
② 胡应麟：《少室山房笔丛》卷二十九，上海书店出版社2009年版，第282页。
③ 陈东有：《〈金瓶梅〉的平民文化内涵》，《南昌大学学报》（人文社会科学版）2006年第2期。
④ 叶朗主编：《现代美学体系》，北京大学出版社1988年版，第262—263页。

【粉红莲】【桐城歌】【银纽丝】之属,自两淮以至江南,渐与词曲相远,不过写淫媟情态,略具抑扬而已。比年以来,又有【打枣竿】【挂枝儿】二曲,其腔调约略相似,则不问南北,不问男女,不问老幼良贱,人人习之,亦人人喜听之,以至刊布成帙,举世传诵,沁入心腑。①

上述内容录自《万历野获编》中有关"时尚小令"的记载,可见以"淫媟情态"为题材的小令在晚明时期的流行程度。推崇作曲本色的凌濛初(1580—1644)评其时之曲为"靡词如绣阁罗帏、铜壶银箭、黄莺紫燕、浪蝶狂蜂之类,启口即是,千篇一律"②。晚明社会庶民阶层一致的审美趣味由此可见一斑。

在侈靡放荡的世风中,晚明庶民生活展现出前所未有的自由活泼,他们呼唤世俗生活中真挚的情感,同时也追求满足蓬勃的自然生理欲望。作为晚明通俗文学的消费者,晚明庶民对"情欲"的群体审美趣味展现了此时代独有的文化特征,并通过通俗文学市场形成文化反哺,影响着传奇创作主体的不断创作。

---

① 沈德符:《万历野获编》卷二十五,中华书局1959年版,第647页。
② 凌濛初:《谭曲杂札》,载中国戏曲研究院编《中国古典戏曲论著集成》(四),中国戏剧出版社1959年版,第253页。

第三章 晚明传奇中个体之情的『独角戏』

第三章 晚明传奇中个体之情的"独角戏"

晚明时期，从社会基本结构到意识形态领域都发生了巨大转变，有关于两性关系、男女差异、个人情感等一系列问题不断撞击并逾越传统伦理道德的壁垒，引发人们的全新思考。这样的背景为晚明剧作家提供了更为宽松的创作空间，因而晚明传奇成为其进行自由情感书写与个性展示的平台。当今学界对晚明传奇中个体情感欲望的研究大多集中在个案研究，尤其是有关《牡丹亭》的研究。而涉及传奇中的情欲书写，研究者的关注点往往立足于私人情感引发的互动行为，但实际上，晚明传奇中还有一种常见的私人情感书写模式值得关注，笔者将其概括为私人情感的"独角戏"。这类"独角戏"是剧中人物个体情感与欲望的私人化表达，是将人物内心深处的本能欲望、生理冲动、情感思想等私人内在领域内容予以向外的展示，但这种私人情感的表达并不等于直白的欲望展演，而是将人物内在的隐秘当作对个人需求与价值的思索，是来自人类本原的生命力的展示。

在晚明传奇中，思春戏与闺怨戏是典型的私人情感与欲望的书写模式。以思春与闺怨为主的情感表达多以女性为主体。一方面，在现实社会中较之男性更为边缘化的女性在传奇中拥有了更中心的主体在场，剧作家站在女性的视角为其代言；另一方面，晚明社会也为女性带来较之从前更宽松的生存环境，因而在晚明传奇中，女性人物的心理活动、个体价值及在两性关系中的地位被进一步开掘和重新定义。从叙事角度来看，剧作家、剧中人物与观众或读者的合作使得剧作家的思想倾向通过剧中人物被观众与读者得知与理解，且在观赏过程中形成情感共鸣。而剧中人物主体的私人表达则因为有了客体的旁观而更增添了欲望色彩。大量晚明传奇中女性情感的私人表达没有采用宏大的叙事架构、曲折的情节线索或是庞杂的人物关系，往往聚焦微观的情感肌理，以精致的内心观照与细腻的自我咀嚼显示对个人需求与价值的肯定，既展现了特定时代女性意识的萌蘖，又显示出中国古典戏曲史上独具特色的文化景观。

第一节 "关情怕对摽梅影"：有女怀春的思春戏

"思春"在《现代汉语词典》中被解释为"怀春"[①]，查"怀春"，释义为"少女爱慕异性"[②]，现在则泛指"对异性有渴望之情"。在《龙膏记》第七出《闺病》中，作者化用《诗经·摽有梅》为曲词——"关情怕对摽梅影"[③]，即是描述思春之情的生动例子。"摽梅"出自《诗经·召南·摽有梅》，用梅子成熟落下比兴女子成长至青春盛期，渴望与男子及时婚配。[④] 晚明传奇中出现了大量对异性抱有渴慕之情的人物，且主要以女性人物为主。她们的出身、阶层、性格、人生经历各不相同，但共同

---

① 参见中国社会科学院语言研究所词典编辑室编《现代汉语词典：2002年增补本》，商务印书馆2002年版，第1193页。
② 中国社会科学院语言研究所词典编辑室编：《现代汉语词典：2002年增补本》，商务印书馆2002年版，第547页。
③ 杨珽：《龙膏记》上卷，载《古本戏曲丛刊二集》，长乐郑氏藏汲古阁刊本，第20页。
④ 参见李家声《诗经全译全评》，商务印书馆国际有限公司2019年版，第27—28页。

点在于都正处于青春适龄的大好年华；她们不一定与异性有过密切接触，甚至没有具体的爱慕对象，但其生而为人的本能令其自然而然地产生难以压抑的幻想。思春的情绪是人物所处环境与思想情感的结合，是对个体的自我感知。

一、思春模式四种

晚明传奇中的思春戏主要可根据思春主体的心理活动概况分为四种：第一，思春主体因自身养在深闺人未识而产生感叹；第二，思春主体因期待知音而对爱情产生渴望；第三，思春主体因年龄渐长而希望与人缔结婚姻关系；第四，因生理本能带来的欲望渴求。

第一种模式在传奇中最为常见，思春主体通常对自己的外貌抱有自信，将青春颜色与易逝的时光联系在一起，不由自主产生自爱自怜的感情。最为知名且典型的例子即《牡丹亭》，杜丽娘有"可惜妾身颜色如花，岂料命如一叶乎"[①]的叹息。再如《种玉记》中，女主人公卫少儿有"颜沃秾李，齿盛破瓜。既悲我生之不辰，又叹流光之易掷"[②]之喟叹。

第二种模式中思春主体往往是才子佳人式姻缘中的女性主人公，她们貌美且富有才华，对爱情充满美好的想象，渴望遇到一个可堪相配的才子知音。如《金莲记》中，朝云尚在闺中之时便洞察到"才子难逢，佳人空老"，因而担心自己"困守衡茅，怎谐佳偶？"[③]《浣纱记》中西施对爱情有过相当认真的思索，"仔细想将起来，世间多少佳人才子，不能成就凤友鸾交。我既不能见他，他又不得遇我，日复一日，年又一年，

---

① 汤显祖著，朱萍整理：《临川四梦》，中华书局 2016 年版，第 144 页。
② 汪廷讷：《玉茗堂批评种玉记》卷上，载《古本戏曲丛刊二集》，北京图书馆藏明刊本，第 12 页。
③ 陈汝元：《金莲记》上卷，载《古本戏曲丛刊二集》，长乐郑氏藏汲古阁刊本，第 9 页。

《重镌绣像牡丹亭·写真》,明怀德堂本

不知何时得遂姻缘也"①。后朝云被苏轼纳为妾室，西施历劫后终与范蠡泛舟五湖。这一类思春主体的得偿所愿盖因其情感交流与精神契合的要求得以被满足。

第三种模式中的思春主体往往较为理性，有着明确的择偶条件，因年龄渐长而以寻求婚姻为目标。她们以世俗经济的眼光取代生理与情感的需求，侧重于寻找家庭的归宿。譬如《东郭记》中的齐女，父母离世，聊有家资，因年已十八，故而担心"寂寞门庭，蹉跎岁月，如何是好"？又因门户荒凉，"恐富贵者不免弃之。惟择一孤穷而偶傥者，正自有富贵之日耳"②。对此类女性人物的心理及行动描写正是对晚明社会现实的反映。

第四种模式较之前三种更为直白明显，是思春主体对欲望渴求的大胆诉说。《金莲记》第三出《弹丝》中，朝云思春，渴慕异性：

> 【前腔】（云）琼楼妆晓，正百尺琼楼妆晓，看青青湖外草。怕蜂窥帐底，燕掠花梢。倩龙池和凤沼，寡鹄望秦箫，孤鸾怯楚腰。黛绿慵挑，金粉羞调，卸朱徽，银甲小。巫山梦遥，怕难寻巫山梦遥。湘江春杳，有谁怜湘江春杳。枉教人、背秋千珠泪暗抛。③

此曲以晨妆中"楚腰""银甲"等身体部位的描写和"怕""怯""慵""羞""怜"等心理姿态的展示勾勒出一个慵懒香艳的形象，又以"窥帐底""掠花梢""巫山梦""湘江春"等带有明显性暗示的典故，自喻为巫山神女、湘水女神，期待与男性的和合。《种玉记》中，公主府婢女卫少儿艳羡姐姐卫子夫被圣上选入宫中，自己却"晨昏无伴，形影

---

① 梁辰鱼：《浣纱记》卷上，载《古本戏曲丛刊初集》，长乐郑氏藏怡云阁本，第3页。
② 孙钟龄：《东郭记》上卷，载《古本戏曲丛刊二集》，长乐郑氏藏明末刊本，第5—6页。
③ 陈汝元：《金莲记》上卷，载《古本戏曲丛刊二集》，长乐郑氏藏汲古阁刊本，第8页。

自怜"：

　　【满宫花】（旦上）六宫春花如锦，簇拥主家芳径。雕笼鹦鹉啄金桃，唤起海棠睡醒。

　　【香遍满】绿云堆鬓，流苏斗帐生暗尘，睡起残妆痕褪粉。徘徊无所亲，支离笑此身。花开即苦春，谁道花自解心头闷？[1]

　　女主人公在第三出首次登场并进行自我介绍，这是明清传奇中"生旦家门"的一般定式，这两支曲子即《种玉记》第三出《园逅》中，女主人公卫少儿首次出场时的自白，作者以此奠定人物性格基础。如此两段自白足可见女主人公思春求偶之心的迫切。身为公主府婢女，卫少儿自比为春睡海棠，美人如花却无人开解春闺之闷，因没有伴侣而粉褪妆残，因无人同衾而罗帐生尘。在此一出中，卫少儿初初登场，与男主人公尚无交集，因而其曲中能与之一同春睡罗帐的异性实际上并没有具体对象，仅存在于卫少儿模糊的想象之中。此处思春的情绪即情欲的冲动，而这种青春少女的生理冲动一旦遇到缺口便会决堤而出。这也为后文情节的发展埋下伏笔。

二、思春主体分析

　　上述概况中的四种思春模式有时单独出现，有时综合几种出现在同一人物身上。这往往取决于思春主体的身份。一般来说，思春主体以未婚女性为主，不同出身、阶级、性格、个人经历的女性人物在思春情绪的表达上各有不同。试以晚明传奇中出现的大家闺秀、妓女、尼道、异

---

[1] 汪廷讷：《玉茗堂批评种玉记》卷上，载《古本戏曲丛刊二集》，北京图书馆藏明刊本，第5页。

族女性为例进行分析。此外，关于男性思春的描写也是晚明传奇中不可忽略的一个现象。

（一）闺秀

以闺秀为主人公的思春戏的书写一般较为含蓄内敛。闺秀的思春情绪以场域的阻隔为依托，她们个人活动范围被限制在内院之内、深闺之中，除父亲兄弟之外，几乎没有见到过其他异性，因而其思春情绪多以自恋自怜、渴求佳偶的青春冲动为主，并无具体对象。大家闺秀的思春情绪较为矛盾复杂，她们并非一味热烈幻想、渴望着异性。她们一方面因青春觉醒对爱情有着朦胧的憧憬，另一方面则又因从未接触过异性而带有担心、逃避的复杂心态。《锦笺记》中柳淑娘既心动又担忧的心理颇具典型性：

【啄木儿】（旦）我听伊言，心暗摧，屈指桃夭几个宜，回文锦半世含嗟，断肠吟到老成悲。苏台月伴西施醉，玉关草湿明妃泪，淑女堪求君子谁？①

大家闺秀自出生起便受到严格的教养，被要求严守女德闺训，这样的生活环境与成长背景决定了她们很难将思春之情直接诉诸于口，因而剧作家往往会安排一位闺秀的贴身婢女作为代言人。《锦笺记》中柳淑娘春心萌动又囿于女训，只能作诗暗喻心事，婢女芳春、青娥将小姐的思春情绪解出；又如《龙膏记》中元湘英因青春觉醒而害病，在与婢女冰夷的问答中透露心事。同时，婢女明确小姐心事后还会担负起为小姐牵线的任务，为男女主人公提供见面的契机以促进其情感的后续发展，使

---

① 周履靖：《锦笺记》上卷，载《古本戏曲丛刊二集》，北京图书馆藏明继志斋刊本，第21页。

原本封闭的思春情愫转化为推动情节发展的叙事动能。

（二）妓女

前文提到的《金莲记》中朝云思春即晚明传奇中妓女形象私人情感表达的典型例子。与其他人物类型明显不同的是，此类人物情绪的表达更为明确露骨，叙述中常带有明显的情欲意象，这是从其人物身份生发出的语言书写。她们通常将其直白地叙述出口，上文中引用的【前腔】"琼楼妆晓"即为一例。另有一不同之处在于，由于其身份的特殊性，她们有接触到各类异性的机会，因而其思春对象往往十分具体。有的带有常见的名妓才子情结，期盼与才华横溢的"中原麟凤"结合，譬如《金莲记》中苏轼之于朝云；有的则因久经风月，深知青楼生涯之苦，期盼拥有如正常女性一般的家庭和婚姻，如《青衫记》中裴兴奴：

> 【锦缠道】闷无聊，叹烟花尘缘未消，粉悴与脂憔，甚时得成就凤友鸾交。终日摆迷魂阵，用被窝中宝刀，只落得按红牙拨损檀槽，减却楚宫腰，羞杀人当筵献笑，箕帚几时操也。免得兰生当道，打叠起目挑与心招。①

裴兴奴将青楼风月贬斥为"迷魂阵""被窝刀"，希冀得遇"凤友鸾交"。再如《绣襦记》中李亚仙"叹失身华屋""托根桃李场"②，无意于平时"所交接"的贵戚豪族、愚夫俗子，反而向往平凡的夫妻生活。这些女性人物虽然出身青楼，但都保有自身意志，不为外物所动摇，展现出超越生存境遇的主体意识。她们之中有的热烈奔放，真诚地表现出欲望的萌生；有的则真挚坚定，在风尘中摸爬滚打也并未丧失寻求理想配偶、

---

① 顾大典：《青衫记》上卷，载《古本戏曲丛刊二集》，长乐郑氏藏汲古阁刊本，第5页。
② 《绣襦记》卷一，载《古本戏曲丛刊初集》，北京图书馆藏明朱墨刊本，第16页。

婚姻的期待，对于择偶一事自有选择与要求，在浮沉际遇中执着追寻平等的情感契约。

（三）尼道

在思春者中还有较为特殊的一类人即尼道等"出家人"。她们的身份特殊，言行本应受限于清规戒律，因而其思春表现与禁欲要求形成了鲜明的对比反差。剧作家将禁欲的外壳与情欲的内核并置，构建极具戏剧性的伦理困境。《南柯记》中作为道姑的上真仙姑大胆邀请淳于梦饮酒取乐，以两性互动的方式来"解闷浇惆怅"①。《玉簪记》中陈妙常青春正好，任谁也阻挡不了其凡心炽盛、欲火燃烧："笔墨在此，不免将心事题写一词……黄昏独自展孤衾，欲睡先愁不稳。一念静中思动，遍身欲火难禁。强将津唾咽凡心，争奈凡心转盛。"②《鸾鎞记》中道姑鱼玄机寄居咸宜观三年，本有"苦空之守""终绝应酬"之意，最终还是"难摆脱情魔障，肯向人间魅阮郎"，"种桃许折向玄都傍，审端的不如嫁作鸳鸯"③。如果说思春是内心欲望情感的投射，那么，压制人性和基本欲求的伦理规定注定无法阻挡生命本能，也难以遮蔽情感欲望的表达。人物身处的特殊环境限制着她们的行为，但限制不了她们的情感与欲望，压抑机制反而催化了情感的戏剧性迸发。当个体需求在特殊情境下因特殊身份难以得到合理解决的时候，她们萌动的春心往往会开启她们争取需求满足的行动。

（四）异族女性

在《节侠记》中，思摩可汗之女闰华郡主作为特殊的思春主体应当

---

① 汤显祖著，朱萍整理：《临川四梦》，中华书局2016年版，第342页。
② 高濂：《玉簪记》下卷，载《古本戏曲丛刊初集》，北京图书馆藏明继志斋刊本，第7页。
③ 叶宪祖：《鸾鎞记》卷下，载《古本戏曲丛刊二集》，长乐郑氏藏汲古阁刊本，第5—6页。

予以关注。在汉族文人创作的传奇中,异族女性形象常低于汉女,有时甚至被故意丑化,涉及个人情感欲望表达的女性有时还会被夸张地塑造成色情狂形象。传统叙事体系往往将其预设为异质文化的载体。闰华郡主这一人物打破了对异族女性的他者化书写。她生长在"青海城头,黄沙碛里",但"海云无叶,山雪飞花"的生长环境并未磨灭她对皇都之春的美好想象。虽"自怜身染胡尘"①,"花容月貌,埋没在这里"②,但仍怀有"婉媚多情"的少女春心:"我想皇都这样时节呵。屠苏送暖,子规弄晴,韶华争上春风鬓。愿花神,平分花信,探取一枝新。"③《节侠记》中关于闰华郡主少女思春的描写,展示出了她与中原闺秀同等的自怜自爱,一样的感春时、怀春思的美丽灵魂。这正体现了女性思春的普遍性,少女情欲的觉醒超越族群隔阂,具有生命本真的文化穿透力,还原了跨文化语境中女性共同的生命体验。不论是何种身份、职业、地位,或是生长于何种环境,少女的春心萌动都是最为普遍正常的欲望,是外界任何力量都无法扼杀的生命力的象征。

(五)特殊的例子:男性

思春并不只是女性的特权,晚明传奇中男性思春呈现出士人本位意识。男性思春主体由男性作者以传统男性视角进行叙述,因而带有明显的男性价值观,结合才学资本与婚恋诉求,伴随功名想象与社会身份的确认,往往自信才高八斗,期待与名门淑女或绝代佳人婚配。相较于女性,男性人物思春更强调欲望实践的主体性,他们将对女性容貌的感官审美放在首位,更容易被异性的外貌吸引,且以追求欲望满足为主要目的。《灌园记》中,男主人公田法章因灌园做工得见小姐,一时间"无端

---

① 许三阶:《节侠记》卷上,载《古本戏曲丛刊初集》,北京图书馆藏明刊本,第11页。
② 许三阶:《节侠记》卷上,载《古本戏曲丛刊初集》,北京图书馆藏明刊本,第32页。
③ 许三阶:《节侠记》卷上,载《古本戏曲丛刊初集》,北京图书馆藏明刊本,第11页。

邂逅情牵绕，没来由心旌动摇"，又担心"难谐鸾俦凤交，枉教人孤帏梦断魂劳"①。《玉簪记》中，配角人物、纨绔子弟王公子因见到耿小姐美貌而魂飞天外：

> 【雁儿落带得胜令】（净、众）我为他动春心难摆划，我为他赊下了相思债，你看他笑盈盈花外来，哄得我闹嚷嚷魂不在，赤紧的害张生消瘦些，这一会病相如渴不解，恨只恨隔几重离恨天，苦则苦扯不拢的合欢带，疑猜，莫不是凌波袜在巫山外。若得个和也么谐，小使，我把他做活观音常跪拜。②

王公子初见耿小姐便因其外表而倾心，他毫不避嫌，尾随其后，幻想出"合欢带""凌波袜"等私密性的女性用品，直白地期待能够与仅见面一次的异性巫山云雨。这深刻映射了性别权力结构的内在逻辑。晚明时期虽然纵欲风气盛行，但在现实中能真正随意满足自己欲望的多是男性，他们处于两性关系中的主导地位。王公子们能够直白地进行情欲表达，客观上反映了士人文化中男性凝视的支配特权。可以说，男性剧作家笔下的男性思春主体较之女性更关注自身感受，始终保持着主体性的张扬，他们更看重异性的外貌特征或是身份地位，并着重以自身获利或是欲望满足为主要目的。

三、思春场景及叙事模式

人类的思春是因生理本能而产生的心理活动，不受任何物质场域的限制，可以自由任意地进行想象。但从晚明社会背景来看，女性仍然处

---

① 张凤翼：《灌园记》二卷，载《古本戏曲丛刊初集》，北京图书馆藏明富春堂刊本，第4页。
② 高濂：《玉簪记》上卷，载《古本戏曲丛刊初集》，北京图书馆藏明继志斋刊本，第22页。

在一种受约束的环境中。在物理上，大部分女性的活动范围保持在家门之内，一些出身较好的贵族、官宦小姐以闺房和内院为简单活动空间，除了少数特殊节日，她们不能踏出内院，部分女性甚至不知道整个府宅的全貌。在心理上，她们受到严格的教养，接受母亲或教养妈妈的监督，恪守一系列规范女性行为的女则女诫，并以此为行动指导。思春怀春往往被视为女性思想上的悖逆。因而女性人物的思春带有生理本能与生长环境之间的矛盾性质，在这种情况下，晚明传奇中形成了较为普遍且固定的思春戏叙事模式。

（一）思春之时：春日思春

从时间来看，晚明传奇中思春场景多被安排在春天。晚明传奇中有关婚恋的作品多以青春正好的适龄男女为主人公，他们的悲欢离合、情节的起承转合都在短时间内完成，因此作品中故事发生的时间主要集中在数年之内，时间跨度较小。在这种时间框架之下，作者会有意突出四时四季、时令节日等时间节点，以起到理清剧情脉络、帮助情景交融、暗喻人生起伏等作用。"春天"在晚明传奇中是极为重要的一个场景，翻阅晚明传奇，可见不少以"春"命名的出目。譬如《狮吼记》第十出《赏春》，《精忠记》第二出《赏春》，《金雀记》第三出《探春》，《蕉帕记》第二出《寻春》，《紫箫记》第三出《探春》，《龙膏记》第十四出《藏春》，《飞丸记》第三出《赏春话别》，《节侠记》第十三出《春游》等。

晚明传奇中的思春之"春"是男女春情之"春"，同样也是春季之"春"。首先，从季节特色及生物本能来看，凛冬结束，万物复苏的春天带来了更明媚温暖的光照，更鲜妍茂盛的植物，更多种多样的声音和气味。人类和动植物一样，在春天生命力尤为充沛，且更容易受到环境的影响和刺激，产生生理性冲动。"思春"之所以称为"思春"，即因为人类的春情欲望更容易萌生在春天。其次，从民俗风情来看，"出游街巷，自夜达旦，男女混淆"①的初春上元节，"百花争放之时，最堪游赏"②的仲春花朝节，沐浴出游、临水相戏的暮春上巳节，春游踏青，玩蹴鞠、打秋千的清明节都集中在春天。这些节日是一年之中极少数的女性外出游玩，男女共同活动的日子，因而给女性见到家人之外的异性创造了契机。再次，从社会时间来看，能够转变男性身份令其"朝为田舍郎，暮登天子堂"的会试即春闱就在春天举行。因而春天是男主人公离乡入京、投亲访友的季节，探访名媛、邂逅淑女等男女初见的情节往往发生在此时。女性的生存环境、心理状态与季节时令联系在一起便成了晚明传奇中春日思春的叙事模式。

（二）思春之地：春日游园

如若将时间与空间结合，"春日游园"是晚明传奇中的重要母题之一。《牡丹亭》杜丽娘与丫鬟春香游园即最为经典的例子。杜丽娘初离闺房，乍入园中，不由感叹"不到园林，怎知春色如许？"③，可惜的是，这样一座美丽的花园却被人冷落，无人欣赏，"老爷和奶奶"也从未提起过这般景致。在春香的介绍下，她在园中看到杜鹃花、荼蘼花开，春事将了，听到成双成对的莺歌燕语，联想起学过的"关关雎鸠"。这样的姹紫嫣红只能付与断井颓垣，这样美好的韶光却被看得贱，一派声色交融的春景令杜丽娘联想到自身命运——少女的青春如春光般易逝，"生于宦族，长在名门。年已及笄，不得早成佳配，诚为虚度青春"④。她煎熬、烦

---

① 明弘治十一年（1498）户科给事中丛兰奏疏，载《明实录·明孝宗实录》卷一四三，台湾"中央研究院"历史语言研究所据国立北平图书馆红格抄本影印。丛兰向明孝宗提出遏止元宵狂欢的奏议，"近年以来正月上元日军民妇女出游街巷，自夜达旦，男女混淆"。
② 吴自牧：《梦粱录》卷一，浙江人民出版社1984年版，第8页。
③ 汤显祖著，朱萍整理：《临川四梦》，中华书局2016年版，第143页。
④ 汤显祖著，朱萍整理：《临川四梦》，中华书局2016年版，第144页。

躁、春情无处排遣，也无人可诉说，最终只能依托梦境实现满足。

【山坡羊】（旦）没乱里春情难遣，蓦地里怀人幽怨。则为我生小婵娟，拣名门一例一例里神仙眷。甚良缘，把青春抛的远。俺的睡情谁见？则索因循腼腆。想幽梦谁边？和春光暗流转。迁延，这衷怀那处言？淹煎，泼残生，除问天。①

再如《玉合记》中第三出《怀春》，柳氏晨起梳妆，在丫鬟轻蛾的陪伴下游赏花园春景：

（旦）这些时日暖风恬，花明柳媚。好恼人的春色也！
……
（旦）轻蛾，那画阑干外簇簇摇摇的。甚么东西？（贴）这是云影和那花阴。

【前腔】（旦）花阴云霭，翠影斜筛，眼慢惊回，几度风摇却暗猜。（贴）这豆蔻花就是我姐姐。嫩红催，豆蔻含胎。你近来弦管都生疏了。为甚的满床丝竹，月冷烟埋。（旦）消受那一种闲情，把门掩梨花昼不开。（贴开门科）你门掩梨花且半开。

姐姐，这两日不到门前，那银塘上草都青了。且随你步几步去。

【前腔】王孙空待，草遍天涯。紫陌青台，风暖银塘绿绉回。（旦整髻，倚贴，贴扶科）髻儿歪，忽地相挨。这的是昼长人静，不奈幽怀。（贴）姐姐。几时得玉管偷春，把孔雀金屏选日开。（旦）我便是李家人了。那望金屏选日开。②

---

① 汤显祖著，朱萍整理：《临川四梦》，中华书局 2016 年版，第 144 页。
② 梅鼎祚：《李卓吾批评玉合记》上卷，载《古本戏曲丛刊初集》，北京图书馆藏明容与堂刊本，第 5—6 页。

"娉娉袅袅十三余，豆蔻梢头二月初。""豆蔻"暗喻处女。此处主仆游园观景，轻蛾以豆蔻花比喻柳氏，说明其虽为歌妓却是处女在室的身份。柳氏言及"玉管偷香""孔雀金屏"分别对应韩寿与贾充之女私通，窦毅以射孔雀屏风考校选婿的典故，展现了柳氏心有对异性的向往，期待觅得佳婿的思春情绪。

《节侠记》第十三出《春游》中，闺华郡主与众侍儿于暮春园中散步赏景：

（小旦带丑、净扮侍女上）奴家可汗之女，性喜繁华，情耽弦管。如今春光垂暮，花气渐阑。趁此晴日好怀，且向园中少步。侍儿们随我来。（净、丑、老旦、旦随行介）

【宜春令】（小旦）穿芳径，步翠茵，薄罗衣风来自轻。柔情耿耿，为花长抱三春恨。扑风尘香褪衣襟，筛斜日帘移碎影。人都说白草城中春不入，看起我那园中的光景呵，算分明，名园金谷，皇州淑景。

【前腔】（众）银题影，玉砌阴，促东风春归几程。徘徊对景。隔林啼鸟如相问，飞不到半点红尘，扫不开几重绿荫。郡主，你这等花容月貌，埋没在这里。算分明，鸾栖枳棘，花埋幽径。①

闺华郡主游园的时间已是暮春时节，因而其思春之情中更增添了惋惜的愁绪。春色渐去，她为落花而抱恨，恰与侍儿们为其花容埋没而惋惜联系在一起。郡主的美貌与柔情无人赏识，恰如"鸾栖枳棘，花埋幽径"。再如《灌园记》中太史氏女与侍女游赏花园，《种玉记》中思春心闷的卫少儿与公主府众侍女游园，《飞丸记》中严玉英与丫鬟碧桃在自家

---

① 许三阶：《节侠记》卷上，载《古本戏曲丛刊初集》，北京图书馆藏明刊本，第32页。

花园聚春园赏花等情节，都成为女性人物春情萌动的起点。

晚明传奇中的"游园"空间构成极具象征性的思春叙事场域。太守之女杜丽娘、王孙歌姬柳氏、可汗郡主闺华，这些身份不同的女性思春方式是一致的。在明代女性的现实生活环境中，"游园"是困守闺中的女性迈出闺房后可进行的极少数活动之一。在父母教养和社会伦理要求下，她们的日常活动范围受限，偶有的春日游园所见极易令其触景生情。盛春之时，景色鲜妍，生机勃勃，令人心生雀跃，苏醒蠢蠢欲动的本能，暮春之时，春色将逝，花开花谢无人欣赏，最易令人惋惜自怜青春的易逝。"花园"这一场景，在地理范围上是女性活动的合理区域，从人物心理来看，最能引起生理冲动与思春情绪，暗合人类生理周期与自然节律的同构性。从叙事方法来看，设置"花园"兼作为闺房与外界之间的过渡区域及人物心理变化的过渡区域，可使得人物的转变合理化，以"思春"作为女主角情感的过渡，不至于使得后文与男主角相恋的情节过于突兀。自然意象与人物意识的共鸣使花园季节流转变化成为情感觉醒的叙事动能。

（三）思春之例：春困春睡

除了"游园"这一场景之外，晚明传奇中的女性思春常与"春困""春睡"的场景联系在一起。春天季节的转换需要人类生理机能的调整以适应环境变化，因而春日困倦本属自然生理节律。但从明代社会现实状况来看，昼寝成了女性道德评判的标尺之一，白日睡眠违反了闺中女性行为规范。杜丽娘就曾因昼寝遭到父亲的斥责，杜宝认为女儿白日闲眠"是何家教"[①]！女性的春困睡眠与思春一样，被视作带有反叛性质的行为。在中国古代文学传统中，"春困""春睡"向来被赋予轻薄香艳

---

① 汤显祖著，朱萍整理：《临川四梦》，中华书局2016年版，第128页。

的意味,"春困""春睡"的慵懒之态,常常用以比喻云消雨散之情形。晚明剧作家在一定程度上承袭此道并加以更新,使"春困""春睡"不再止于艳情的暗示——明确其是身体对季节更迭的本能回应,并进一步将生理现象转化为文化现象,成为女性表达主体意识的方式之一,也逐渐固定为常见的叙事模式之一。

《飞丸记》中严玉英本想趁春日天长做些女红针黹,但在芍药翻红、荼蘼满架的春色里不受控制地"意慵神懒",昏昏欲睡:

> (旦作睡科,丑)小姐莫非醉酒乎?(旦)我何尝饮酒来?(丑)是醉春了。(旦)怎么叫做醉春?(丑)春色恼人眠不得,五更无梦到阳台。……(丑)小姐既不醉酒,又不醉春,是醉心了。①

懵懂的婢女碧桃道出小姐的心绪:不是"醉酒",不是"醉春",而是"醉心"。严玉英感慨时光飞逝,"春色如飞弹",看花落成阵,听鸟啼声声,"谁不伤情"。严玉英这种惜春怜己的情绪是青春少女无头无绪、不由自主地在春色中突然觉醒的。春睡初醒的她,情绪使然,将春景与思春之情交融,作诗一首:"春风浓若酒,熏得醉人多。强剌牵愁祟,耽诗战睡魔。送香花弄影,调管鸟翻歌。眼买窗前景,芳心肯掷他。"②在其后的情节,这恰恰成为她与男主人公易弘器传递诗丸、定情私会的信物。

《金雀记》中,井文鸾既心系洛阳灯市,又想要"守闺仪",故而派婢女去灯市探看,自己在等待的过程中见"春色憀人",故不免"隐几少睡":

---

① 张景:《飞丸记》,载毛晋编,黄竹三、冯俊杰主编《六十种曲评注》(第23册),吉林人民出版社2001年版,第455页。
② 张景:《飞丸记》,载毛晋编,黄竹三、冯俊杰主编《六十种曲评注》(第23册),吉林人民出版社2001年版,第456页。

（贴）小姐在此打睡。（丑）这般春色恼人，亏他睡得着哩。

【鹊踏枝】为春色可憎困，兰闺女误青春。苦春怀满膺，厮索却春和景明。道花姬动情，若不去玩赏呵，只怕白添上了朱颜鬓。（内作莺啼惊睡介）……①

"春色恼人"即春色撩人，"春色可憎困"即为春色吸引，难以自拔。"春色"意象承载了自然物候与人物情绪的双重内涵。春景使得人物生发"满膺"的怀春情感，这种情感是不可遏制的，青春少女绝不愿虚度朱颜青鬓的青春。春睡中的井文鸾借婢女之口，展现出的思春情绪是内敛的，但这种情绪的生发恰又与闺仪所矛盾，既构建起少女情欲觉醒的合理性，在叙事上也为后文井文鸾难耐春日之美，在得到父亲同意后前往灯市巧遇潘岳的情节做铺垫。

而在《节侠记》中，男女主人公裴伷先与卢郁金早有婚约，但因南北相隔而未曾谋面。对卢郁金来说，婚姻大事为父辈所约定，何日成婚则取决于未婚夫裴伷先的决定。作为婚姻中的另一个主体，她无法掌控自己的婚姻，她的生活只能以父亲、丈夫的意志为主。面对生机盎然的春景，她感受到时光流逝却无能为力，白日里无处消遣，春睡起来只能对镜自怜。

（旦）……奴家幼遭不辰，远流此地。但见石室烟埋古桂，嵩台月冷啼猿。有托之茑萝，飘零没定。及时之桃李，黯淡无颜。一榻清幽，宝篆沉烟袅，终身孤另，翠被晓寒轻。当此春色恼人，好难消遣也！

【小桃红】东风掠鬓，初日凝妆。睡起娇无力也，暗惜流光。镜

---

① 无心子：《金雀记》，载毛晋编，黄竹三、冯俊杰主编《六十种曲评注》（第16册），吉林人民出版社2001年版，第594页。

台羞自对，膏沐为谁芳？冷落鸳鸯枕、翡翠衾与那芙蓉帐也，含娇谁倚傍？转添惆怅。春日偏能惹恨长！①

鸳鸯枕、翡翠衾、芙蓉帐等夫妻共睡的寝具空空荡荡，卢郁金所期待的良人却迟迟不曾出现。婚姻缺席的视觉意象，承载着青春流逝的焦虑，暗含了青春本能的缄默诉求。晚明传奇中女性思春的情绪并不都是热烈奔放的，也有如卢郁金这样暗自咀嚼、静水流深者。剧作家通过寝具描写铺陈女性人物在礼教规训下的幽微情态，将个体苦闷升华为女性集体困境的缩影。在春光物候中，在父权夫权的禁锢下，只能将思春情绪藏在心底，敢恨且能恨的只有这恼人的"春天"。

四、思春戏的传播

晚明时期印刷业和出版业达到前所未有的兴盛。小说、戏曲等大众通俗文学蓬勃发展，大量文人士大夫加入了创作，"自缙绅、青襟，以迨山人、墨客，染翰为新声者，不可胜纪"②。在明代可考的书坊中，共有111家书坊刊刻了349种戏曲，这还不包括20家地区不详的书坊刊刻的203种戏曲③，数目相当可观。晚明印刷业与出版业之发达为戏曲的文本传播奠定了良好的基础。同时，晚明时期文化普及率提高，女性的文化水平、阅读能力有所提升，出现了能够写戏的女作家、批评戏曲的评点者。对于文化水平不够的读者，晚明戏曲书籍中流行的大量"绣像""注释""音释"形式亦起到辅助阅读的作用。从晚明传奇的文本传播来看，

---

① 许三阶：《节侠记》卷上，载《古本戏曲丛刊初集》，北京图书馆藏明刊本，第17页。
② 王骥德著，叶长海解读：《曲律》四卷"杂论第三十九下"，科学出版社2020年版，第383页。
③ 参见廖华《明代坊刻戏曲考述》，《山西师范大学学报（社会科学版）》2014年第2期。

"有女怀春"的情绪极具普遍性，几乎是女性共通的情绪，因而易引起女性读者的共鸣。

从明代流行的戏曲选本中可见思春戏文本传播之流行①，《词林一枝》《歌林拾翠》《万家合锦》《八能奏锦》等戏曲选本都收录有《玉簪记》中"妙常拜月""妙常思凡"等表现陈妙常思春之情的内容；《吴歈萃雅》《月露音》《词林逸响》《南音三籁》等选本都收录了《灌园记》中太史氏女制衣思春"深闺更渐阑"的段落。《群音类选》收录《青衫记》中裴兴奴思春之《裴兴私叹》，《吴歈萃雅》收录《玉合记》中柳氏思春之《怀春》。更不必提收录在诸多选本中表现杜丽娘思春的《牡丹亭·惊梦》。②

从舞台演出的角度来看，《审音鉴古录》中《牡丹亭·惊梦》一折标注有详细的舞台提示，杜丽娘的思春情绪被辅之以生动的表情动作，如"我今年已二八，未逢折桂之夫"句标注"自叹自惜状"；"此佳人才子前以密约偷期，后皆得成秦晋"句中"密约偷期"标注"着神念"；"可惜妾身颜色如花，岂料命如一叶乎"句标注"拭泪介"。③在近代梅兰芳的表演中，【山坡羊】一曲则包含了"伸右手食指，在桌上慢慢画圈"，"边退步边用袖遮脸，做出两次羞态"，"身靠桌子，两手在背后扶桌，踏步微微下蹲"④等动作，其中"靠着桌子，从小边转到当中，慢慢往下蹲，起来再蹲下去，如此三次"的动作后来被梅兰芳认为是"刻划得比较尖锐的老身段"，有些"过火""露骨"，故又改为"转到桌子的大边，微微

---

① 按：明清时期戏曲选本数量众多、类型丰富，笔者主要从总体视角考察晚明传奇中相关剧目的收录情况，意在说明接受群体的兴趣所在，曲选的类型、选源、选家、声腔等具体内容暂不放入考量范围之内。特此说明，后文不再赘述。
② 参见朱崇志《中国古代戏曲选本研究》附录《中国古代戏曲选本叙录》，上海古籍出版社2004年版。
③ 《审音鉴古录》（影印本），学苑出版社2003年版，第538页。
④ 梅兰芳：《我演〈游园惊梦〉》，载梅兰芳著，傅谨主编《梅兰芳全集》（第三卷），中国戏剧出版社2016年版，第82、83、84页。

地斜倚着桌子，有些情思睡昏昏的娇慵姿态"。① 在今天《惊梦》的表演中，这些动作依然被沿用，甚至成为思春戏的固定表演程式。这一身段的变化与延续说明了"思春"在表现人物性格方面的重要性，表演者通过"背台倚案"的程式动作将女性思春的内向性情感转化为独特的舞台语汇。这也是戏曲不同于其他文学体裁的重要方面，综合性的艺术形式能够将原本私密的心理活动升华为可感知的审美对象，直观地、具象地表现女性仅仅属于个人的、不需与他人互动的、内在的思春之情。

小　结

晚明传奇中的"思春"有着极为独特的一面。由明代向前回溯至元代，在题材广阔的元杂剧中，以男女爱情为主线的儿女风情戏在历史剧、公案戏、神仙道化剧等诸多题材作品中并未占有最主流的地位。同时，元杂剧四折一楔子的体制决定了元杂剧中儿女风情戏的情节发展大多按照"男女主人公邂逅—私订终身—受到阻碍—事业爱情双丰收"的起承转合模式，开场便是男女主人公的见面，并未给女主角留出足够的、单独的空间用以抒发春情。譬如《倩女离魂》中张倩女与王文举在楔子中便已经见面，《墙头马上》中李千金和裴少俊在第一折开始便隔墙相见钟情，再如《东墙记》《㑇梅香》《青衫泪》等作品皆是如此。再将时间推后至清代，清传奇固然有足够的篇幅描摹女主人公的心事，但受清代社会背景的影响，才子佳人剧多依托战争为背景，与现实相结合，失去了晚明传奇中纵情恣意的风格。晚明传奇中不同类型的思春模式、不同身份的思春主体及趋同的思春叙事方法共同构成了晚明传奇中独特的思春"独角戏"。

---

① 毛效同编著：《汤显祖研究资料汇编》，上海古籍出版社2016年版，第1227页。

晚明传奇中春日萌生的思春情绪往往表现了思春主体对"春"的复杂心态。思春者赏春、爱春，又怜春、惜春，同时恼春、恨春。春天花红柳绿、莺歌燕舞的景色令每一位思春者都满怀欣赏、心生喜爱；被冷落的风景、被忽视的落红难免又让人心生怜惜；春色如弹，韶光飞逝，春天带来的体验与情绪是绵长的，短暂的春光让人既恼且恨。思春主体将春天与自己、与青春、与欲望联系在了一起。她们像春天一样生气勃勃，迸发着健康与热情的冲动，她们像爱怜春天一样欣赏自己的美貌与才华又无比担忧韶华的易逝，渴望着来自异性的欣赏与珍惜。

晚明传奇剧作家为思春戏设计了固定时空与场景，这种在不同传奇中表现出的叙事相似性正说明了晚明传奇中思春戏的成熟，这种模式已然成为晚明传奇中的固定表达。剧作家既为思春者搭建出合理的叙事框架，又展现出褒义的叙事视角。春天具有自然时间与社会时间的双重属性，花园作为闺房与外界的过渡区域，春睡凸显闺仪与反叛的矛盾，使思春成为人物情绪的过渡与转折，因而情节发展更为顺畅，人物塑造更加丰满。思春情节是思春主体的内心独白，思春戏中种种情绪都是人物内心的投射与延展，即使不与其他人物进行互动也可以充分展开。剧作家将个体情绪与春天的美好联系在一起，思春主体对待"春"的态度复杂但带有善意——这也正代表着剧作家对思春主体个体欲望的赞成与肯定。

第二节 "专望锦归人"与"男子作闺音"的闺怨戏

闺怨是中国古代文学常见的题材之一，早在《诗经》中就有闺怨题材的作品出现，至南北朝时期"闺怨诗"的概念被正式提出，发展到唐宋时期已成为诗词创作中一个独立的题材,后自然而然地延伸至叙事性更强的小说与戏曲之中。

在中国古代文化语境中,"怨"的概念是不断发展且十分多元的。从字义上来看,"怨"字"从心,夗声"①,表达的是一种哀伤凄婉或愤恨的负面情绪。在古代文论中,"怨"有怨刺的社会功能,早在东周时期孔子就提出了"诗,可以兴,可以观,可以群,可以怨"②的观点。"兴观群怨"的功能在明代被引入戏曲批评中,以此来肯定戏曲双重的文学价值与社会价值:"孰谓传奇不可以兴,不可以观,不可以群,不可以怨乎?"③明初因其教化主旨而备受官方推崇的《琵琶记》被评点为"纯是写怨","怨"对于推动情节,塑造"有贞有烈、全忠全孝"的主人公形象,阐明其"风化"主旨起到了重要作用。及至晚明,士人心态和创作背景都发生了巨变,导致了晚明戏曲创作风向的转变。晚明士人重视个人价值,推崇"主情"思想,将个体情感和欲望的满足与实现视为必要,同时,"大众对公领域以政教为职能的人文传统开始表现出某种疏离,而往往将热情转而投注到私领域以娱情为主的精神生活中去"④。反映在晚明传奇中,带有讽谏教化之倾向的"怨"的功用减少了,"男女有所怨恨,相从而歌",明传奇逐渐由教化向感化的方向发展,反映女性情感的"闺怨"出现在几乎每一部以爱情为主线的晚明传奇中,"摹欢则令人神荡,

---

① 许慎撰,徐铉等校:《说文解字》,上海古籍出版社 2007 年版,第 529 页。段玉裁注云:凡夗声、宛声字皆取委曲意。参见鲁仁编,段玉裁注《中国古代工具书丛编》第一册《说文解字注》,天津古籍出版社 1999 年版,第 319 页。
② 陈晓芬译注:《论语》,中华书局 2016 年版,第 236 页。
③ 李贽撰,张建业主编,张建业、张岱注:《李贽全集注》第 2 册《焚书注》卷四,社会科学文献出版社 2010 年版,第 133 页。
④ 陈广宏:《中晚明女性诗歌总集编刊宗旨及选录标准的文化解读》,《中国典籍与文化》2007 年第 1 期。

写怨则令人断肠，不在快人，而在动人"①。

闺怨的表达与前文所述思春主题有相似之处，两者都与各阶层女性的情感欲望相关。不尽相同的是，思春是一种个人生发的情绪，因而大部分没有具体的情感指向，部分对象甚至只是思春主体的想象。闺怨也在表达女性自身的情感，但这种情感一定与另一个人相关，有着具体的情感指向，妻子思念丈夫，或者未婚女性思念情郎——这里有一个较为明显的特点，即闺怨主体与其情感指向之间发生过亲密关系，这也包括未婚情侣在内。因而在闺怨情感的表达上，带有更为直白明显的情欲化色彩。

一、闺怨主体的差异同构

闺怨主体是指后宫妃嫔、高门妇女、大家千金、平民女性、婢女、妓女、道姑等各阶层与丈夫或爱侣分别的女性，其情感指向为与之分离的丈夫或情郎，其分离原因主要包括游宦、出征、赶考、求道、被发配或是被长辈拆散。闺怨主体的差异性使得闺怨情绪的表达各不相同。

（一）不同婚恋状态：功名与情感之间

晚明传奇中女性表现出的闺怨情绪是较为复杂丰富的，不同婚恋状态的女性承载着相异的情感负荷。已婚少妇对于出征、游宦或是赶考的丈夫常抱有矛盾心态，交织着生存理性与情感焦虑。一方面恪守"夫贵妻荣"的伦理期待，希望丈夫仕途平坦，获取名利；另一方面则又担心男子喜新厌旧，发迹负心。而未婚女性对伴侣的期许则较为单一，其焦虑源于礼法社会对私情正当性的剥夺。因她们未得到确切名分，更渴盼

---

① 王骥德著，叶长海解读：《曲律》三卷"论套数第二十四"，科学出版社2020年版，第235页。

与情郎久别后相聚，对功名成就并不看重，其诉求直指两性关系的本体价值而非社会附加值。譬如《金莲记》中，苏轼之妻王氏对远行的丈夫抱有"惟愿你班联豹尾""献皇家楚璧隋珍"的寄托，并愿意为此付出"我便是魂飞梦惊，也甘心怨翠啼春"①的代价。反之，《焚香记》中敫桂英的妓女身份和养母的嫌贫爱富令她对未来充满了不确定，即使名义上已经与王魁生活了三年，但面对王魁远行赴考的现实，也不免有"苦只为鹗荐鹏骞，博得凤愁鸾怨"之叹，她恨功名之事拆散恩爱之人，与王魁前往海神庙许愿时，只希望王魁"切勿负心"。②

这样的对比也常常出现在同一部传奇中，且对比鲜明。如《金雀记》中，潘岳受山涛之荐，远行河东以求取功名。其妻井文鸾期盼自己的丈夫"早图进取，锐志前程"，同时又以卓文君、司马相如之典故，希望"休使奴有白头之叹，则妾幸矣"③。而在潘岳游宦过程中与之相遇并私下定情的妓女巫彩凤，在与潘岳分别时，因其"撇我而行"伤心难耐，又惴惴不安地担心"攀龙附凤，须频发鱼笺雁音。多嘱咐，黄花开后，专望锦归人"④，其忧虑被负心的情态可见一斑。

在以爱情为主线的晚明传奇中，男女主人公经历坎坷后终成眷属是一种固定的叙事模式。其中，主人公或是未婚适龄男女，离合悲欢之后喜结连理，或是男主人公在已有妻室的情况下结识女主人公，达成始困终亨、妻妾团圆的结局。在后一种情况中，亦有两种模式。第一，最先出场的妻妾角色往往并非女主人公。譬如《投梭记》中谢鲲婚后结识邻

---

① 陈汝元：《金莲记》上卷，载《古本戏曲丛刊二集》，长乐郑氏藏汲古阁刊本，第4页。
② 王玉峰：《玉茗堂批评焚香记》卷上，载《古本戏曲丛刊初集》，北京图书馆藏明刊本，第32、33页。
③ 无心子：《金雀记》，载毛晋编，黄竹三、冯俊杰主编《六十种曲评注》（第16册），吉林人民出版社2001年版，第658页。
④ 无心子：《金雀记》，载毛晋编，黄竹三、冯俊杰主编《六十种曲评注》（第16册），吉林人民出版社2001年版，第690页。

家女元缥风,《青衫记》中白居易告别爱姬樊素、小蛮后与歌姬裴兴奴相遇,《锦笺记》中梅玉丧妻后与柳淑娘结褵等,在这类作品中,先出场或先与男主人公结合的妻或妾都作为次于女主人公的人物出现。第二,"一才二美"的结构模式,两位女性一位是明媒正娶的闺秀,另一位则是在外结下的姻缘,她们身份、性格差异较大,往往妻子贤惠,外室则多情。譬如《金雀记》中的井文鸾、巫彩凤之于潘岳,《玉环记》中玉箫和张琼英之于韦皋,《赠书记》中魏轻烟、贾巫云之于谈麈。除此之外,贤妻当家的情节多出现在历史剧或政治题材的作品中,妻子作为孝敬父母、抚养晚辈的配角人物出现,出场不多,男女情感并非剧作的重点。在不同的叙事模式下,闺怨主体所传达出的信息代表了不同剧作家的思想倾向。

在这些女性人物中,未婚女性(如大家闺秀、平民少女、道姑等)多与男主人公私订终身,暗约偷期,而特殊身份的女性(如妓女、歌姬或是可被赠送的高门侍妾等)情感表达则更为直接。但在山盟海誓过后,她们都为了爱情守身如玉,拒绝与男主人公之外的其他异性接触,不论是未婚女性的"失贞"还是歌姬侍妾的"守贞",不同阶层女性都做出了与自己生活环境完全相反的抉择和实践。未婚女性的"逾矩"使其陷入"聘则为妻奔者为妾"的危机,而歌姬侍妾的守节则影响到其生存。因此,当私订终身成为男女关系的唯一凭证时,女性人物便进入了"妾身不明"的身份悬置状态,男主人公的远行为其带来了对未来的极大的不确定性与不安全感,一旦男性负心,始乱终弃,那么她们将被迫担负难以承受的后果,男性流动的社会特权与女性固化的身体枷锁形成了女性的危机和风险,也构成了其闺怨的重要来源。

晚明剧作家在爱情剧创作中显示出"情本位"的价值观。剧作家通过女性人物的视角,将"情"推升至超越世俗功名利禄的位置。她们不在乎男主人公的财富和地位,而是更重视男主人公的感情,期盼与之朝朝暮暮。在两人相处的过程中,女主角明知社会伦理和风俗对女性的要求却仍然不计后果地大胆付出,她们在感情中孤注一掷,做出巨大奉献与牺牲。她们的"失贞"与"守贞","欲"与"禁欲"都以对男性的"情"为基础。男性剧作家虽以浪漫笔触颂扬女性人物为"情"大胆献身或是拒绝献身的勇气,但我们也可以看到剧作中呈现的性别双重标准,女性人物通过维持贞操体现其情之真,而男性主人公的纵情始终保有进退自如的特权,其风流韵事往往被纳入才子佳人风流佳话的审美框架。

(二)不同年龄阶段:个体认同与角色互文

晚明传奇中的闺怨书写呈现出年龄化的特征,青年女性的闺怨中都带有对过往恩爱生活的回忆,以衬托伴侣远行后生活的孤寂。譬如在《玉环记》①中,韦皋与妓女玉箫相爱,散尽家财后被鸨母赶出妓院。后韦皋赴试落榜,无颜也无钱探望玉箫,与此同时,玉箫则为韦皋守贞,在苦苦等待中不断回味着与韦皋的温存:

  (丑)……姐姐,你一向不曾接客,香消被冷,憔悴了月貌花神。姐姐,韦姐夫有甚么好处,你只管想他!(贴)春儿,你不知道,韦相公呵,
  【前腔】他入门画堂春自生,真个是识重知轻,软款温存一俊英。并香肩月下同行,风流可钦堪敬,夫妇永同欢庆。叫天不应,没下稍误我前程。②

曾经软款温存的过往令玉箫早已将韦皋当作丈夫,她为自己设下婚

---

① 《玉环记》创作时间无考,《明清传奇综录》考证作者为杨柔胜,约在万历十年(1582)前后在世,并将其作品《玉环记》放入传奇勃兴期,即明万历十五年至泰昌元年(1587—1620)。参见郭英德编著《明清传奇综录》,河北教育出版社1997年版,第294页。
② 杨柔胜:《玉环记》,载毛晋编,黄竹三、冯俊杰主编《六十种曲评注》(第16册),吉林人民出版社2001年版,第379页。

姻一般的契约。从曾经的芙蓉帐暖到如今的香消被冷，既表现了玉箫"憔悴了月貌花神"的闺怨，也强调了她"可钦堪敬"的贞洁。守贞的行为是玉箫对抗宿命的道德救赎，也是其画地为牢的枷锁，与往昔恩爱一同构建起情欲的纯粹化与神圣化，使其闺怨隐含了确立自我价值的更深层意味。

再如《种玉记》中，热烈中的卫少儿与霍仲孺被卫青拆散，卫少儿难以接受与情人劳燕分飞。

【章台柳】（旦）想着你来月明，去晓星，多少欢娱与战兢。怎舍你襟怀兰蕙馨，怎舍你玉屑纷纷咳唾生，怎舍你心慷慨气峥嵘。怎舍你温柔性，俊庞儿丹青难倩。①

卫少儿与霍仲孺同在平阳侯府中，一个是公主婢女，一个是侯府书吏，他们在夜半无人之时逾墙私会，"多少欢愉与战兢"正是二人私会时生动的心理活动。这样甜蜜又危险的境遇让卫少儿难以忘怀，她不断忆起霍仲孺的容貌、才华、谈吐、性格，愈发割舍不下这迅速得犹如"一场梦境"的"半载恩情"②。显然，卫少儿享受着特殊情境下的欢娱，这不仅是其生理冲动的释放，更由身体上的快感延伸至精神上的欣赏与爱慕。因而其闺怨的痛苦既源于身体的分离，也在于其情感认同的消失。

回忆鸳枕鸳帐的恩爱往昔并陈述孤衾独枕的寂寥现实是青年女性的闺怨主旨之一，闺怨总是伴随着对肌肤之亲的细节回溯，更进一步来看，青春情欲被升华为生命本真的体验与个人价值与情感的认同。与之形成

---

① 汪廷讷：《玉茗堂批评种玉记》卷上，载《古本戏曲丛刊二集》，北京图书馆藏明刊本，第23页。
② 汪廷讷：《玉茗堂批评种玉记》卷上，载《古本戏曲丛刊二集》，北京图书馆藏明刊本，第22页。

《玉茗堂批评种玉记》"月已沉,鸡乱鸣,牵衣欲别怎暂停",明刊本

鲜明对比的是，"休说起高唐风致"的中年已婚女性或"夫婿坐黄堂，娇娃立绣窗"的老年女性角色鲜有直白的情感表达。在与丈夫分别后，她们往往只表现出对其人身安全的关心与仕途进退的建议。

晚明传奇中的中年女性往往以带有传统色彩的"贤妻"人设出现，她们理解丈夫远行的志向，担心丈夫外出的衣食住行，往往将个人情感转化为家庭伦理责任。因而夫妻分别后虽有闺怨，但多带有端庄持重的正室色彩。与情感欲望相关的缠绵闺怨则由与之共侍一夫的侍妾或婢女负责承担。剧作家通过角色设置与功能分配，在礼教框架内完成对人性复杂度的呈现，正妻的伦理型关怀与侍妾的情欲化表达之间既有对比，又形成互文。如《彩毫记》中，李白离家入仕，受君主礼遇，官拜翰林供奉，妻子许湘娥担心"相公心本萧疏，气太豪迈；仕路险巇，恐易招尤。以此放心不下"①。之后情节中李白的遭遇确乎印证了知夫莫若妻。与许湘娥同居故里的婢女步摇则有衾冷闺空之叹：

> 【前腔】（占）龙须生网丝，香销黛眉。鸾笙柱寒闲玉指，萧郎此去步彤墀也。时染翰墨淋漓，象床绣衾凉似水。说甚云雨堪疑也，神女荆王只梦思。
>
> 【罗江怨】（旦）长离彩凤姿，云霄见稀。一朝应瑞喜来仪，君臣鱼水结心期也。捧日擎天，好展平生志。鸱夷霸越归，留侯拓汉基。那时间，方顿神仙辔。②

再如《昙花记》中，木清泰舍弃荣华富贵，离开妻妾子女，踏上了访道之路。留在家中的女眷对丈夫都有所思念，但闺怨的内容却大不相同。

---

① 屠隆：《彩毫记》上卷，载《古本戏曲丛刊初集》，长乐郑氏藏汲古阁刊本，第34页。
② 屠隆：《彩毫记》上卷，载《古本戏曲丛刊初集》，长乐郑氏藏汲古阁刊本，第34页。

【前腔】（旦）君无出门，俺娘儿倚傍何人？一生逢泰运，此日遇灾屯。你飘飘只此身，何处去风霜凄紧。旅邸谁为伴？衣冷谁与温？（合前）

【玉交枝】（贴、小旦）心中暗忖，盼天涯已在脚跟。佳人薄命应先陨，从兹眉黛羞匀。君今脱身归白云，妾宁易主调红粉。（合）最可怜生前永分，最可怜别后断魂。①

木清泰之妻卫德棻首先从子女的角度担心丈夫的远行会使得子女无所依靠，然后又以丈夫的角度担心他出门在外无人为伴，无人照顾。作为妾室的郭倩香与贾凌波则担心眉黛无人描画，红颜无人欣赏。其自怜自叹、婉转幽怨的情思闺怨与卫德棻的闺怨形成鲜明对比。

晚明传奇中的老年女性多为严肃权威的形象，她们在晚明传奇中一般担任男女主人公的母亲、婆婆、岳母等一类角色，在一个家庭中具有仅次于丈夫的话语权。在与丈夫分别之后，其情感表达并非标准意义上的"闺怨"，往往超越个体情思，转而体现对婚姻家庭秩序的维护，对丈夫仕途发展的建议考量。在宦游离散情境中，"非典型闺怨"体现了中国传统伦理秩序中女性的性别劣势会随年岁增长而在一定程度上消解，借助伦理身份可以获得更多的话语空间。譬如《金莲记》中，苏轼父子远行赴试，苏老泉之妻，苏轼、苏洵之母程氏夫人喟叹："白雪将侵，正可怡情泉石；青云觉远，何须奔走风波！"② 再如《锦笺记》中，女主人公柳淑娘之父柳菀赴任福建，因军情紧急故留下柳氏母女在家。柳夫人面对突发情况，行止有条不紊，"特备卮酒，少壮行色，望相公少留。快看酒来"。她与丈夫挥泪相别，在悲叹"天涯咫尺分"的同时，记挂的是丈

---

① 屠隆：《昙花记》上卷，载《古本戏曲丛刊初集》，长乐郑氏藏明天绘楼刊本，第16页。
② 陈汝元：《金莲记》上卷，载《古本戏曲丛刊二集》，长乐郑氏藏汲古阁刊本，第4页。

夫的安危与名声"边境风霜，好谨晨昏，宦海波涛，须惜身名"①。

此类女性人物形象还承载着超越传统闺怨叙事的复合功能。仍以《金莲记》为例。在叙事层面，程夫人的闺怨不仅包含了对丈夫和儿子的不舍，同时还表明主人公苏轼的家庭成员即父母兄弟皆才华横溢且具有敏锐的政治嗅觉，有助于构建苏轼这一人物形象及剧情发展的合理性与丰富性。在剧作主旨方面，《金莲记》除苏轼的爱情一线外，另一条线索聚焦于苏轼的仕隐矛盾。苏轼之父苏洵应程夫人建议急流勇退，归隐田园，同时，程夫人的态度也为苏轼在宦海沉浮后了却尘缘埋下伏笔。笔者对剧作家个人经历进行考察，陈汝元于明万历二十五年（1597）中举，不久便任陕西清涧知县，万历三十五年（1607）升易州知州，万历四十五年（1617）升延绥镇城堡厅同知，后以为母亲养老而乞归，再未出仕。②从其履历可见，举人出身的陈汝元仕途堪称顺畅，但他依然在仕隐之间不断徘徊，这是晚明时期许多士人所面临的抉择。《金莲记》创作时间已不可考，但必然在其首次出版时间即万历三十四年（1606）前，剧中仕隐的矛盾正是剧作家本人的心态投射。剧作家将程夫人对宦海沉浮的忧思转化为士人困境的暗喻，其闺怨书写实为委婉吐露的心声，体现了他在仕宦之路上的隐逸倾向及对宦途风险的理性认知，在怨叹隐忧中不断犹疑思索，直到下定决心割舍功名事业。

中老年妻子对丈夫、儿子仕途的建议与担忧也在一定程度上展现了晚明时期女性家庭地位的提升。从经济结构来看，在过去农耕文明发达的中国，作为家庭主要劳动力的男性拥有更多的话语权；从社会伦理风俗来看，女性与男性的结合意味着她需要承担起操持家庭的责任，包括

---

① 周履靖：《锦笺记》上卷，载《古本戏曲丛刊二集》，北京图书馆藏明继志斋刊本，第4页。
② 参见徐朔方《徐朔方集》第三卷《晚明曲家年谱》，浙江古籍出版社1993年版，第521—523页。

绵延子嗣、孝敬长辈、打理家务等。晚明经济结构的变化使得女性在纺织、桑蚕、刺绣等行业拥有较高的获取经济利益的实力；同时晚明思潮对程朱理学的弥补、更新甚至打破，为改变女性地位提供了一定的思想理论基础。因而，反映在晚明传奇中，我们可以见到妻子在丈夫远行的情况下，不仅能够依照其嘱托打理家事，同时还能为其仕途提出可圈可点的建议。

（三）闺怨主体与其情感指向：重情与重欲

晚明传奇中，闺怨主体的丈夫或情郎在分别后也会抱有思念爱侣的情绪，在相思中回忆两情相悦的往昔。但相较于女性纯粹的情感，男性的相思之情中则包含更多且更直白的云雨欢愉追忆，始终保持着主体性支配意识。女性倾向于担心男子负心，而男性则倾向于强调女性的忠贞。此外，女性闺怨深嵌于依附性情感逻辑，而男性对爱侣的思念往往与功名焦虑相互缠绕，且随时会让渡于其举业、事业考量。

仍以《种玉记》为例，卫少儿与霍仲孺被拆散之后，霍仲孺一面回乡迎娶俞氏小姐，一面又挂怀着卫少儿。

【武陵花】金屋鸾俦，屈指经年离别久。那梦魂飞绕处，偏忆旧时佳偶。谁料等闲平地起波涛，把娇娃款赛多偶偬。记得芙蓉帐共绸缪，如今须打叠打叠那风流。①

霍仲孺回忆与卫少儿芙蓉帐暖的时光，期待"剑合珠还，鸳衾再

---

① 汪廷讷：《玉茗堂批评种玉记》卷下，载《古本戏曲丛刊二集》，北京图书馆藏明刊本，第2—3页。

整"①的团圆之日。分别之后，他明知"卫氏之盟，虽不可背"，但因俞家招赘之事，恰印证福禄寿三星预兆他双妻贵子之梦，因此"恰好与梦兆相符，便依从了罢"②。霍仲孺在别后娶妻生子，但卫少儿意图触柱自尽以示决不改节，此后，卫少儿守节抚养儿子霍去病成人，数十年后才与霍仲孺重见。此处较之历史本事的叙事改编值得注意。据《汉书·霍光传》等史料记载，霍仲孺回乡娶妻后与卫少儿断绝联系，后卫少儿嫁詹事陈掌为妻。剧作家将始乱终弃的霍仲孺重塑为不忘旧盟的痴情人，并删去卫少儿改嫁一节，将其塑造为"不更二夫""比白石苍松还更贞"③的烈女，通过神仙梦兆等艺术创作消解了男性人物情变的道德瑕疵，将女性人物囚禁于从一而终的贞节叙事中。

再如《青衫记》中，白居易告别爱姬樊素、小蛮前往京都求取功名，后因直言反对地方割据、宦官专权而被贬江州。暂时安顿完毕后，他想起了远在家乡的姬妾，但他的思念情绪明显穿插了对仕途的反思。

【解三酲】想枫宸昔年立仗，效葵忠敢上封章。不道龙鳞难逆遭黜降，喜青山正对黄堂。只是寂寥夜雨芙蓉帐，冷淡秋风烟水乡。（合）遥相望，岂忍使凤帏人老，云冷巫阳。④

被贬谪的白居易因"青山对黄堂"的隐逸而有所安慰，同时，寂寥的"芙蓉帐"与"凤帏"表示了其两性生活的缺失，这种寂寞正是令他

---

① 汪廷讷：《玉茗堂批评种玉记》卷上，载《古本戏曲丛刊二集》，北京图书馆藏明刊本，第22页。
② 汪廷讷：《玉茗堂批评种玉记》卷上，载《古本戏曲丛刊二集》，北京图书馆藏明刊本，第27页。
③ 汪廷讷：《玉茗堂批评种玉记》卷上，载《古本戏曲丛刊二集》，北京图书馆藏明刊本，第22页。
④ 顾大典：《青衫记》下卷，载《古本戏曲丛刊二集》，长乐郑氏藏汲古阁刊本，第14页。

思念樊素、小蛮的直接原因。在想念二姬的同时,他又想起离开家乡后与裴兴奴的露水姻缘。

> 【前腔】想那日东郊欢畅,喜褰帘邂逅裴娘。与他并头交颈沙堤上,应不羡两两鸳鸯。想当初柔情绰态相亲傍,到如今水驿江程去路长。①

他将更多情绪放置在与裴氏"并头交颈""相亲傍"的"欢畅"回忆中,殊不知,此时的裴兴奴正兀自与鸨母对抗,为了守贞而拒绝嫁给富有的茶商。又如《投梭记》中,谢鲲与邻家女元缥风私订终身,后因鸨母阻挠、谢鲲出仕而被迫分离。鸨母逼迫缥风嫁给富商邬斯道,缥风投河自尽未遂。忙于平叛的谢鲲误认为缥风已死,痛哭祭江。但他怀念缥风的内容与上述几位男性人物相差无几,他所思念的是过往的"幽情"时刻、"相期"的细节以及元氏的"情浓意粘",所赞赏的,则是元氏的忠贞和"性儿烈":

> 【小桃红】只见满江雪雨把万山遮,一似恁当日幽情结也。多应为锦机中相期那段旧枝叶,好教我想不迭。只记得你意儿粘,话儿协,情儿浓,不道你性儿烈也。等闲间做了梦里蝴蝶,不能勾楚台云,早尘暗凤楼月。②

在男女分别之时,女性人物的闺怨与男性人物的心态大不相同,展示在女性闺怨中的男性形象与男性相思中的女性形象也各有不同的侧重点。女性之闺怨可由身体的温存回忆延伸至精神的爱慕,其情欲经历是

---

① 顾大典:《青衫记》下卷,载《古本戏曲丛刊二集》,长乐郑氏藏汲古阁刊本,第14页。
② 徐复祚:《投梭记》下卷,载《古本戏曲丛刊三集》,长乐郑氏藏汲古阁刊本,第66页。

山盟海誓的依托和证明。而男性相思则多对女性形体外貌进行观照,将其赋予视觉上的臆想,通过服饰妆奁等物象完成欲望投射,同时对女性进行单方面忠贞的强调(本质即单向道德规训)。女性主体性建构始终以男性为轴心,其主要思想和行动线索围绕男主人公进行;而男性的思想则更为复杂,一方面举业、功名、仕途等方面占据了其主要思想,另一方面,其变换对象的情感被纳入风流韵事的审美范畴。

晚明社会的转型虽已催生出文化的裂隙,但社会的巨变和思潮的兴起不在一朝一夕之内形成,因而也并非所有剧作家都能在短时间内颠覆原有思想,重构价值体系。但我们不能忽略的是,晚明传奇中涌现出了一些突破传统范式的男性形象。譬如《牡丹亭》中的柳梦梅,《西楼记》中的于叔夜,《红梨记》中的赵汝州,他们与女主人公分别(或未见面)之时,表现出了同等的专一忠贞甚至看重真情胜过功名,共同构成对性别角色定式的反拨,在礼教框架内开辟出情欲平等的想象空间。"至情"的思想观念渗透至男性人物的塑造,在一定程度上消解了传统性别权力结构。这些与众不同的男性角色显示出了晚明独特的时代精神,经过几百年时间的考验,至今依然具有能够打动人心的力量。

二、闺怨的戏剧表达

(一)纫缀针黹的暧昧表达

纫缀针黹是中国古典闺怨诗中常出现的动作,晚明传奇中的闺怨书写继承了这种诗学传统的意象表达,女性人物通过为爱人缝制衣物传递相思与担忧。这是一种典型的日常生活描写,以生活细节深化心理刻写,既为私密情感选择了外化的载体,又通过丝、棉等意象隐喻闺怨之情。例如《焚香记》中,敫桂英担忧天气转凉,满怀思念地为王魁缝制寒衣。

【香罗带】（旦缝衣介）思君客里身，风霜乍惊。伤怀忍听砧杵声，他有谁早晚叙寒温也。今日寄此衣去呵，须念奴着肉想，贴体情。但不知宽窄，怕无准绳。呀！奴家想得他远，敢是心乱了。他别去呵！未隔三秋也，那肥瘦如何记不真。这个也难料他，只是随我这意见做去罢。

【前腔】丈夫，非奴忘你身，只为纵横乱心，君心恐似绵里针，奴心似线引无门也。相逢处，总难凭。天那！难道他就心变了？奴家闻得，人须是旧衣贵新。只怕他别有新人也，道奴人旧，衣新也不当新。①

这是一段十分感人的缝衣片段。敫桂英将思念缝入寒衣，一方面，希望这"着肉"穿的衣服能令王魁念起他们之间的"贴体"之情，颇为温存。另一方面，又将自己与王魁比作难相逢的针与线，担心他穿新衣却忘旧人。《玉茗堂批评焚香记》眉批对这段描写评价道："人旧衣新数语，恰好裁衣时用着，最称妙音。"②《节侠记》中《寄衣》一出，卢郁金为远戍塞外的丈夫裴伷先缝衣，将细腻的情思融入缝制的过程，"情多添线频，意密增绵衬"，"寒侵纤指，转自殷勤，匆匆珠泪将衣润"③。这寒夜缝衣，泪湿衣衫的场景极具生活性与画面感。《东郭记》中《为衣服》一出，齐人远征伐燕，姜氏姐妹为他缝制寒衣，相别数年，不知尺寸，姐姐认为"贴肉衣裳"可以窄做一二分，妹妹则认为，已然富贵的丈夫"男子心肠，不至消瘦"，姐妹妻妾缝衣夜话，"为君枕席未曾沾，一夜里

---

① 王玉峰：《玉茗堂批评焚香记》卷上，载《古本戏曲丛刊初集》，北京图书馆藏明刊本，第38页。
② 王玉峰：《玉茗堂批评焚香记》卷上，载《古本戏曲丛刊初集》，北京图书馆藏明刊本，第38页。
③ 许三阶：《节侠记》卷下，载《古本戏曲丛刊初集》，北京图书馆藏明刊本，第14页。

缝就寒衣怯指尖"①。更为香艳有趣的是《琴心记》,《空闺永叹》一出中,洒脱如卓文君在司马相如远行之后也不能免俗地流露出"一自才郎别去,新愁和泪俱增"②的闺怨,夜长更永,她别具心裁地命丫鬟拿来吴绫和剪尺,"做一兜肚,寄与长卿","见我千丝万绪,常系心头也"③。"兜肚"即贴身穿在胸腹间的内衣,卓文君以此贴身衣物相寄送,意在以"丝"传"思",提醒司马相如不要忘记两人的恩爱时光。

早在《诗经》中就有"七月流火,九月授衣"的诗句来描述女性缝制寒衣的传统。晚明剧作家继承了中国古代文学中常出现的这一生活场景片段,同时又赋予其晚明时代特色。晚明传奇中的女主人公以缝衣、寄衣传递闺怨,利用衣服贴身穿着的特点,回忆夫妻或情侣间的私密暧昧的往昔。如果说"艺术作品的力量是它能够最深刻地反映出真实的生活的客观"④,那么晚明传奇剧作家则在这种真实的基础上又添加了一层浪漫主义色彩。

(二)"懒梳妆"的隐喻

晚明传奇中的闺怨表达还常使用"懒梳妆"的意象。与爱人分别之后,女性人物往往全心全意地沉浸在思念情绪中无心梳妆打扮,失去爱侣的欣赏,精心装饰的美貌毫无意义。这是"女为悦己者容"的反向证明,包含着女性闺怨的复杂心态,意在通过不再修饰自我的动作表现情感忠贞的宣言。譬如《焚香记》中敫桂英"零落鸾钗,羞惭金钿","绿鬓疏""红妆残",只愿意等到再见夫婿之时才"宝镜重开,双鬟重挽"。《锦笺记》中柳淑娘"久无心傅粉调脂",《东郭记》中姜氏女"尽妆奁尽

---

① 孙钟龄:《东郭记》下卷,载《古本戏曲丛刊二集》,长乐郑氏藏明末刊本,第37、38页。
② 孙柚:《琴心记》下卷,载《古本戏曲丛刊二集》,长乐郑氏藏汲古阁刊本,第5页。
③ 孙柚:《琴心记》下卷,载《古本戏曲丛刊二集》,长乐郑氏藏汲古阁刊本,第7页。
④ 李泽厚:《美学旧作集》,天津社会科学院出版社2001年版,第306页。

交子都,尽肝肠都送况且"。

中国古代文学作品中,丈夫为妻子画眉的描写常被视作夫妻恩爱的象征。西汉张敞为妻子画眉的典故表现了"闺房之乐,有甚于画眉者"的情趣,暗示夫妻间存在亲密更甚于画眉的互动,是两性情感交流的具象化表达。故而晚明传奇中"懒梳妆"的意象指涉伴侣的离开和亲密关系的消解。如《水浒记》中宋江之妻"蛾眉淡扫思张敞"。《金莲记》中"闲青粉,冷翠钿,梨花门掩度芳年。春风帐里眉谁画?永漏灯前影自怜"。《青衫记》中"眉儿淡了凭谁画,离心似麻,枕痕转加,眼前一刻千金价"。《红梨记》中"憔悴。羞杀我镜里孤鸾,谁与画双眉"。女性懒于画眉梳妆,因为画眉之乐随良人远行而消失。

闺怨是传奇中女性人物的情绪表达,但归根结底是男性剧作家为女性代言,因而其中包含了男性对理想女性的期许和要求。失去男性观照后的女性,不应当再以美貌的形象示人,因为其容貌只应当为自己的伴侣所欣赏。"懒梳妆"表现了女性对情感契约的坚守,甚至带有"明志"的妇德意味。同时,在与爱人别离的情境中,颓丧、寂寥、疏于打扮等情态符合男性剧作家为女性人物预设的情感逻辑,显示出爱侣之于女性的重要性,折射出传统家庭中的性别角色定位——男性掌握家庭的绝对权力,女性则需扮演情感依附的角色。

"香草美人"的创作传统由来已久,晚明传奇中闺怨书写的驾轻就熟正是因男性剧作家在创作中找到了与女性心态的相通之处,女性对良人的期盼恰如同士人对明君的渴慕,妆镜蒙尘的意象则暗含了士人怀才不遇的心情。仕途困顿可比深闺寂寥,男性剧作家在摹写女性人物心态时融入了自己的情感。尤其是在晚明君臣失和、官场黑暗、科举制度逐渐僵化等背景下,晚明士人心态尤为复杂,往往处在矛盾之中。士人一直以来担负着维护"政统"与"道统"的责任,向来自视及被视为"士农工商"四民之首,晚明朝局恶化令其兼济天下的理想与现实发生巨大冲突。他们在仕与隐的选择之间两难徘徊，出仕者在庙堂中不被尊重，难做实事，难建事功；隐居者则需要解决生计问题换取物质保障。出仕不痛快、不自由，隐居又不甘心、不彻底；再加上跻身仕途之艰难，许多士人在矛盾中带有不平之气。这一时期还出现了特殊的"山人"群体，名为"隐逸山林，寄情山水"之"山"，实则披着隐士的外衣依附往来于权贵之家，游走在仕与隐的边缘。这一类"不仕之士"的群体在晚明不断壮大，正是晚明士人矛盾心理的外在投射，不少士人在仕隐之间徘徊。

试以上述作品的作者为例，《金莲记》作者陈汝元"以母老乞养归"辞官①；《青衫记》作者顾大典为官时期放荡风流，于明万历十五年（1587）被弹劾贬职，他拒绝赴任而退出官场②；《水浒记》作者许自昌屡试不第，靠捐赀取得官位后仅一年就辞官回家，修建"朝丝暮竹""左弦右诵"的梅花墅③；《锦笺记》作者周履靖隐居白苎村但又常与高官唱和往来，身在江湖却依然有世俗之心④；《红梨记》作者徐复祚出身高官门第，因被控告秋试行贿而就此失去考试资格⑤。在他们之中，出仕者弃官归隐江湖，难入仕者又对庙堂带有幻想。因而其代言的闺怨揭示出了他们与女性共同的心态——渴盼明君伯乐相顾，却在晚明复杂的政治背景中得不到慰藉。"男子而作闺音"的闺怨书写，一方面代言的女性化抒情，传递相思与担忧的情绪；另一方面则代表了男性剧作家的代言式期许和自述式表达。

---

① 参见徐朔方《徐朔方集》第三卷《晚明曲家年谱》，浙江古籍出版社1993年版，第523页。
② 参见徐朔方《徐朔方集》第二卷《晚明曲家年谱》，浙江古籍出版社1993年版，第263页。
③ 参见徐朔方《徐朔方集》第二卷《晚明曲家年谱》，浙江古籍出版社1993年版，第453页。
④ 参见徐朔方《徐朔方集》第三卷《晚明曲家年谱》，浙江古籍出版社1993年版，第291页。
⑤ 参见徐朔方《徐朔方集》第二卷《晚明曲家年谱》，浙江古籍出版社1993年版，第321页。

三、闺怨的叙事场景

本章第一节论述过晚明传奇中"春日游园"的思春场景,与之相比,在闺怨书写中,闺怨主体虽多为已婚身份,拥有更广泛的社会活动场域,但叙事场景多在绣阁深闺等封闭空间。这首先与上文提到的男性代言与期许有关。良人远行之后,女性不仅失去了梳妆打扮的意义,同时也失去了行动的自由。深掩闺门、足不出户,一方面可以展示出女性生活以其爱侣为重心,苦守姿态是其无心他物的见证。另一方面,女性长期处在密闭空间可以杜绝一切可能与外界、外男接触的机会和逾矩的风险,显示出了绝对坚贞,符合男性对于伴侣的要求。

譬如《青衫记》中,青春正好的樊素与小蛮因丈夫白居易的离开而怏怏不乐,直至春色将尽也无心欣赏。

> (贴)你看春色将阑,香闺寂寞,好伤感人也。(小旦)姐姐,正是。
> 【六犯清音】画眉人去,兰闺深掩,羞见差池双燕。红愁绿惨,芳菲似妒韶年。人远天涯近,春归在客先。容光换,别恨添,绮窗啼鸟怯春眠。(小旦)怎能够霓裳舞罢郎当袖,(贴)怎能够子夜歌残玳瑁筵。(合)懒梳云鬓,懒贴翠钿,玉容憔悴梨花面。……①

很显然,蛮、素二人处在幽闭深掩的"兰闺"之中,檐下燕子、窗前啼鸟等春日里生机勃勃的生物也无法令她们脱离愁闷的情绪。再如《投梭记》中,元缥风并非一直生活在家中,她曾被鸨母拐骗远行。然而一旦获救,她便立刻回归足不出户的生活,并以密闭空间为闺怨背景。她的活动范围仅仅在窗纱之内、绣帘之中,闺怨之情无人可诉,只能独

---

① 顾大典:《青衫记》上卷,载《古本戏曲丛刊二集》,长乐郑氏藏汲古阁刊本,第17页。

自默默咀嚼。

【渔家傲】这些时斗帐寒生起未忺，簌簌地雨打窗纱，风吹绣帘。谢郎！谢郎！你模样儿在我心坎上频频垫，名字儿时时作念，闪杀人海角天涯。

【剔银灯】金针按时时倒拈，罗帕拭汪汪泪点。又恐怕他人暗里相嘲玷，只得强支吾陪着笑脸，恹恹，羞窥镜奁。绣床上聊将彩拂。①

从叙事手法来看，晚明传奇为闺怨构建了独特的书写空间。剧作家将闺怨主体放入封闭空间，以绣阁深闺的禁锢性场域具象化女性心理的闭锁状态。空间之外的景色、风雨、生灵等活动着的、富有生机的意象与女性的寂寥、疏懒、锁闭的状态形成对照，在生机与寂寞的反差中强化闺怨情绪。此外，对比的手法还体现在性别化的空间分配机制方面，女性人物深锁闺门，活动单一，并无交际，男性人物游走于社会化的公共场域，在兼顾事业、学业的同时与友人游玩、交际，甚至前往烟花柳巷。两相对比之下，女性幽情与坚贞被细致展现。可以说，人物所处空间是密闭的，其情绪心态是锁闭的，但作者的叙述手法是流动且丰富的。

由于女性闺怨场景的同一，故而在不同人物抒发闺怨之情时，常常会出现相同或相似的意象。这些意象以闺房室内的物体为主，如香炉，香烟袅袅无声，美人无限寂寞，"香消金鼎"②，"玉壶冰贮凝鸳瓦，幽闺里香添宝鸭"③，"宝篆炉焚罢，衷肠事诉知"④；如瑶琴，独居深闺，万般幽

---

① 徐复祚：《投梭记》下卷，载《古本戏曲丛刊三集》，长乐郑氏藏汲古阁刊本，第56页。
② 陈汝元：《金莲记》上卷，载《古本戏曲丛刊二集》，长乐郑氏藏汲古阁刊本，第19页。
③ 无心子：《金雀记》，载毛晋编，黄竹三、冯俊杰主编《六十种曲评注》（第13册），吉林人民出版社2001年版，第750页。
④ 张景：《飞丸记》，载毛晋编，黄竹三、冯俊杰主编《六十种曲评注》（第23册），吉林人民出版社2001年版，第543页。

怨，无心弹琴，"琴冷琼弦，蝶隐窗纱"①，"恨瑶瑟含哀"②，"何时再抚琴，堪怜剩绣衾"③，"冷了琵琶，断了筚篌"④；如更漏，独自居住，度日如年，唯有更漏点点滴滴，"春风帐里眉谁画，永漏灯前影自怜"⑤，"数尽长更银漏点"⑥，"残更恨与长"⑦；其中更高频率出现，且更能体现女性闺怨的意象集中在床衾之间，"孤衾君梦飞，寒灯妾泪垂"⑧，"今宵各下残灯泪，剩枕余衾总不眠"⑨，"有谁共罗帷，并肩交颈"⑩，"不忧我枕冷衾寒，只愁他形单影只"⑪，"独自挨衾枕"⑫，"蛩声泣露惊秋枕，罗帏泪湿鸳鸯锦"⑬。衾枕绣帐等意象的出现承载了曾经床笫之欢的回忆，是最能展示男女亲密程度的证明。孤衾独枕意味着女性失去了生理上的愉悦，剧作家既描述女性人物独守空闺的苦楚，又表现其在礼教约束下难以言说的身心需求。可以说，由女性的担忧、思念、哀愁以及难以排遣的欲望等复杂情绪组合而成的闺怨在封闭空间中被予以具象化展示。晚明传奇中的闺怨书写一方面表现出剧作家对女性心理的深刻体验与同情，另一方面则显示了女性在社会中被锁闭的现实与命运。

同时，晚明士人在腐朽政局中已然感受到大厦将倾，却无力力挽狂

---

① 陈汝元：《金莲记》上卷，载《古本戏曲丛刊二集》，长乐郑氏藏汲古阁刊本，第 19 页。
② 屠隆：《昙花记》上卷，载《古本戏曲丛刊初集》，长乐郑氏藏明天绘楼刊本，第 50 页。
③ 孙钟龄：《东郭记》下卷，载《古本戏曲丛刊二集》，长乐郑氏藏明末刊本，第 21 页。
④ 徐复祚：《红梨记》卷二，载《古本戏曲丛刊初集》，北京图书馆藏明朱墨刊本，第 26—27 页。
⑤ 陈汝元：《金莲记》上卷，载《古本戏曲丛刊二集》，长乐郑氏藏汲古阁刊本，第 27 页。
⑥ 孙钟龄：《东郭记》下卷，载《古本戏曲丛刊二集》，长乐郑氏藏明末刊本，第 37 页。
⑦ 许三阶：《节侠记》卷下，载《古本戏曲丛刊初集》，北京图书馆藏明刊本，第 14 页。
⑧ 陈汝元：《金莲记》上卷，载《古本戏曲丛刊二集》，长乐郑氏藏汲古阁刊本，第 8 页。
⑨ 王玉峰：《玉茗堂批评焚香记》卷上，载《古本戏曲丛刊初集》，北京图书馆藏明刊本，第 34 页。
⑩ 杨柔胜：《玉环记》，载毛晋编，黄竹三、冯俊杰主编《六十种曲评注》（第 16 册），吉林人民出版社 2001 年版，第 379 页。
⑪ 许自昌：《水浒记》下卷，载《古本戏曲丛刊初集》，长乐郑氏藏明末刊本，第 23 页。
⑫ 孙钟龄：《东郭记》下卷，载《古本戏曲丛刊二集》，长乐郑氏藏明末刊本，第 21 页。
⑬ 许三阶：《节侠记》卷下，载《古本戏曲丛刊初集》，北京图书馆藏明刊本，第 14 页。

澜,"忧患意识"产生于士人难以割裂的"正面的道德意识"[①];另一方面,他们试图超越世俗世界,进入只有"士"才有的超脱境界,但晚明竞奢纵欲的环境与风气生成了令其难以摆脱的巨大诱惑。他们在追逐金钱和欲望的过程中发现自己在逐渐失去"士"的独特性,不可避免地产生了空虚、焦灼与苦闷的心情,因而需要在自己的世界中寻找自我安慰的方式。这样的心态同样投射在了晚明传奇的"闺怨"之中。

小　结

晚明传奇中的闺怨书写是多元化的。不同阶层、职业、性格的闺怨主体具有不同的心态特征,包含了她们对远行良人的思念、对其前途的挂怀、对其发迹负心的焦虑。在未婚女性中,私订终身的闺秀因情献身,与士相欢的娼妓则为情守贞,她们在"欲"与"禁欲"中回忆过往的缠绵,并认为真情重于功名。在已婚女性中,正妻往往将万般相思留诸于己,独自咀嚼,个人情绪与丈夫仕途、家族荣辱、子嗣前程等责任伦理交织,呈现出克制的理性化特征,姬妾则多表现独守空闺的寂寞与自怜自叹。此外,作为家族中地位仅次于丈夫的老年妻子群体的情感表达则超越情欲维度,在面对夫妻离别时她们会给予丈夫仕途建议。而与其情感指向相比,闺怨主体将"欲"延伸至"情",她们的表达往往由香闺缠绵的回忆逐渐递进到精神上的担忧与思念,其情感指向即男性的"相思"则是由女性的外形(尤其是标致的身体局部)到巫山云雨的回忆,再到对其保守贞操的强调,与女性的闺怨书写一样,也在晚明传奇中形成了固定的模式。

从叙事表达来看,剧作家将生活意象、自然意象与闺怨相联系。闺怨

---

① 牟宗三:《中国哲学的特质》,上海古籍出版社1997年版,第16页。

主体的纫缀针黹和懒梳妆的动作将人物情绪外化，通过为爱人缝制"着肉贴体"的衣服，丝（谐音为"思"）制饰品等，传递对亲密往昔的回忆与相思之情，以无心梳洗装扮的状态表达女性与爱人分离后的寂寥与忠贞。剧作家往往将女性人物安排在密闭的深闺中，将其封闭低落的心态与外界生动的环境、男性丰富的行程形成对比。深闺中的瑶琴、更漏、床帐、衾枕等意象被剧作家反复运用，将抒情与代言结合，在写实中渲染浪漫，在情感表达中添加情欲，传达出幽怨、婉转、香艳的闺怨之情。

从文化意义来看，一方面，我们可以通过传奇窥见晚明女性的生存状态。她们享受男女欢娱带来的快感，重视个体感受，不以世俗价值观为衡量两性关系的标准，重情而轻利。从部分掌家理事的女性身上，我们也看到了晚明女性在家庭中地位的提升。"许多俗文学的作品，却总可以给我们些东西。它们产生于大众之中，为大众而写作，表现着中国过去最大多数的人民的痛苦和呼吁，欢愉和烦闷，恋爱的享受和别离的愁叹……"①晚明传奇中的"闺怨"正体现了女性"恋爱的享受与别离的愁叹"。在她们的闺怨中，有"令人神荡"之"欢"，也有"令人断肠"之"怨"，因而剧作家摹写出了"动人"之感。

另一方面，由于戏剧的代言体特征，男性剧作家在塑造人物时往往寄予了个人的思想观念，因而我们从闺怨书写中亦可窥见男性剧作家的心理。就两性关系而言，他们欣赏女性标致的肉体，乐于接受不同女性的投怀送抱，同时又极力赞美、强调女性的忠贞。男性剧作家从女性角度揣摩闺怨心理时，着笔于离别后"脂殷粉悴"的容颜与"娇姿瘦损"的身材，"梦啼红泪"的相思痛苦之情与"脂香冷落"的懒梳妆心态。在女性人物衾寒被冷、雨阑云剩之时，男主人公或是忙于公务无心他顾，或是另有新欢以慰云雨难酬之憾。此外，一些剧作家借闺怨作闺音。晚

---

① 郑振铎：《中国俗文学史》（上册），中国书籍出版社2022年版，第12页。

明君臣关系的恶化、吏治的混乱、科举的艰难，给士人的生存环境带来了巨大变化，晚明时期的剧作家大多在官场坎坷或科举失意之时转向了传奇创作，因而剧作中可见其内心的仕隐矛盾与对明君伯乐的希冀。值得关注的创作现象是，晚明朝代更迭的特殊背景使得红粉秦淮成为帝国曾经诗酒繁华的象征，晚明士人与妓女找到了情感的共通之处，秦淮佳丽对爱人之"贞"对应着迈入新朝的士人对故国之"节"，"盖'歌伎'已然变成'情'与'忠'的桥梁"①。

"闺怨"一词在戏曲中并不罕见，《青楼集》就将元杂剧名目分为驾头、闺怨、花旦、绿林、公吏、神仙道化等，天然秀、顺时秀等女艺人都十分擅长出演闺怨杂剧。元杂剧中的闺怨杂剧"指以表现'闺中怨女'生活为主要内容的杂剧"②，主要表现"深闺女子内心幽怨之情事"③，其中以关汉卿的《幽闺佳人拜月亭》最为有名。这里的闺怨杂剧与笔者在晚明传奇中析出的"闺怨"有较大的差别，晚明传奇中的闺怨研究不仅针对待字闺中、含春带怨的少女，同样也涉及了歌姬、贤妻、妾室等各类身份的女性，其闺怨表达更加丰富且具情欲色彩。南戏中也有"闺怨"，邱濬从教化的角度批判"南北戏文……多是淫词艳曲，专说风情闺怨"，将女性情感的展示看作是"败坏了风俗"④。晚明传奇中的闺怨书写并未展现出巨大的差异和新貌，但蕴含了众多闺怨主体和其情感指向的内心世界展示，将个体情思升华为时代镜像，使叙事模式趋向程式化与成熟化，为后世戏曲创作者所继承。其反映出的社会现实也具有一定的意义。

---

① ［美］孙康宜：《陈子龙、柳如是诗词情缘》，李奭学译，陕西师范大学出版社1998年版，第49页。
② 《中国大百科全书》编辑委员会编：《中国大百科全书·戏曲 曲艺》，中国大百科全书出版社1983年版，第145页。
③ 齐森华、陈多、叶长海主编：《中国曲学大辞典》，浙江教育出版社1997年版，第196页。
④ 邱濬：《伍伦全备忠孝记》，载《古本戏曲丛刊初集》，北京图书馆藏明世德堂刊本，第2页。

第四章 晚明传奇中才子佳人书写的典型与非典型性

第四章 晚明传奇中才子佳人书写的典型与非典型性

思春与闺怨是晚明传奇中人物的内部感受，是个体情欲的私人表达，是将情欲由内心外向化的独角戏。思春与闺怨的独角戏并不是剧中人物探寻情欲奥秘的终点，而是记录其内心体验并逐步将其付诸行动的起点。晚明传奇中其他有关情欲的书写多由两个及以上的人物构成，主要内容是对以内心感受为基础的人物语言及行动等外在活动的书写。在晚明时期的独特创作背景之下，纵欲享乐的世风为文本创作提供了现实观照；个体存在与个体自由的强调为人物行动提供了合理依据；政治变化与经济转型共同塑造了剧作家新的创作理念。剧作家因而建立起不受束缚的、新的叙事立场。本节重点聚焦晚明传奇中典型与非典型性的才子佳人书写，主要包括男女主人公及配角人物的示爱、求欢、择偶等。

第一节 问女何所思？佳人择偶的突破性书写与多维度呈现

晚明政治剧变、经济转型、思潮涌起的特殊背景使晚明传奇被赋予了时代的独特性，其中蕴含了女性的主体认知与男性对女性客体认知的改变契机。在晚明传奇中,女性人物的心理活动、日常行为等在有别于过往的立场上重新被关注、叙述、诠释。在男女两性书写中,相当一部分作品选择了女性视角或是将对女性的描写作为两性互动的中心,晚明传奇中有关女性示爱的书写即其中尤为值得关注的内容。目前,学界有关晚明传奇中女性示爱求欢的内容尚未得到系统梳理与专题研究,目前仅在有关明传奇主"情"思想研究、明清传奇女性形象研究、水浒戏研究中零散提及。[①] 事实上,晚明传奇中女性示爱的书写包蕴丰富的内涵,剧作家或是解放女性人物的欲望,彰显其性别魅力与在两性关系中的话语权;或是解放其情感,并在主动择偶中把握未来命运。

一、非道德化的越轨:"嫂子戏"及其延伸

明代中前期女性处在极端压抑苛刻的环境中,身心都受到极大的束缚,因而晚明时代的变化令女性取得了一定程度的释放空间。这使得整个时代重新认识了女性的个体存在和情感需求,表现在晚明传奇作品中,剧中女性人物直白地展现出对欲望的追求及欲望满足后的愉快——这一点在非道德化的示爱书写中表现得尤为明显。

晚明传奇中最为鲜明的、有关"女性求欢"的书写即非道德化的女性求欢,此种书写模式在水浒题材的作品中尤为常见,如《水浒记》《义侠记》《元宵闹》《翠屏山》都有此类场景作为重要关目。此类作品中的女性人物大多因婚姻不谐,受到生理与心理的双重冷落,故而主动向身边

[①] 参见蒋小平《晚明传奇中女性形象研究》,博士学位论文,苏州大学,2006年;储著炎《晚明戏曲主情思想研究》,博士学位论文,中央民族大学,2011年;田兴国《存在之思与传奇之思——从生存论存在论视域观照明代文人传奇》,黑龙江人民出版社2007年版;徐龙飞《晚明清初才子佳人文学类型研究》,文化艺术出版社2010年版;高日晖、洪雁《水浒传接受史》,齐鲁书社2006年版;张筱筠《昆剧中的水浒戏研究》,硕士学位论文,苏州大学,2015年;等等。

的异性寻求安慰。由于活动范围有限，她们引诱的对象大多为丈夫的兄弟或朋友。此类剧目在后世的不断演绎与俗化中被概括为"嫂子我戏"，盖因剧中人物"张嘴自称嫂子我"①，故也被称为"戏叔戏"。

"嫂子们"都处在相似的境遇中。《义侠记》中，潘金莲被迫嫁给"三寸丁、谷树皮"且爱"吃醋撚酸，防闲得紧"的武大郎，生理和心理都难以得到满足的她一见到武松，立刻感到"馋涎垂一缕，怎生熬！"②《水浒记》中的阎婆惜抱怨宋江"卤莽有余，温存不足""那晓嘲风弄月，岂知惜玉怜香""说甚么蜂交蝶恋""凤倒鸾颠"。③《元宵闹》中，卢俊义"日夜演武习文，不以闺情为念"，又因占卜不吉，前往他乡避灾，其妻贾氏闺中寂寞，"恹恹减玉肌""月满空闺衾枕余"。④

但她们并不因此困守闺中，往往会主动寻求满足自身欲望的可能。在晚明剧作家的笔下，她们的求欢方式直白热烈。潘金莲对武松的引诱是步步递进的，先"眼角传情、话头勾引"，后试图为其宽衣解带，又斟酒对饮、言语暗示、肢体拉扯，甚至将自己喝了一半的酒杯转给武松令其续饮，一心以为"客邸孤单，少年狂放"的武松会被引诱：

（小旦）你哥哥还早哩。请叔叔里面坐罢。（生）嫂嫂请。（小旦闭门科，生随行科）（小旦）叔叔。脱了汗透的衣服。凉快些好。（与生解带科）（生走开白）我倒不热。（小旦）奴家浸得一壶凉酒在此。与叔叔饮三杯。（生）待哥哥同吃罢。（小旦）那里等得他。（斟酒科）叔叔满饮此杯。（生）生受嫂嫂。（小旦）后生家吃个成双杯。

---

① 陈墨香：《观剧生活素描》，载潘镜芙、陈墨香《梨园外史》，中国戏剧出版社2015年版，第235页。
② 沈璟：《义侠记》上卷，载《古本戏曲丛刊初集》，大兴傅氏藏明继志斋刊本，第7、12页。
③ 许自昌：《水浒记》下卷，载《古本戏曲丛刊初集》，长乐郑氏藏汲古阁刊本，第6页。
④ 李素甫：《元宵闹传奇》卷上，载《古本戏曲丛刊二集》，长乐郑氏藏抄本，第14页。

（又斟科）

　　【前腔】（生背介）嗟呀！教我悬望巴巴，这时节还不见兄归。嫂嫂，且消停杯斝，天气炎蒸，（欲走科）向门外临风潇洒。（小旦扯云）叔叔且住。（背唱）事到如今，机关用尽，怎肯轻轻便撒下。（笑唱）叔叔，且同消夏。怎生忒不撑达。（生）只为奔驰劳顿，心慵意懒，好难禁架。（小旦斟酒，先饮半杯，对生唱）叔叔，此意你知么？伊休诈，把这杯残酒饮干咱。①

潘金莲叔嫂的故事在《翠屏山》中被潘巧云用来试探勾引石秀：

　　（正旦）吓，说道阳谷县有个打虎的武松，起初那嫂嫂也是这等喜欢他，那厮到不肯从顺。……可惜做嫂嫂的是一片好心，把此情辜负。……吓，他意如何？叔叔，虽云男女无亲受，却不道嫂溺须将亲手扶。②

《元宵闹》中，卢妻贾氏面对李固商议要事的要求，主动约请他"到黄昏，过中堂，入内室"③。《水浒记》中阎惜娇对张三郎的挑逗更为明显：

　　（小旦）这也难些。（净）尊嫂。（小旦）甚么尊嫂尊嫂，若说尊嫂，须知朋友妻，不可戏了。（净）这等要小生叫甚么呢？（小旦）我要你叫娘。（净笑介）这等我被苏州人骂着了，说是"入娘贼"。（小旦笑，净搂小旦介）。

---

① 沈璟：《义侠记》上卷，载《古本戏曲丛刊初集》，大兴傅氏藏明继志斋刊本，第12—13页。
② 沈自晋：《翠屏山》上卷，载《古本戏曲丛刊二集》，中国戏曲研究院藏旧抄本，第14—15页。
③ 李素甫：《元宵闹传奇》卷上，载《古本戏曲丛刊二集》，长乐郑氏藏抄本，第29页。

【五韵美】……（小旦携净手介，小旦）直任你翠被鸳衾，鸾颠凤倒。①

值得注意的是，晚明传奇中的"嫂子们"并非一般意义上的"水浒淫妇"。与元杂剧中类型化的、与人私通谋财害命以凸显"戒娶妓女""小妾害人"等主题的"水浒淫妇"相比，晚明剧作家给"嫂子们"安排以更为复杂的生活背景作为其行为的动因。花容月貌、青春正好的潘金莲被迫彩凤随鸦，被嫁给毫不般配的丈夫；阎婆惜之母贪财世故，不断教唆女儿去"行奸卖俏"，想把她"赵几十两银子使用"②，更耐人寻味的是，当她为宋江所杀，变作一缕幽魂之时，并不向宋江复仇，反而向情人张三郎索命，只羡"梁山鸳鸯冢并"，只愿"效于飞双双入冥"。③《元宵闹》中的贾氏约见李固有冠冕堂皇的理由：为了避免被卢俊义写反诗一事牵连全家，因而导致后续"今夜里情难罢手"④的剧情发展。此类女性人物的示爱，既是剧作家对其人物性格的丰富塑造，也是对其主体情感与内心世界的深入开掘。剧作家精心设计的人物背景和特殊经历冲淡了其求欢行为的不正当与非道德性，甚至为其私通行为添上了才子佳人式的意味，使其欲望带上了"情"的色彩。

与此同时，晚明传奇中还出现了一系列不存在于《水浒传》原著的英雄之妻，如宋江之妻孟氏、武松未婚妻贾若真、石秀之妻刘一娘等。她们都具备了传统贤妻的典型特质，坚贞、贤惠、聪颖、温和。孟氏持家有方、见识不凡，令宋江在外无论从事何种事业都无后顾之忧。面对丈夫纳妾之举，她大度表示"我们官人独处在外边，正该寻个人儿伏事

---

① 许自昌：《水浒记》下卷，载《古本戏曲丛刊初集》，长乐郑氏藏汲古阁刊本，第20页。
② 许自昌：《水浒记》上卷，载《古本戏曲丛刊初集》，长乐郑氏藏汲古阁刊本，第7页。
③ 许自昌：《水浒记》下卷，载《古本戏曲丛刊初集》，长乐郑氏藏汲古阁刊本，第55、56页。
④ 李素甫：《元宵闹传奇》卷上，载《古本戏曲丛刊二集》，长乐郑氏藏抄本，第29页。

他"①;面对张三郎的挑逗,"从不睬他"②。贾若真事母至孝,恪守女德,在武松杳无音信的情况下依然坚守婚约,富户求娶不为所动,坚持"一鞍一马"③。刘一娘容貌甚美,与石秀失散后,历经险阻,一心寻找丈夫,不为外物所动摇。这些虚构的贤妻形象令原本禁欲的水浒英雄有了完整的家庭,因而显示出由绿林莽汉向传统士人形象靠近的倾向。更重要的是,贤妻形象与纵欲的女性角色形成极为鲜明的对比。毫无瑕疵的贤妻完美得近乎缺少七情六欲,人物形象较为相似;越轨女性背离了道德规范,但鲜活的生命力与个性给人以更为深刻的印象。

从上述情节设置中可以看出,剧作家对此类女性人物的态度是耐人寻味的。正如徐朔方评阎婆惜,"水性杨花和真挚爱情在她身上同时并存"④,这正反映了晚明剧作家复杂的思想状态。晚明特殊的社会背景对剧作家思想产生了冲击与改变。在过去农村自然经济结构中,男性作为主要劳动力负责承担家庭收入,到晚明时期,妇女加入了商品生产过程,尤其在纺织业、桑蚕业、刺绣等行业中可创造经济价值,譬如通过棉布纺织可维持全家生计,"家之租庸、服食、器用、交际、养生、送死之费,胥从此出"⑤。可以说这一转变消解了体力差异对性别分工的决定性影响。商品流通体系的扩展进一步推动女性价值从生产领域延伸至商业经营,形成夫妻共营、女性主导等多元经济模式。在江南经济发达的市镇中,出现了女性经商的行为,夫妻合营店铺,妇女独自经营小食店、杂货店,女商贩走街串巷、兜售女性用品,乃至女性行商等情况屡见不

---

① 许自昌:《水浒记》下卷,载《古本戏曲丛刊初集》,长乐郑氏藏汲古阁刊本,第25页。
② 许自昌:《水浒记》下卷,载《古本戏曲丛刊初集》,长乐郑氏藏汲古阁刊本,第47页。
③ 沈璟:《义侠记》上卷,载《古本戏曲丛刊初集》,大兴傅氏藏明继志斋刊本,第16页。
④ 徐朔方:《徐朔方集》第二卷《晚明曲家年谱》,浙江古籍出版社1993年版,第457页。
⑤ 《万历嘉定县志》卷六《物产》,载《中国地方志集成 善本方志辑 第一编3乾隆华亭县志 万历嘉定县志》,凤凰出版社2014年版,第121页。

鲜。①经济地位的改变促使女性在两性关系中的地位得到一定程度的提升。同时，明初以官学化方式确立权威性的程朱理学——曾经从政治意识形态领域延伸、影响到百姓日用、道德伦理、人情往来、家族礼仪等社会生活的方方面面，至晚明时期开始松动，女性贞节观、夫妻两性观等观念产生了明显变化，女性从生理到心理获得了较之以往更宽松的空间。

可以说，此类女性人物取得了某种意义上的两性"平等"。在与自身情欲的斗争中，她们以生理欲望战胜了伦理束缚；在与男性的情欲博弈中，以其身体俘虏了部分男性。但身体自主权与性爱话语权的获取并不意味着她们获得了真正的主体自由，"在晚明政治和文化的精英论述中，性感出轨的女人和鲁莽的男性土匪都被视为再生的'他者'"②，在男性剧作家的笔下，反叛朝廷的男性人物向士大夫形象不断贴近，越轨婚姻的女性人物无一不受到严酷的惩罚。越轨女性追求非道德化情欲的行为归根结底违背了传统伦理道德和社会基本秩序（甚至法律规范），因此必然会付出沉重的代价。纵然我们将她们试图颠覆性别地位、追求自身必要需求的行为看作对道德伦理、对女性不公平待遇的反抗，但我们也不能否认，她们这些带有颠覆与挑战性质的行为会加剧道德伦理的异变与沦丧。

尤其是在晚明世风异变之下，乱象丛生，出现了赌博、偷盗、诈骗等各类行为。商品经济和城市化的发展给民众带来的不仅仅是财富，也给一些"游食者"带来可乘之机。明初制定的法典《大诰》严格规定了对"不务生理"的"游食者"的处罚，认为若不处理，他们将或为帮闲

---

① 参见李炎《明代市井女性的经济活动考》，硕士学位论文，西南大学，2009年，第21—25页。
② ［美］郭安瑞：《文化中的政治——戏曲表演与清都社会》，郭安瑞、朱星威译，社会科学文献出版社2018年版，第305页。

或为盗贼，为害乡里。①明中后期政府控制力减弱，一些失去土地的农民在城乡之间游离，使得游手好闲、不务正业之徒的数量不断增加。他们一般都脱离宗族，没有恒产，也没有固定职业，为了获取利益而不惮于破坏社会秩序和法律。晚明赌禁日弛，赌博之风盛行，相当一部分游食者不事生产，以赌博为生，更甚者大开赌局，诱人上瘾，导致出现了许多类似"小者金银珠玉，大者田地房屋，甚至于妻妾子女，皆以出注，输去与人"②的惨剧。一旦耗尽钱款，他们就想方设法谋取他人钱财，或是盗取，或是抢夺，或是讹诈，或是哄骗他人财物获利，手段百出，有时甚至将几种手段混合使用，令人防不胜防。譬如，盗窃者小则针对个人私户，大则专偷府库钱粮，一些当铺与游食者勾结，专门为其销赃；还有伪造假币、私设关卡、讹诈外地商人、拐卖良家妇女等种种恶劣行为，严重者更是为了谋财不惜害命。还有一部分人利用百姓畏讼的心理，"起灭词讼，诬害良善"③，或挟制官府，或勾结官门，勒索财物，是为明代出现的特殊现象。这些行为给时风带来极其恶劣的影响，必然引起世人警惕。

从晚明戏曲传播的角度来看，"嫂子戏"在本质上亦是非典型的英雄与美人的冲突，英雄武力与美人情欲的书写即暴力与色情的展示。一方面，这成为晚明通俗文学兴起的背景下，能够吸引读者和观众的重要因素之一，"晚明的思想潮流同时认可本真的情（体现在欲望渴求的女人）和对民间一切事物的兴趣（体现在水浒中尚武的好汉）"④；另一方面，色

---

① 参见《御制大诰续编》"再明游食第六"，载张德信、毛佩琦主编《洪武御制全书》，黄山书社 1995 年版，第 79 页。
② 田艺蘅：《留青日札》卷三《赌博》，上海古籍出版社 1982 年版，第 158—159 页。
③ 《明实录·明世宗实录》卷三八，台湾"中央研究院"历史语言研究所据国立北平图书馆红格抄本影印，第 968 页。
④ [美] 郭安瑞：《文化中的政治——戏曲表演与清都社会》，郭安瑞、朱星威译，社会科学文献出版社 2018 年版，第 305 页。

情引诱的过程加以暴力惩戒的结局使得此类故事有了完整的道德框架，剧作家与观众由此可获得一定程度的道德豁免。

观众的爱好促使了此类题材的流行，因而延伸出现了一批水浒题材之外的同类型传奇，如《南楼传》中，刁球常年在外经商，其妻与邻居监生生情，逾墙私通，后竟谋害丈夫，最终被斩首；再如《醒世魔》中，董芳妻花三姐偶见弓德长相俊秀，心生喜爱，趁丈夫外出，与之私通，后又为弓德所杀。这些作品剧情曲折离奇，多事无所本，常以果报作为通奸、杀人的动机与作品主旨。但其创作水准与艺术价值较之《义侠记》《水浒记》等作品已然相去甚远。

二、淑女的自荐枕席：才子佳人"性"与"物"的连接

在"十部传奇九相思"的明清传奇中，女性人物追求爱情自由的作品数不胜数，而晚明传奇中出现了大量敢于自荐枕席的女性形象。《橘浦记》中，龙女欲嫁柳毅，趁夜诱使柳毅睡入自己的船舱；《红梨记》中，谢素秋假借赏乐为名，盛装打扮独自至花园亭中，趁赵伯畴经过时，吟诗吸引其注意，约定书房见面；《种玉记》中，卫少儿爱慕霍仲孺，将闺房搬至距离霍一墙之隔处，写信约其相会，并告知他墙边有可攀爬的太湖石与梧桐树。甚至有更为大胆的女性人物，走出家门与爱人私奔。此类人物尤以卓文君、红拂为代表，晚明戏曲中诸如孙柚《琴心记》、陈济之《题桥记》、杨柔胜《绿绮记》、韩上桂《凌云记》、袁于令《鹔鹴裘》、陈玉蟾《凤求凰》等"卓文君"题材作品，张凤翼《红拂记》、刘晋充《女丈夫》、冯梦龙《女丈夫》、张太和《红拂传》、孟称舜《风云会》等"红拂"题材作品，此题材作品数量之多可见其在晚明传奇中的流行程度。

试举两例典型剧目。《灌园记》中，太史氏女与母亲游园时看到化名王立的田法章在灌园，慧眼识珠，对白龙鱼服的田法章一见钟情。因担

心天气寒冷，田法章衣着单薄挨冻，故而主动为其缝制寒衣。

【皂罗袍】缱绻，果然轻暖，算黑貂敝，赖此冲寒。和伊牵扯要成绵，不知费多少春蚕茧。随心裁剪，似他在眼前。量情长短，想和他比肩。管温柔乡一入丝难遣。①

以衣服比喻自己丝丝绵绵的情感，想与钟情的对象比翼齐肩，甚至想同入"温柔乡"中，太史氏女的表达是如此含蓄又直白。她甚至央求丫鬟朝英在母亲面前做媒"只要招赘了王立，便心满意足了"②。在意识到母亲不会同意，且田法章囿于身世烦恼，只是被动接受，不做主动回应的情况下，太史氏女竟趁着月色来到田法章简陋的住所，主动与其小叙并最终成就好事。尤为特别的是，此时的田法章白龙鱼服，身份是灌园奴仆，这种身份差距下的自荐枕席显示出了更强烈的戏剧性与更鲜明的人物个性。

再如《彩舟记》中，吴小姐随父亲游宦，泊船江边时推窗看到邻船夜读的书生江情"丰标玉立""德性兰芬"，不由得"神随目往，梦与人俱"③，一见倾心。恰江情托婢女素娥传信问难字，小姐回诗主动约请江情夜间上船幽会。

【步步娇】戚损蛾眉愁难解，割不断心头爱，情诗暗自裁。我只怕蝶嚷蜂喧阻隔了誓山盟海。寄语可憎才，千金一刻春难买。④

---

① 张凤翼：《灌园记》二卷，载《古本戏曲丛刊初集》，北京图书馆藏明富春堂刊本，第3页。
② 张凤翼：《灌园记》二卷，载《古本戏曲丛刊初集》，北京图书馆藏明富春堂刊本，第3页。
③ 汪廷讷：《环翠堂乐府彩舟记》卷上，载《古本戏曲丛刊二集》，北京图书馆藏明刊本，第20页。
④ 汪廷讷：《环翠堂乐府彩舟记》卷上，载《古本戏曲丛刊二集》，北京图书馆藏明刊本，第32页。

情诗送出之后,吴小姐最为担心不是这种越轨行为是否会被发现,而是担心江情是否明白诗中暗示,他们的约会又能否顺利进行。她的主动是因难以割舍对江情的爱慕,故而不想辜负"千金一刻"。其后二人顺利幽会。欢会过后,与江情的不知所措形成鲜明对比的是,吴小姐竟大胆地约定下次欢会时间:

(生)只恐风顺开船,那时不得相会奈何?
(旦)倘风不顺,尚有数日泊此,我但以彩丝系在船窗,郎君见之即至。①

吴小姐对江情一见生情,生情即书信邀请,邀请则夜间幽会,幽会后又约定下次相会之法。她因爱慕而生出自荐枕席的计划,令江情绝难拒绝。

在中国传统伦理观念中,婚姻是关乎家族、重于个人情感的大事。《礼记·昏义》认为,"昏礼者,将合二姓之好,上以事宗庙,而下以继后世也,故君子重之"②。从横向看,婚姻是两个家族的联合,从纵向看,又是一个家族承上启下的延续。明代官方发行或承认的律法公文对婚姻制度有着详细的规定,明初颁布的《大明令》、规定家庭礼仪和社会规范的《文公家礼》、明代主要法典《大明律》中的《户律》"婚姻"篇等,规定了男女婚姻的缔结或解除需依照具体的条例规范。一桩婚姻的订立首先需要凭媒而立,即通过媒人来往于两个家庭,沟通并参与每一项环节;其次,嫁娶应由尊长主婚,《大明律》规定由祖父母、父母主婚,如若皆无,则由余亲主婚。此两条即"媒妁之言,父母之命",意味着婚约

---

① 汪廷讷:《环翠堂乐府彩舟记》卷上,载《古本戏曲丛刊二集》,北京图书馆藏明刊本,第36—37页。
② 胡平生、张萌译注:《礼记》(下册),中华书局2017年版,第1182页。

《环翠堂乐府彩舟记·目成》,明刊本

订立的权力并不在男女当事人手中。一桩婚姻的完成，需经过纳彩、问名、纳吉、纳征、请期、亲迎即被称为"六礼"的环节。这样的程序既能保证婚姻是门当户对的两个家庭的结合，同时也具有法律效力。反之，"聘者为妻，奔者为妾"，对于私奔的男女，其结合不仅不被承认，反而会被称作"淫奔"。在上述传奇中，女性人物主动与男性结合的行为并不以媒人的介绍、父母的赞同为根据，其主动行为甚至与男性被动接受、半推半就或是不知所措的状态形成对比。但这些女性人物通常都是作为正面的女主人公形象出现的，反映出晚明传奇创作中出现了以女性为中心的情爱（性爱）创作倾向。这一方面是受到"非奇不传"的创作理念的影响，从另一方面来看，也是对晚明婚姻制度变化的真实反映。正如上文所述，限制社会各阶层民众生活的严格规定至晚明渐渐失去了原有的效力。时人违禁逾制，荐绅"营声利、畜伎乐"，缝掖"挟倡优、耽博弈"，军民"买官鬻爵，服舍亡等"，妇女"拟饰倡妓，交结姐媪"①，男女婚姻风尚"与晚明的政治和社会经济状况扭结在一起，呈现出在标新嬗变与回归正统间游走的态势"②。

更进一步来看，此类女性人物的另一共同点在于其主动行为背后几乎统一的择偶观。如上述诸例中，太史氏女初见田法章"词锋爽、眉宇扬，炯炯双眸日月光，看来岂是村庄相……莫不是白龙鱼服遭罗网"③，觉得他并不像普通的灌园奴仆，因而对其另眼相看。吴小姐见江情舟中读书，料定他"似这般镕今铸古费钻研，怕甚么姓名不上黄金殿"④。私奔的

---

① 顾起元撰，孔一校点：《客座赘语》卷一《正嘉以前醇厚》，上海古籍出版社2012年版，第17页。
② 任晓兰：《晚明的悔婚现象及其法律规制》，《妇女研究论丛》2007年第6期。
③ 张凤翼：《灌园记》一卷，载《古本戏曲丛刊初集》，北京图书馆藏明富春堂刊本，第25页。
④ 汪廷讷：《环翠堂乐府彩舟记》卷上，载《古本戏曲丛刊二集》，北京图书馆藏明刊本，第14页。

卓文君、红拂们无一不具有"识英雄的俊眼"①，预料到对方能够"下机金印，伏跨登坛"②。她们摈弃了门户之见，突破了传统婚姻制度，最终夫荣妻贵的结局也证明了她们的识人之能。"大率才子佳人之事，而以文雅风流缀其间，功名遇合为之主，始或乖违，终多如意，故当时或亦称为'佳话'。"③才子佳人的风流佳话终归是需要取得"功名"才能获得圆满。"所谓才子，在封建社会文人的心目中，往往是一种社会价值和人生理想的象征，佳人爱才子，当然就意味着对这种社会价值和人生理想的肯定，因为在中国文人的传统文化心理中，女性往往是作为一种'价值尺度'或'表现工具'而出现的。"④这无疑包含了晚明混乱政治背景下，进身艰难的士人自我安慰弥补的心理，佳人的青睐与追求意味着对其理想与价值的肯定，夫荣妻贵的圆满结局寄托了剧作家的人生理想。

晚明传奇所展现出的女性择偶自由包含"情"之外的复杂思想。在晚明现实生活中，男性拥有绝对的获取政治权力的机会和更多的经济上谋生的手段，相反，女性在两性关系中处于弱势的一面，因而选择怎样的丈夫很可能就等于选择了怎样的未来。"爱情，这不单是延续种属的本能，不单是性欲，而且是融合了各种成分的一个体系，是男女之间社会交往的一种形式，是完整的生物、心理、美感和道德的体验。只有人才具有复杂而完备的爱的感情。"⑤因而晚明传奇所展现出的女性择偶自由中包含着更丰富的内涵，除了为情所动，还表现了女性通过付出实际行动对自己未来的选择与把握。晚明世风重利重欲，尤以对"物欲"与"性

---

① 张凤翼：《红拂记》卷二，载《古本戏曲丛刊初集》，北京图书馆藏明朱墨刊本，第3页。
② 孙柚：《琴心记》上卷，载《古本戏曲丛刊二集》，长乐郑氏藏汲古阁刊本，第44页。
③ 鲁迅：《中国小说史略》，齐鲁书社1997年版，第151页。
④ 罗强烈：《才子佳人模式：二十世纪中国文学中的一个主题原型》，《当代文坛》1988年第5期。
⑤ ［保加利亚］瓦列夫：《情爱论》，赵永穆、范国恩、陈行慧译，当代世界出版社2003年版，第31页。

欲"的追求为最。男性在纵欲背景下可尽情享乐，而女性对欲望的追求则需冲破传统观念，主动出击。这样一来，如脱出身世背景，女性用以换取物欲满足的往往只有自己的身体，因而"身体"成为连接二者的桥梁，与拥有权力、金钱的异性建立稳定关系也成了间接获取话语权的手段。这可为女性带来解放的契机，但在客观上也带来了使之被物化的风险。

小 结

晚明特殊的时代背景为女性提供了相对宽松的活动空间，在这样的背景下，剧作家传达出的对于女性情欲的感悟与对其个体价值的理解也不同以往，反映出创作者对女性主体性认知的微妙转变，催生出突破两性观念的文艺表达。

晚明传奇中女性人物主动示爱的行为，展现出女性人物的身体存在与包含情感、思想、精神的主体存在。创作者通过女性角色主体性建构，突破传统性别叙事框架：女性人物身份不断延展，包含了大家闺秀、市井女性、丫鬟、妓女、仙鬼、妖魔等多重类型，不同阶层、身份的女性形象均获得主体视角与欲望表达的空间。部分女性人物利用性别魅力引诱异性以满足自己的生理与情感需要，在非道德化的示爱中释放自己对欲望的本能渴求，构建兼具生物属性与社会属性的复合形象；未婚女性人物的择偶观也产生了变化，她们敢于主动向异性示爱，敢于自荐枕席，并通过婚恋自主实现命运重构的诉求。在这些作品中，女性人物在两性关系之间的位置由情欲客体转变为情欲主体，实现从被动承受者向主动抉择者的身份转换。

在明清戏曲选本中，大量书写女性示爱求欢的折子戏成为被选录的对象，其中主动寻求情欲满足的女性形象比之其他女性形象更受欢迎，以她们为主角的折子戏传播得更为广泛。譬如《玄雪谱》《怡春锦》《醉怡情》《缀白裘合集》《钱编缀白裘》等曲选都选有描述阎婆惜、张文远越轨的《渔色》《野合》二折；《玄雪谱》《怡春锦》《绣刻演剧》《今乐府选》《乐府遏云编》《醉怡情》《乐府歌舞台》《缀白裘合集》《钱编缀白裘》等曲选都选取了以潘金莲引诱武松为主要情节的《调叔》一出（或称《戏叔》《诱叔》《金莲诱叔》）；《钱编缀白裘》还选取了潘巧云引诱石秀的《戏叔》。再如《词林逸响》《玄雪谱》《万壑清音》《乐府遏云编》《南北词广韵选》等曲选都收录了太史氏女《赠衣》（有些版本为《赠袍》）或《私会》的情节选段；《词林逸响》选录了《种玉记》之《笺允》中"一搦腰肢东风软"一曲，此折讲述的是女主角卫少儿对霍仲孺一见钟情，想方设法创造条件诱其幽欢；《月露音》选录了《彩舟记》中《目成》的曲子，这一出讲述的正是吴小姐与江情隔船相见，目成心好，许愿结缘的情节。①曲选在一定程度上反映了传奇作品流行的趋向与大众的审美喜好，亦可见此题材的生命力及其研究价值。

《陶庵梦忆》记载了一则明万历年间妇女扮男装于倌馆狎亵娈童的奇事：

> 有无赖子于城隍庙左借空楼数楹，以姣童实之，为"帘子胡同"。是夜，有美少年来狎某童，剪烛觞酒，媟亵非理，解襦，乃女子也，未曙即去，不知其地、其人，或是妖狐所化。②

这正是晚明现实生活中女性追求自我情欲满足的案例。在晚明特殊的时代背景之下，很难说是剧作家受到世风的影响而进行创作，还是文

---

① 参见朱崇志《中国古代戏曲选本研究》附录《中国古代戏曲选本叙录》，上海古籍出版社2004年版。
② 张岱著，林邦钧注评：《陶庵梦忆注评》，上海古籍出版社2014年版，第219页。

艺作品的传播影响了世风之变。晚明传奇中的女性示爱模式的不断书写，能让我们从文化角度回归时代背景，照见晚明社会转型期文化伦理的深层裂变与女性生活状态。创作背景的丰富复杂与剧作家的心态变化不能仅仅以"反理学""个体觉醒""女性解放"等观点进行概括，根深蒂固的伦理秩序与翻天覆地的社会巨变使传统价值观与新兴创作观、传统道德体系与人性解放诉求在晚明传奇中不断交锋，在冲突矛盾中逐渐相融。晚明传奇对女性示爱的书写因而具有了独特而普遍的意义，在展示剧作家所处文化语境的同时，客观上必然对社会个体尤其是女性进一步拥有更完整的权利产生了一定的积极作用，形成了新的审美价值与文化内涵。

第二节　男儿欲将知己许：
君子好逑的情感博弈与精神慰藉

　　在晚明传奇中有关男性示爱的书写相对直白简单，其示爱目的较为明确，示爱方式较为统一，多通过诗词唱和、海誓山盟等手段表达肌肤之亲的诉求。相较于第一节中有关女性示爱的论述，男性人物带着社会赋予的天然主动性及性别优势。然而，当我们深入男性人物的示爱场景时，会发现其中蕴含着社会转型期士人群体的文化心理转变。当修齐治平的理想在现实拉扯中被不断消解时，剧作家在晚明传奇创作中对抗现实的压力与体制异化，寻求心理的平衡与身份的认同。

一、女性的选择与男性的仿习

正如前文所述,晚明传奇中大量女性人物主动追求自身情感与欲望的满足,通过自主择偶来选择自己的未来。同时,晚明传奇中也有另一部分女性人物同样以个人意志把控自己的行为——这正反映在男性向其示爱的境况下,她们有权选择接受,也同样有立场选择拒绝。

(一)女性的拒绝

在《鹦鹉洲》中,韦皋迷恋好友义妹玉箫女的姿容,当玉箫奉兄长之命前往韦皋住所送剑时,韦皋禁不住出言求爱:

> (生)小生且不想清歌妙舞,醖藉风流,只想你绣帘前那几步俏步儿,真个是屏障腰肢出洞房,宫花窣地领巾长,罗裙罩定双鸳小,只有莲花步步香。
> 【前腔】(生)任道是含香宝鼎,少不得火动烟生,微微沉水销真性,须凭着玉箸纵横。你才说淡月疏星就是星月呵,相传牛女多秋兴,难道嫦娥没世情?(微戏科)小娘子还思省,毕竟爱桑间宕子柳下先生。
> (旦)韦家郎好不尊重。(下)①

玉箫以果断离开的行为表达自己坚决拒绝的态度,然而,她对韦皋并非无意——在后来的情节中,其兄作伐使二人成婚,夫妻恩爱缠绵,后韦皋游宦,一去七年,玉箫苦苦等待直至相思而死,可见用情至深。那么,在韦皋初次示爱时,玉箫缘何拒绝?二人新婚时,玉箫将缘由娓

---

① 陈与郊:《鹦鹉洲》,载《古本戏曲丛刊二集》,南京图书馆藏明刊本,第17—18页。

娓道来：

> （旦）女惟四德，妾永一心，自须明配鸾俦，谁肯暗迷蝶梦？
>
> 【前腔】（旦）桃花扇，竹叶杯，自分侯家老翠眉。鹤亭前向道凌霄，雀屏间今从于飞。君不闻陈轸之论乎？楚人有两妻者，人誂其长者，长者詈之。誂其少者，少者许之。后有两妻者死，人竟取詈之者。斋中怒中君休计，和君詈君君谁礼。那时节呵，未信东风嫁阿谁。①

玉箫自有一套生活逻辑与爱情观念。她恪守"女德"，即便两情相悦，仍坚持听从父母之命、媒妁之言的"明配"，拒绝私相授受的"暗许"，展现出对礼教规范的程序遵循。她颇通诗书，通过援引《战国策》"楚人有两妻"的典故建构道德隐喻，表明她对两性关系中的价值判断准则：调戏者愿意娶的人是曾经骂自己的人，而不是回应他的人，因为愿意与之私通者品性不良，娶之可能还会再与他人通奸。玉箫理智地认为，婚约承诺的可靠性取决于对方品性而非情感回应程度。这既体现了她对传统婚恋伦理的认同，又说明她能策略性地利用婚恋市场的价值规律及传统婚恋观提升个人在婚恋中的价值并规避婚恋风险。面对韦皋的求欢，心怀爱慕的玉箫并没有因为韦皋的才貌双全而迷失自我，她保持清醒的态度，以理性克制情感冲动，通过设置道德门槛来自矜身价，不仅维护了个人的权益，同时也实现了个体价值最大化。

在《西湖记》中，秦一木爱慕段如圭，故混入段府做书佣以便有机会能一亲芳泽。当秦一木前往京师赶考时，段父为如圭与他人定亲，如圭抵死不从，只愿默默等待秦生归来。这足可说明段如圭对秦生有情。

---

① 陈与郊：《鹦鹉洲》，载《古本戏曲丛刊二集》，南京图书馆藏明刊本，第23—24页。

然而在剧作初始，当秦一木寻机于段如圭绣楼之下吟诗示爱时却被无情拒绝。

【簇御林】（生）小生呵，是琼林客，折桂郎，为嫦娥未许攀。美肴佳酿无心向，反侧寐床，童仆愿当，为只为倾城国色把我神魂丧，叩慈祥，奇逢佳偶愿继楚襄王。

【前腔】（旦怒介）你心无忌，话忒狂。我家呵，旧门闾田舍庄，齐东野语休胡讲。桂花自攀，我兰花自香。寻霜娥素女天街上，莫心狼，杨花飞舞休认做雪飘扬。①

在"月夜拒诱"这出的情节中，秦一木首先向段如圭说明了自己的真实身份——并非普通书佣，然后按捺不住向她示爱，自比为楚襄王，希望能获得阳台云雨的机缘。段如圭的回应十分巧妙，有条有理，她首先回应家世背景之说，介绍段家世代耕读不逊色于秦生门第，然后拒其求欢，阐明自己品性高洁如雪并非杨花水性之人。被拒绝的秦一木不愿离去，如圭机智又不伤和气地赚取他离开：

（旦）……你可出外去看，侍仆丫鬟睡静方可如此。倘有窥视者不惟玷奴终身名节，家父知道实不轻恕。须用两全便好。（生）休得哄我。（旦）人口之言决不爽信。（生背介）果然不肯爽信，待我看来。（生出介）（旦闭门介）推出窗前月，空悲林下人。（下）②

段如圭的骄傲、自信与理智由此可见一斑。这样的作品在晚明传奇中不是孤例。在《玉丸记》中，书生朱其与云府淑女云娟相悦，当朱生

---

① 《西湖记》，载《古本戏曲丛刊二集》上卷，北京图书馆藏明唐振吾刊本，第37—38页。
② 《西湖记》，载《古本戏曲丛刊二集》上卷，北京图书馆藏明唐振吾刊本，第38页。

《西湖记·月夜拒诱》,明唐振吾刊本

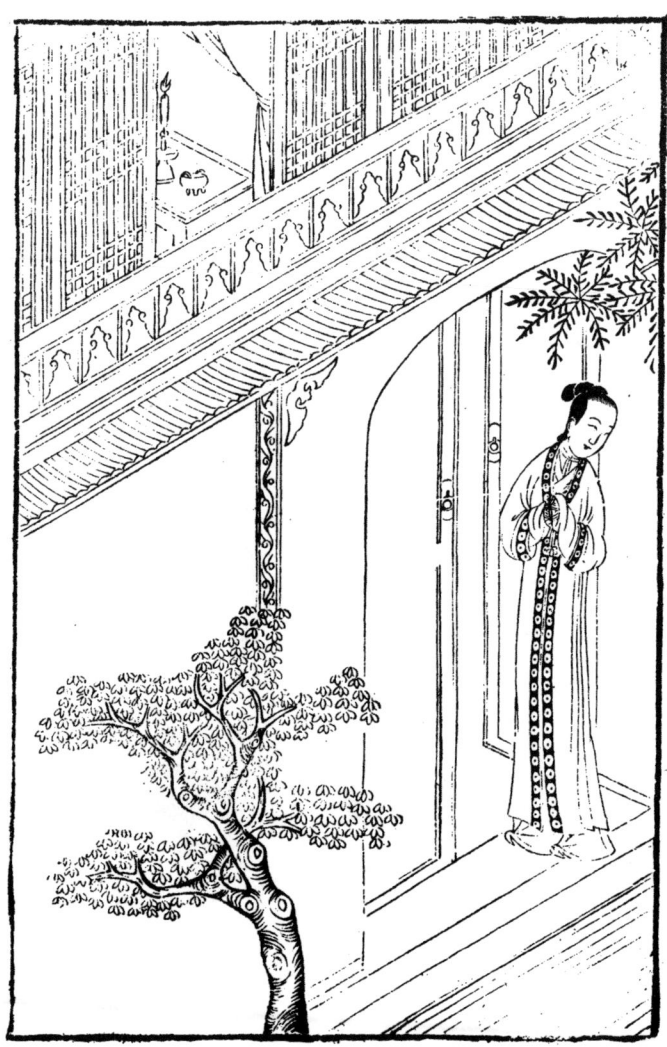

《西湖记·月夜拒诱》,明唐振吾刊本

尾随云娟入内室求欢时，云娟拔剑相胁，决不苟从；在《玛瑙簪》中，书生槟郎爱慕表妹红娘子，托丫鬟寄奴送信，约她晚间相会。红娘子虽然应邀赴约，但持身守贞坚拒槟郎求欢；在《金钿盒》中，权次卿调戏徐妫秀，妫秀虽对其才华相貌抱有好感，但依然坚决与之保持距离。

　　晚明传奇中由男性剧作家构建的情节，能够成为透视女性生存状态的一面镜子。以上述三位女性人物为例，段如圭坚拒秦一木求欢，却愿意为了他反抗父母之命；云娟勇于拔剑自卫，却又为了朱其而相思成疾；徐妫秀反抗调戏，后竟假扮成权次卿未婚妻的亡魂夜探权生。面对男主人公的示爱，女主人公的矛盾行为隐含了自我价值的体认。在礼教森严的社会规范下，她们坚守身体界限、遵循传统意义上对女性的要求，这种自矜姿态既是对社会道德体系的妥协和服从，也带有通过提高婚恋议价权来获取生存保障的现实考量。从晚明女性生长生存环境与内部思想情感来看，这样矛盾的行为正展现出了人性与本能的存在，在晚明社会这一新老思想交替的背景下，传统伦理思想对女性的影响依然存在。她们生长的环境令其对封建伦理有所认可，并按照传统伦理规范行事，但新思想的影响又使得她们产生了反抗父母权威、主动探访等逾矩行为，显示出个体意识在伦理重压下的倔强萌发。其次，面对爱慕之人，她们依然保留了自己拒绝的权利，始终保持着对婚前性行为的明确界限，情感与理性的博弈构成晚明传奇的戏剧张力。她们既有突破礼教樊笼的情感冲动，又恪守着世代相传的女则女训——段如圭的谎言与反抗、云娟的剑锋与相思、徐妫秀的抗拒与夜访，是将晚明社会天理与人欲的争锋浓缩为文本与剧场中充满戏剧性的片段。这种矛盾性与戏剧性恰恰是观察晚明社会思想转型的特殊窗口。

　　这些丰富的女性形象同时映射着男性文人的价值取向。剧作家将女性人物约束自身的坚贞与爱慕男主人公的痴情熔铸一身，塑造出理想的女性形象。不同于男性人物情动于中而形于外，男性剧作家笔下的女性形象将情感与欲望剥离，她们的拒绝不会因爱慕对方的情感而有所动摇转变，她们的爱慕也不会因为对男性示爱的拒绝而消解。这既延续着"发乎情止乎礼"的传统审美，又悄然注入了对女性形象的幻想与对人性本真的微妙利用。

（二）女性的接受

在晚明传奇中还有一类情节，女性人物面对示爱追求时展现出主动接受的态度，与前文所述的拒绝式情节形成对照，构成晚明传奇中男性示爱的另一组情节走向。在《投桃记》第十八出《幽会》中，潘用中与黄舜华在上天竺寺相见，二人情投意合，潘用中情不自禁地向舜华求欢，舜华愿与之共赴巫山。

【解三酲】……（旦）潘郎，妾承家教，颇读诗书，岂不知淫奔之事取贱于父母国人？今日到此与你相聚呵，只为楼头才子颜如玉，顾不得路上行人口似碑。……

（生）小姐，既蒙你相约而来，机不可失，愿谐鸾凤之欢，聊慰饥渴之想。（旦）潘郎，我不惜微躯，以奉君子，只恐白头之吟令人肠断。（生）小生非薄幸之人，与你对天盟誓，（跪誓介）老天，我二人若忘初心，神明鉴察。

【幺篇】（旦背低唱）只愁他蝶骤蜂狂，顾不得我娇香嫩蕊。羞答答怎解罗衣，且自漫迟疑。（生）小姐，休得沉吟推调，担阁了雨情云意。（合唱）要甚文衾珊枕，这兰若胜似花溪。（生抱旦虚下）①

值得注意的是，在黄舜华应允潘用中之后，诉说了自己的担忧：其

---

① 汪廷讷：《环翠堂乐府投桃记》卷下，载《古本戏曲丛刊二集》，北京图书馆藏明刊本，第9—10页。

一，用《孟子·滕文公下》中"不待父母之命，媒妁之言，钻穴隙相窥，逾墙相从，则父母国人皆贱之"的典故，说明担心自己的行为为人所轻视，忧虑礼法社会的道德审视；其二，担心潘用中薄幸负心，惧怕情感承诺的脆弱易变。前者被热恋的情侣之间炽烈的情感暂时消解，因她用情于潘用中，故而"顾不得"了；后一问题则由潘生跪地起誓通过庄严誓约获得精神担保，暂时安心。黄舜华的决定并非出于短暂盲目的冲动，而是经历了一番理性与情感的挣扎，她既要突破礼教规范的内心桎梏，又需建立情感契约的双向约束。可见，对于爱慕者的求欢，不仅拒绝需要理智和勇气，接受同样也需要清醒的自我认知。

包含同类情节模式的晚明传奇还包括《投梭记》《东郭记》《灵犀锦》《洒雪堂》《胭脂记》《赠书记》等，剧中都有男女生情、男性示爱求欢、女性接受的情节。在《投梭记》中，元缥风之继母逼迫其卖身为妓，缥风与比邻而居的谢鲲相互有意，面对谢鲲"你若肯随了谢鲲呵，也不用媒，愿解下腰间珮"的暗示，她立刻决定"老爷若肯提拔奴家，不使沦落，愿终身奉事"。[①] 在《东郭记》中，大龄未嫁的姜氏女遇到俊雅多情的齐人，在无媒无聘的情况下与之订下终身，"一时便把红鸾订，愧没琼瑶尔赠，他日还当枕上盟"[②]。

在这些作品中，接受男主角的示爱并与之相欢的女性角色往往被赋予完满的情感归宿与终成眷属的结局。首先，随着晚明时期通俗文化的兴起与文化商品化的发展，剧作家在创作时需回应晚明文艺接受的审美变化以及大众对情感自主的期待。"市民社会娱乐性的要求在推动文学朝着世俗化、个性化的方向发展。在这种情形下，大众对公领域以政教为职能的人文传统开始表现出某种疏离，而往往将热情转而投注到私领域

---

① 徐复祚：《投梭记》卷上，载《古本戏曲丛刊三集》，长乐郑氏藏汲古阁刊本，第21页。
② 孙钟龄：《东郭记》上卷，载《古本戏曲丛刊二集》，长乐郑氏藏明末刊本，第12页。

以娱情为主的精神生活中去。"①女性接受男性的婚前示爱求欢既带有隐秘的情欲色彩，又以大团圆结局消解了道德风险，同时将"离经叛道"者塑造成得偿所愿的主角，也包含了对自由舒展欲求的个性化肯定。这种创作策略是剧作家在文化转型进程中对雅俗趣味的巧妙平衡。

其次，接受求爱的女性人物的共同点在于对男主人公心怀爱慕，这些作品将两性之间的情感确立为发生关系的基础。性欲是人类的自然属性，然而爱情不是，爱情的产生离不开人类精神文明的发展。传统社会中爱情不是婚姻的必需品，但用以延续后嗣的性行为却是婚姻之必需。禁止女性婚前性行为可避免后嗣血统的混淆，因而在传统婚恋制度中女性的性自由受到绝对的束缚。剧中女性人物对示爱的接纳始终与情感认同紧密交织，将自然欲望升华为精神共鸣，实则构建了新型的情感伦理——肉身结合不再是延续后代的手段，而成为心灵契合的标志。

再次，在此类情节模式中，剧作家对于这些敢于回应示爱的女性并无贬义，甚至带有赞成有情人自主欢爱的意味。但是，我们也应意识到，在男性剧作家肯定女性人物的勇气时，往往也会不自觉地带入自我投射的影子。这些美貌多情的女性人物，在某种程度上亦是点缀士人理想幻梦的重要元素，她们的反叛始终在男性凝视的场域内，包含了士人群体自我补偿心理的艺术转化。

（三）男性的心理仿习

晚明社会文化特质深深植根于传奇创作之中，透过男性的示爱求欢与女性的接受或拒绝，可见男性剧作家对女性心理的仿习，从而显示出其对于两性关系的理解与定位。值得玩味的是，面对爱慕者的求欢，有的女性人物选择坚决拒绝，有的则选择坦然接受，但不论经历过怎样的

---

① 陈广宏：《中晚明女性诗歌总集编刊宗旨及选录标准的文化解读》，《中国典籍与文化》2007年第1期。

权衡选择，面对过怎样的离合悲欢，最终都达成了与爱慕者步入婚姻的圆满结局。

晚明市镇经济发展带来的社会流动性，确实松动了传统性别秩序的部分环节，女性生存环境得到了一定的放松，因而女性从被选择的境遇中脱离，有了主动选择接受或者拒绝的权力。她们在情感关系中需要审慎权衡，在情感上，拒绝爱慕者需要理智，而传统伦理上，接受其求欢更需要勇气。前者是女性对两性生活中男性的主导地位提出的挑战，后者则是女性对两性关系中传统伦理界限的超越。

但另一方面，这种有限的自主权始终被框定在男性叙事者的认知领域中。晚明依然是以男性为中心的社会，作为晚明传奇的创作者，剧中每一位女性人物的思想与行为都来自男性的创作与认同。剧中女性人物对于示爱求欢的不同选择，代表了同一环境中不同剧作家对于男女婚前互动的不同的看法。保守者仍在维护"发乎情止乎礼"的伦理框架，创新者则试图在文本中构建以情感为基础的两性关系的突破。即使在同一位作家的作品中，新旧思潮的交替与市民文化的发展影响着传奇作品中情与理交融、教化与娱情并存的现象发生。这种矛盾成为社会变迁的生动注脚——当旧有伦理尚未崩塌，新生观念已破土而出时，文学创作自然成为不同力量角逐的试验场。

但在客观上，这些饱满的女性人物形象构成了女性社会启蒙的重要媒介。男性剧作家对女性心理的仿习纵然带有想象的成分，但当这种仿习通过戏曲传播进入公共领域，被更多读者观众接受时，人们对女性在社会中所扮演的角色、在两性关系中所处的地位有了新的定位，尤其为现实中的女性提供了反观自身的文化镜像。晚明传奇中或多或少的女性主体意识的火花迸现，使得读者和观众在见证虚构的女性形象获得自主选择权力的同时，在潜移默化中改变了对性别关系的认知，形成了晚明传奇与现实社会的互动。

二、士人的个性标举与精神慰藉

晚明时期，士人之生态发生巨变，因而心态也随之改变。晚明士人不再是皇权的附庸，他们在混乱的政局下极速异化。明代中前期被帝王视为"腹心"的时代已一去不复返，在朝者时常面临着宛如"牛马""草芥"一般的命运，在野者向上攀升的道路愈发艰难狭窄，不得不不断挣扎或是放弃。皇帝的无所作为与朝政的混乱腐败令不少士人彻底与晚明政权决裂，这种情况像一把双刃剑，既给士人们带来了言论、文化、生活等诸多方面的自由，同时也让他们的地位相对下降。尤其是随着晚明经济的发展与逐利逐欲的世风兴起，士人在享受欲望的同时，发现自己逐渐失去了处于士农工商四阶层中最高层的独特性与优越感。原本作为社会最高阶层的"士"由高高在上的位置被震落下来，曾经掌握着绝对话语权的士人逐渐失势。他们需要重新确立自己的身份，在此之外找到精神寄托与人生价值，晚明传奇便在某种程度上成为其标举个人需求、反对僵化制度的阵地与寻求精神的慰藉、自我身份认同的平台。

在晚明传奇中，我们明显可见士人男性在向女性求欢时所表现出的自信与势在必得。《千祥记》是一个典型的例子。因长沙官员乱政，长沙父老抗议，皇帝命人举荐德才兼备者出任长沙知府，年届八十、曾任梁州知府的贾凤鸣被举荐出山。赴任途中，贾家家仆救出了被强盗劫持的少女施玉蛾。施玉蛾与母失散，无处可去，便跟随贾氏夫妇到任。一日，贾凤鸣在花园散步时恰好遇到游园的玉蛾，见其青春貌美，不由得动情，向其示爱：

【梧桐树】(生)玉蛾貌甚婷，娇倩芙蓉并，我偶尔相亲不觉添狂兴。惭予老大难相称。……(唱)教我难推怎阻羞颜盛。(生)我和你静掩重门，做个鸾交雏凤人。……

【秋夜月】(生)一团情,天生下多娇靓。凤枕鸳衾皆堪幸。天幸得生个儿子呵,书香已继承宗荫。总蓝田未生,喜芝兰有梗。

(占)要老爷央我一央。(生)怎么样央你?(占)要老爷跪我一跪。(生)唔,这丫头胡说,我老爷怎么跪你?(占)不跪我去了。(生)不要性急。(占)让我去。(生)且慢去,要养儿子说不得了,玉蛾难道当真要我跪么?(占)老爷趣笑。(生抱介)[①]

耄耋之年的贾凤鸣政绩斐然,退隐后仍具政治影响力,受到推举再次出山。婚姻生活圆满和谐之际仍获少艾倾慕,与之花园欢好,甚至于暮年得嗣续之喜。这样的剧情可称得上是传"奇"之作,仕途通达、妻贤妾顺、暮年得子的贾凤鸣的人生轨迹折射出了传统士人有关仕途、家庭、爱情、生命力的终极理想。

《千祥记》并非孤例,在晚明传奇中,由男主人公示爱引出男女定情已经成为反复出现的情节模式。其情节顺序一般是"落魄才子求欢—男女主角定情—经历情感和仕途的波折—男主角获取功名—有情人成眷属"。其中蕴含的不仅是程式化的情节设计,更投射着特定阶层的集体心理诉求。在向女性人物示爱时,男性主人公大多并无功名在身,或是正经历着由官场压迫导致的仕途不顺,他们多以"诗赋之才"作为情感叩门砖,博取佳人倾慕。对女性人物而言,赏识才子之才能体现其风雅趣味,同时也显示出她们慧眼识珠、把握未来的能力——在科举制度下,文学素养的高低能够在一定程度上预判是否有考取功名的潜力。

对男性创作者来说,将才华塑造成最具吸引力的魅力符号是对自身文化资本的确认。剧中男性人物虽然落魄坎坷,但依然被女性角色欣赏,其青眼是"为百年大事选才,并非怨女怀春可比",其钟情盖因"不

---

① 无心子:《千祥记》上卷,载《古本戏曲丛刊二集》,大兴傅氏藏旧抄本,第17—18页。

畏父母国人贱之，只为才子如玉"，这种欣赏是以接受其求爱并付出贞操为代价的，显示出对男性人物的绝对肯定。在现实生活中，功名的获取、仕途的进益往往受到政治环境、所处阵营、有否伯乐等客观因素的影响——这也恰恰是晚明士人所面临的仕途困境，因而他们转向慧眼识珠的佳人以寻求安慰。当真实官场中怀才不遇成为常态，虚构世界里的才子佳人相知便成为抚慰挫败感的精神良药。如果说士人才子形象"是小说戏曲作家主体人格和内心世界的自我象征"，那么他们"抒写才子佳人遇合故事，以补偿现实人生的缺憾，慰藉骚动不平的心灵"。① 晚明士人在传奇中延续着"朝为田舍郎，暮登天子堂"的科举神话的同时，也反映出才子佳人的完美结局依然依托于科举制度的价值评判的现实。

上述女性角色多是书香门第或是大家出身的闺秀，晚明传奇中还有一类女性角色是才貌双全的妓女。在《赠书记》中，谈麈与妓女魏轻烟在郊外初遇，他一路尾随魏轻烟，询问其住址，相约再次见面，再见时则向她示爱求欢：

【五供养】（生）风和日韶，游屐丛中偶挹丰标。不意小生与小娘子彼此契合，这是有缘相遇巧，不怕径路草萧萧。真个三生幸徼，共盘桓迷香洞杳。便一刻千金价，难买这春宵。②

魏轻烟几乎未经思考便接受谈麈。面对落魄的谈麈，魏轻烟青眼相待，将自我定位摆放得很低：

（生）小娘子，小生是落魄少年，毫无寸长，不知小娘子何所见

---

① 郭英德：《论元明清小说戏曲中的雷同人物形象》，《明清小说研究》1997年第4期。
② 《赠书记》，载毛晋编，黄竹三、冯俊杰主编《六十种曲评注》（第17册），吉林人民出版社2001年版，第32页。

而垂情若此？（贴）郎君，奴家阅人多矣。似你这般相貌，胸中才藻，不问可知。眼下虽则如此，后来必有发达之日。奴家在尘埃中识别郎君，郎君日后不可忘记了我。①

在《霞笺记》中，李玉郎与妓女张丽容隔墙传递霞笺对诗，互生情愫。李玉郎探访张丽容，将买书所余银两作为嫖资交于鸨母，以求与丽容相会。二人相见，李玉郎立刻表示"你何用怨雨愁云，我做公家软玉屏"，愿作为丽容的保护人以谐鸾凤。丽容因出身烟花而自感卑贱，李玉郎再次向其示爱：

（生）二笺相会，你我皆出无心；诗句相投，天缘似乎有意。要结三生之契，永图百岁之姻。……岂不闻男女之际，大欲存焉。两心相得，虽父母之命，不可止也。②

张丽容万分感动，接受了李玉郎的求欢：

【玉交枝】（旦）两情欢处，喜连宵朝欢暮娱。……（望介）咳！三秋一日信有诸，寸心千里宁无故。（净暗上，听介）翠娘，你且将双眉暂舒，对吾行道个万福。③

厌倦风尘的丽容以直白炽烈的情感表示想要挣脱烟花樊笼的愿望，

---

① 《赠书记》，载毛晋编，黄竹三、冯俊杰主编《六十种曲评注》（第17册），吉林人民出版社2001年版，第31页。
② 《霞笺记》，载毛晋编，黄竹三、冯俊杰主编《六十种曲评注》（第17册），吉林人民出版社2001年版，第299页。
③ 《霞笺记》，载毛晋编，黄竹三、冯俊杰主编《六十种曲评注》（第17册），吉林人民出版社2001年版，第301页。

她不顾鸨母打骂、姐妹劝说，除了与李玉郎相亲外，拒绝一切异性的接触。一方面是因为李玉郎真挚的誓言，另一方面则因为在联诗和韵的过程中二人已结为知音，丽容预见其仕途可期——李玉郎的作品"词新调逸，句秀才华"，其人"非登金马苑，必步凤凰池，宁与寻常俗子伍哉！"① 这契合了她对新生与爱情的双重期许。

在此类晚明传奇中，妓女身份的主要女性人物多身在欢场，一心从良，在鸨母苛责与权贵利诱间坚守本心，独对落魄才子敞开心扉。这些女性形象不仅青春貌美，且精于琴棋书画，能与寒士以诗论交，以知音的身份满足生活尚不如意的男主角一直追寻的精神共鸣，并在共鸣中确认其非凡的潜质。这些女性人物身份的特殊性使之不同于其他女性，她们的生活中存在着诸多不同身份男性，因此具备能够比对不同男性的条件。她们通过其特殊身份对男主角的才学进行确认，在众多男性中对男主角的另眼相看，足可显出男主角的与众不同。当才子以诗才叩开佳人芳心时，也意味着在功名未就的微贱时刻，文学素养转化为最具说服力的魅力资本，俨然成为男主角超越现实困境的价值凭证，能够以此抵抗科举体系对个体价值的否定。这样的设定寄托着、更迎合了晚明士人于仕途险恶、科举艰难、物欲横流中对自身才华的自赏、对个人欲望的期慕、对知音伯乐的渴求。

男主人公的求欢是对其个人情感欲望的标举。一方面，这种才子与佳人由情侣到夫妻的发展模式多以相互爱慕、钟情为基础——这种"情"包含了男女主角之间的爱情，亦包括了被理解与欣赏的知音之情。另一方面，他们的示爱行为打破了传统道德和伦理的束缚，追求自然欲望带来的愉悦，以求欢与相欢的情节构建富有活力的戏剧情境，建构着时代特有的戏剧范式。对社会环境的不满态度改变了晚明士人的集体心态。

---

① 《霞笺记》，载毛晋编，黄竹三、冯俊杰主编《六十种曲评注》（第17册），吉林人民出版社2001年版，第274页。

晚明传奇剧作家借助情欲书写纾解现实困顿，将男主人公于微时生成与收获的情感当作心灵的慰藉，也当作了用以对抗坎坷境遇的武器。因而男主角的示爱可作为分析其心态的精神摹本。

小　结

晚明的社会巨变改变了士人在社会中所处的位置，原本处于社会上层、掌握着话语权的士人群体开始经历前所未有的身份塌陷。他们在节节后退的社会地位和步步逼近的生存压力中重构文化心理。一方面，不少士人放弃了兼济天下的责任，远离庙堂，转而享受世俗的欲望快感；另一方面，在物质压力与身份焦虑的双重负面情绪下，他们需要在宣泄负面情绪的同时寻找精神寄托。

当男主人公向心仪的女性角色示爱时，女性人物拥有相对自由的选择权和相对自主的回应权。这显示出她们既受到传统礼教影响，又试图突破束缚与规范的一面。她们在矜持与逾矩间的摇摆，逐渐开始闪耀出主体意识萌发的火花。同时，作为这些女性人物的创造者，仿习女性心理的男性剧作家在尝试突破与惯性创作的拉扯中表现出教化与娱情并存、理智与情感交融的价值取向。

晚明传奇中秀外慧中的女性人物与男主人公建立起相互肯定的正面关系。她们突破门第偏见或身份桎梏，在男主人公寒微之时慧眼识珠，大部分女性人物在尚未确立合法关系前愿意对男主角的求欢给予正面回应，大家闺秀不顾门第之别，青楼女子为爱守身如玉。这种兼具男女之情与知音之情的情感给男主人公以极大的心理慰藉，此类理想化书写补偿了现实中士人阶层身份变化的挫折与困顿。同时，女性角色才貌双全却困守深闺的境遇，恰与文人怀才不遇的生存状态形成同频共振，承载着剧作家的情感外化与心理投射。

客观上，晚明士人在仕与隐之间寻求到的适世态度及其放纵恣肆、重视个人需求满足的价值观念为晚明传奇的创作带来新的审美风格与创作倾向。晚明传奇中男主人公的示爱是其直白情感与真实欲望的展现——爱慕之则求之，许之则合欢之。传统道德伦理与礼制难以束缚他们自我的舒展，同时在某种程度上也是对其社会压力的缓解与释放。剧作家在"发乎情"的自然诉求与"止乎礼"的道德伦理中寻找微妙平衡，理与情的辩证交融，终成为他们锚定文化身份的坐标。

第三节　文鸳配秃鹙：谈情说爱的功能性与功利性

在晚明传奇中，才子与佳人和配角人物的互动呈现出特殊叙事逻辑，其人物和情节设定往往脱离真实情感需求。配角人物的"谈情说爱"更具功能性和功利性，甚至被塑造为"色诱"与"威逼"。这些作品将女性配角人物工具化，通过模式化的主动示爱情节，对男性主人公进行试炼考验。向女主人公求爱的男性配角人物多被塑造成反面形象，简化为脸谱化的道德缺陷者。此类作品折射出士人创作群体根深蒂固的性别权力与特殊社会状况下的巨大压力。

一、女配角的诱惑："修心"的试炼与工具化考验

（一）佛道题材中的试炼

在晚明传奇中，有一类女性人物被迫或被安排"主动"向男性示好的作品，意在以女性的引诱来考验男性能否克制自身欲望。此类情节在

佛道题材作品中尤为常见。在《昙花记》中，定兴王木清泰被罗汉尊者宾头卢与蓬莱仙客山玄卿点化，随二人前去修道。途中借住于汾阳王郭子仪家，园中花神奉西方祖师命令，假扮侍妾红绡，夜间试探木清泰。

【金谷园】（神）朱门闭叹终无下稍，青鬓老问几时还少。征歌舞何年是了，因此我这红绡，待学红拂访英豪。

【伊令】（神）知君当日原是济时豪，女萝袅袅愿得附松乔。况值此清漏正沉朱门俏，锦衾罗荐，问明日天涯远道。燕约莺期，百岁鹣鹣在此宵。

【玉交枝】（神）于飞堪效，雨云期休辞暮朝。念奴亦是连城宝，一宵儿千金怎消。已来河畔鹊填桥，空归洞口花相笑。谐凤侣寒更正寥，怕鸡叫房栊清晓。

【江儿水】（神）玉镜人归峤，秦楼女嫁萧。仙家种玉蓝田好，金屏牵线红丝巧，桃花引入天台妙。劝你不须推调，成就一夕云翘，须仗五百年前月老。[①]

花神自比为夜奔的红拂、私奔的文君，希望能在众人熟睡的深夜里托身于木清泰，同他"雨云期""鹣鹣在此宵""于飞堪效""成就一夕云翘"。她连唱数曲，步步引诱，木清泰道心坚定，一味拒绝无果后，威胁红绡若不离去"吾当取壁间宝剑斩汝"[②]。因而花神的此次试探得出了结果：

（神）元来木公道念清洁如此，可敬！可敬！不免回覆祖师去罢。海水可竭，泰山可倾。彼道人者，秉志坚贞。[③]

---

① 屠隆：《昙花记》上卷，载《古本戏曲丛刊初集》，长乐郑氏藏明天绘楼刊本，第61、62页。
② 屠隆：《昙花记》上卷，载《古本戏曲丛刊初集》，长乐郑氏藏明天绘楼刊本，第62页。
③ 屠隆：《昙花记》上卷，载《古本戏曲丛刊初集》，长乐郑氏藏明天绘楼刊本，第62页。

再如《修文记》中，蒙曜与妻、女湘灵、子玉枢与玉璇一家人修行入道。长子玉枢被妙界大师收为弟子。慧虚子担心玉枢因年少而"色障未除""怒火未息"，因而遣一个花女鬼及浪荡男魂，"先以女色勾牵，后用羞辱激恼"。①

【前腔】（小旦）恨前生不肯修，堕落烟花做了粉头。遍体薰香还有些臭，头发焦黄用尽油。假温柔，鱼儿吞了钩，泪珠儿常傍枕边儿流。……

【前腔】（小旦）……露水夫妻不久长，虔婆用尽了金蟾计，赚儿郎脱下衣裳，赚儿郎脱下衣裳。

……

（小末）二位何来？（丑）这女子是舍亲，生前未嫁而亡，凡情未断，知郎君阴府独居，无人伴侣，小子特为舍亲作伐，愿奉郎君箕帚。……郎君虽入灵修之路，岂无好逑之情？况此女倾国芳姿，深闺处女，佳人难得。……（小旦）男子谁不求婚，况妾身今来自献，同雁使不比鹑奔。②

面对女鬼的勾引和男魂的劝说，玉枢俨不为所动，先是一再拒绝，后"打坐不顾介"③，顺利地通过了慧虚子的考验，证明了自己的修行之心。此类关目在晚明传奇中有诸多例子，主人公或通过考验，或前功尽弃。刘还初《李丹记》中，王恭伯于终南山白鹿洞学道，夜间奉命看守丹炉，有花月之妖奉梁真人法旨"扮作嫦娥模样"④引诱他离开丹炉，致

---

① 屠隆：《修文记》下卷，载《古本戏曲丛刊初集》，明刊本，第30—31页。
② 屠隆：《修文记》下卷，载《古本戏曲丛刊初集》，明刊本，第32—33页。
③ 屠隆：《修文记》下卷，载《古本戏曲丛刊初集》，明刊本，第34页。
④ 刘还初：《李丹记》上卷，载《古本戏曲丛刊五集》，上海图书馆藏明刊本，第28页。

使丹毁。蒙春园主人所撰《立命说》中，袁黄于栖霞山忏悔罪过，祈求登科生子，山神派酒色财气四神试探，其中色神变作少女相诱，袁黄坚拒之。陈一球《蝴蝶梦》中，玉真玉女奉太上老君之命，化身迷失女子引诱庄周，庄周于山房修炼，对其置之不理。苏元俊《梦境记》中，汉钟离奉命度脱吕岩，安排他与太阴女相遇相爱，后经历了夫妻爱恨别离，仕途坎坷浮沉，方知是大梦一场，由此悟道。

  此类题材在晚明戏曲中的流行与社会背景有密切的关系。晚明政局之混乱、吏治之黑暗、科举之路的壅塞导致了晚明士人群体的心态巨变，一大批士人逃禅入道寻求心灵慰藉。正如上述诸例所展示的一样，试炼考验是修道者由凡俗入道的必经之路。在早期佛道典籍中，可见诸多苦行考验[1]，但事实上，太过极端痛苦的试炼并不利于释道在上层社会（晚明士人的加入扩大了这一概念的范围）的传播，因而"肉体和精神的双重考验逐渐转化为心理上的自我调整……那种以精神和肉体的自我惩戒为考验信仰的技术和方法，被高傲的贵族和理性的文人视为野蛮"[2]。同时，晚明文人逃禅入道、援释道入儒的过程，也是释道"入世"的过程。释道吸纳着儒学中传统伦理道德方面的思想，平衡本教脱凡思想与社会世俗，将世俗心理引入了试炼与实践中。在"三教合一"的倾向下，佛教之中禅、净二宗最为盛行，且具有合流趋势。禅宗自然顿悟、见性成佛，净土宗凭借念佛，可往净土。两者都是于平常事间顺其自然又超脱于自然，具有"易行教、重践履、轻教义"的特征。[3] 道教则有教内各派趋同，教外与佛儒合流的趋势，其思想"已不局限于传统的符箓斋醮"，

---

[1] 参见杨联陞《道教之自搏与佛教之自扑》，载《东汉的豪族》，商务印书馆2011年版，第290—300页。

[2] 葛兆光：《屈服史及其他：六朝隋唐道教的思想史研究》，生活·读书·新知三联书店2003年版，第233—234页。

[3] 参见周群《儒释道与晚明文学思潮》，上海书店出版社2000年版，第15—16页。

而是以"性命双修之学"为主，即重视身心的双重修习。① 释道将"修心"作为修行的重要内容，而如何对待现实世界的喜怒哀惧爱恶欲则是"修心"的重点。其中，"色欲"被看作人性弱点，被予以关注和凸显，色欲考验在晚明佛道题材的传奇中成为试炼情节内极为重要的一环——能克制自身欲望者方能得道升仙。

从叙事角度来看，将试炼考验隐藏于情欲描写背后，女性求欢的书写便有了另一重叙事动力。剧中女性人物可以大胆地抛弃伦理道德的约束，她们越是直白地自荐枕席，被考验者的拒绝便显得越是坚定，其道心便越是坚贞。同时，作为试探者的女性角色虽充满了性别魅力，但其行为并非出于真实的情感或欲望冲动，而是被安排的、被动的欲望表演。她们的身体更接近预先设定好的符号，并无自我意识与主观能动性，仅被作为试炼男主角的工具出现在剧中。这里有一个不能回避的问题，即这种利用女性作为工具的试探，归根结底是以男性心理弱点与情欲体验为中心的。他们一方面将女性的身体视为阻碍其进步的障碍；另一方面，将富有魅力的女性作为其意淫对象，客观显示出男性真实的欲望。

晚明社会文化生态的嬗变为文学艺术创作提供了新的土壤。随着印刷出版业的空前繁荣与文化普及率的提升，庶民阶层逐渐产生了物质需求之外的文化需求与审美要求。这种时代背景下，植根于中国传统文化的佛道经典中对色欲考验的生动表达为文艺创作提供了丰富的母题资源，影响了其后的文艺创作。在佛道典籍中，有关"色"的考验不乏其例。古印度马鸣所撰写的佛教长篇叙事诗《佛所行赞》中《离欲品》描述了佛陀接受试炼的过程，其中有关色欲考验的记载在同时期中国文学的叙事诗中鲜见："太子（青年佛陀）入园林，众女来奉迎。并生希遇想，竞媚进幽诚。各尽妖姿态，供侍随所宜，或有执手足，或遍摩其身。或复

---

① 参见牟钟鉴、张践《中国宗教通史》（下），社会科学文献出版社2000年版，第807页。

对言笑，或现忧戚容，规以悦太子，令生爱乐心。"①再如道教经典《玄天上帝启圣录》中记载"玄帝归岩修炼之时，尝有九美人，相貌端严，仪矩殊异，往来帝所，惑试帝心"②。《曲海总目提要》卷八著录《梦境记》时题云："其事本《列仙传》及《吕纯阳集》，而造饰事迹，以见历尽酒色财气关头，乃证仙果。"在中国戏曲艺术成熟之前，在寺庙中进行的俗讲，以及由此转变而来的变文等广受欢迎，当包含丰富戏剧性的佛道故事被写入戏曲、移植上舞台时，不仅延续了佛道文学的叙事传统，也体现了新兴的审美趣味。

（二）相近题材的考验

晚明传奇中有一类相近题材的剧作可以更为直观地印证上述论点。如《想当然》中《假试》一出，男主人公刘一春借住父执金维贤家中，与同时借住的孙碧莲小姐互生情愫，私订终身。同窗耿生因嫉妒向金公毁谤刘一春。金公派歌姬许文仙假扮青衣侍女，夜至书房试探刘生。

> （贴）妾身金家侍女，颇习女工。近日教道碧莲小姐，小姐甚见怜爱。日间悄悄闲话，说起刘相公好处，教奴不觉心动。因此背了主人，暗地来此。
>
> 【嘉庆子】瞥秋波一样知人好，个中一样蜜如醪。怀揣着难摆芳心，怀揣着难摆芳心，断送沉吟夜与朝。待与你破牢骚，好消停过这宵。
>
> ……

---

① 朱志瑜、张旭、黄立波编：《中国传统译论文献汇编 6 卷本 卷 3 1924—1929》，商务印书馆 2020 年版，第 1911 页。
② 《玄天上帝启圣录》卷一，载《道藏》第 19 册，文物出版社、上海书店、天津古籍出版社 1988 年，第 573 页。

【品令】(贴)此似你愁予眇眇,盼煞那巫峤,旁立着婉娈娇痴,旁立着婉娈娇痴,生摘却同声弦调,这等时节阖门都已睡熟,家主那里得知?正铜镮叩了,犬儿未嚎,又没个妒花蜂蝶,怕泄漏风声,这段春光锁得牢。①

面对许文仙的主动求欢,刘一春一再拒绝,并坚称与碧莲小姐素不相识,令在书房外暗听的金公十分满意。但殊不知,刘生的坚定表现是因文仙已提前向他透露消息。金公离开后,刘一春立刻转变态度:"文仙怎生这般爱我,我何以相报?……你今宵权宿在此,不要去罢。"②在剧作家笔下,刘生假意拒绝女色,实则左右逢源的行为似乎并无不妥,也未产生任何负面影响——告状的耿生被逐出金府,刘生一路顺遂,先赴京应试,考中进士,后与碧莲成就姻缘。试验者许文仙则成为一个招之则来,挥之则去的工具性人物。茧室主人在《成书杂记》中评论此剧"取事未尝不奇,而回峰过峡,引水归源,恣意横皱,欢肠袍舌。更妙在嵌空着步,缠绵幽曲,必欲节节尽情"③。在评论家眼中,此剧情节曲折,情感缠绵,虚假试探的情节并未影响到评者对男性人物的观感。

在《望云记》中,李显被武皇贬至房州,武三思试图加害他。花月之妖素娥奉上帝之命,扮作驿中商妇,"戏弄三思,耗他精神,灰他心志,使彼不能成其大事"④。素娥挑逗引诱,使武三思纳她为妾,极为宠爱。暗中保护李显的狄仁杰上门试探,武三思要求素娥拜见狄公,素娥

---

① 王光鲁:《谭友夏批点想当然传奇》上册,载《古本戏曲丛刊初集》,北京图书馆藏明刊本,第56—57页。
② 王光鲁:《谭友夏批点想当然传奇》上册,载《古本戏曲丛刊初集》,北京图书馆藏明刊本,第59页。
③ 茧室主人:《成书杂记》,《谭友夏批点想当然传奇》"卷首",载《古本戏曲丛刊初集》,北京图书馆藏明刊本。
④ 金怀玉:《狄梁公返周望云忠孝记》卷下,载《古本戏曲丛刊二集》,北京图书馆藏明文林阁刊本,第17页。

撒娇撒泼只是不见。素娥的进一步试探使得狄仁杰获得有效信息，"既不能行于妻妾，何以成其大事耶"①，遂放心。大丢面子的武三思竟欲杀妾换取好声名，素娥将他嘲讽一番，然后逾墙而去。在《帝在房州》《妖不胜德》两出中，剧作家细致地描写了素娥活泼可爱又妩媚的情致，充分现了她对男性的吸引力。武三思一方面享受着这种魅力，另一方面一旦因此遇到挫折，便会将责任推卸给对方。尽管素娥因花月之妖的超人身份未受到实质性的伤害，但这并不能掩盖她被物化与利用的事实。

（三）补论：男性的引诱试探

需要补充的是，晚明传奇中亦有男性引诱试探女性的情节。从数量上看，此类传奇数量较少，《香山记》《升仙记》《蝴蝶梦》可算作其中的典型。在《香山记》中，佛化作书生试探一心修行的妙善公主，如若她"毕然真心出家，日后定有好处"②。《升仙记》是对《西厢记》的续作，剧中红娘一心修行脱凡，拒绝了张生、琴童、法聪的示爱。琴童、法聪欲强抢之。《试真》一出中，普救寺护法神变作新科状元试探红娘，红娘置之不理，护法神知其道心坚固，布下天罗地网对红娘加以保护。在谢国与陈一球同名剧作《蝴蝶梦》中都有庄周诈死变成美男子诱惑其妻的情节。

从其试探角度来看，与女性以"色"考验男性的情节相比，此类作品中男性人物对女性的试探多以美满婚姻为筹码。佛化身的书生"才貌过人"，愿与妙善"天付良缘匹配做夫妻，同谐到老，永和百岁"③，普救

---

① 金怀玉：《狄梁公返周望云忠孝记》卷下，载《古本戏曲丛刊二集》，北京图书馆藏明文林阁刊本，第20页。
② 罗懋登：《观世音修行香山记》下卷，载《古本戏曲丛刊二集》，北京图书馆藏明富春堂刊本，第5页。
③ 罗懋登：《观世音修行香山记》下卷，载《古本戏曲丛刊二集》，北京图书馆藏明富春堂刊本，第4页。

寺护法神变作一美男子，自称为"新科状元""黄榜首登"，口称要"娶他（红娘）为正室"①，显然强调的都是安稳和美的婚姻。《蝴蝶梦》中，庄周的试探也在于提出成婚的可能，两剧中的庄妻分别央丫鬟和苍头作伐，意在改嫁而并非单纯的情欲享受。在剧作家的笔下，对女性更具吸引力的不是肉体的一时愉悦，而是男性的才华、地位及能使女性在婚姻中有所保障的正室身份。

此外，男女对异性试探的不同之处还在于，女性的主动相诱并非出自本心自愿，多听从于更高阶层的命令。与之相反，男性诱惑女性的行为多由自身决定，其本身即处在高于被试探者的地位，也因如此，在晚明传奇中呈现出了完全不同的情节关目，作为试探者的男性与诱惑男性的女性试探者不同，并未陷入被工具化的命运。

二、男配角的示爱："他者"的去魅与士人焦虑的宣泄

与颇受女性角色青睐的男主角相比，晚明传奇中还有一类与前者形成鲜明对比的男性配角形象。这类角色往往以权势压迫或暴力手段接近女性角色，其越界行为必定会遭到拒绝甚至激烈的反抗。其形象一般带有反面色彩，其身份或为市井商贾，或属权贵阶层，虽身份悬殊但承担着共同的叙事任务，具备影响男女主人公事业与爱情的能力，往往作为阻碍男主角仕途的绊脚石，考验女主角贞洁的试金石出现在作品中。

（一）非士人群体的示爱

在《桃符记》中，书生刘天仪游学汴京，居住于黄公店，写桃符售卖以充旅资。小家碧玉裴青鸾与家人逃荒至汴京投友，与其母失散，夜

---

① 黄粹吾：《玉茗堂批评新著续西厢升仙记》下卷，载《古本戏曲丛刊初集》影印明崇祯间来仪山房刻本，第4页。

深行至黄公店求宿。恰好刘天仪访友不归，店小二便收留裴青鸾住在刘天仪的房间。在此过程中，店小二被裴青鸾的美色吸引。

（小二白）酒不醉人人自醉，色不迷人人自迷。只因投宿的小娘子生得十分标致，想了半夜，再也睡不着。……
【香柳娘】（小二唱）小娘子，店中人睡熟，料无窥听。和伊做夫妻且自图欢庆。（小旦唱）这无知妄人。我节重一身轻，魂摇一灯影。（小二唱）你为人薄情。（白）且住，自古道妇人多水性，我带得斧子在此，不免唬他一唬。你从不从？（小旦白）我不从待怎么？（小二唱）看腰间短兵还不从顺？（小旦唬倒介）①

店小二逾矩胁迫使裴青鸾受惊猝死，仓皇间将刘生所写的桃符插在裴青鸾鬓边镇魂，然后将其埋在后院。待刘生归返，青鸾幽魂幻化为邻家女与刘生诗文唱和，恰使刘生背上了重大嫌疑。裴母寻女报官，种种证据皆指向刘生，致其蒙冤被判死罪。店小二的恶行使刘生背上了杀人罪名，一桩因见色起意、胁迫未遂的恶劣案件使一位妙龄少女失去了宝贵的生命，使一个无辜的文人受到了莫大的冤屈。

再如《青衫记》中，山盟海誓的白居易与裴兴奴因白居易被贬与河朔兵乱而失散，鸨母以千两价格将兴奴卖与茶商为妾。茶商四处行商，居无定所，裴兴奴跟随茶商漂泊，商人行踪无定的生计与妾室身份的枷锁，斩断了她与白居易重续良缘的可能。在与茶商相处的过程中，兴奴不断拒绝其求爱，甚至不得不以死相胁。

【步步娇】（旦上）恹恹鬼病难消遣，挨不了相思限。（内撞钟

---

① 沈璟：《桃符记》，载《古本戏曲丛刊初集》，鄞县马氏藏抄本，第29—31页。

介)呀!又早钟声到客船,长夜无眠,业债前生欠。(净醉上)我乘醉欲追欢,只恐阳台咫尺如天堑。此间已是我的船了,不免跳上去。呀!兴奴姐,你还不曾睡,想是等我么?(旦)不识羞,那个来等你?(净)兴娘,你在我船上,将及两月,从不曾与我同睡。今夜酒兴发作,一定要好一好了。(旦)不知那里吃醉了,烂酒臭,闪开些。(净)我的娘,没奈何,既在我家里,难道罢了不成,一定要好一好。(旦推介)

【玉交枝】你休缠休恋,强将来原非凤缘。孤鸳野鸯难为伴,空教人背地熬煎。你终朝沉醉口流涎,蛮声獠气村郎面。(作苦介)这羁愁似离琴断弦,这牢笼似失林槛猿。

【川拨棹】(净)你空嗟怨,絮叨叨还将口钳,费黄金只为红颜,费黄金只为红颜。欲相亲翻来见嫌,你再推辞看我拳,再推辞把鬓扌耷。①

裴兴奴对茶商的拒绝与她曾和白居易相爱相处时的态度有着极大的差别。裴、白相见时,裴兴奴扯住白居易,"我醉了,要你住在此陪我",令人感叹"怕今夜风情瘦沈腰"。②

店小二、茶商等男性人物的形象并非孤例,此类人物与文雅的男主角对比鲜明,具有明显的非士人的特征。男性主人公与女性人物诗词唱和,互为知音,其求爱的诉求往往带有诗词风月的修饰。而上文列举的男性角色言语行为粗鄙,往往言辞直露,动作逾矩,其展露的欲望毫无克制与理性,亦不以两情相悦的情感为基础,在遭到拒绝时,惯用暴力手段相胁,将斧凿棍棒化作征服工具。这样的设定正显示了剧作家将士

---

① 顾大典:《青衫记》下卷,载《古本戏曲丛刊二集》,长乐郑氏藏汲古阁刊本,第24—25页。
② 顾大典:《青衫记》上卷,载《古本戏曲丛刊二集》,长乐郑氏藏汲古阁刊本,第16页。

人之外的其他阶层视作"他者"的心态。剧作家将非士人群体视作未经诗书熏陶的庸者、缺少情感温度的小人、反衬书生风雅的叙事工具，以此强化士人群体的文化身份壁垒。

一方面，否定同为男性的其他阶层群体，将才貌双全的女性角色视为知音。晚明剧作家在特殊背景下经历的政治黑暗、进阶艰难、怀才不遇的遭遇使得他们与受到性别限制而得不到人格与才华舒展的女性产生共鸣。受困于性别桎梏的才女与怀才不遇的书生在晚明传奇中以爱情的方式结为同盟。正如《桃符记》中裴青鸾因店小二的强迫甘愿一死，其魂魄却愿意与穷书生刘天仪唱和。《青衫记》中，浮梁茶客可为裴兴奴一掷千金，但兴奴却认为自己"与白相公原有旧约，况且刘员外是个为客的人，贩夫俗子，教我怎生伴着他！我就死也断不嫁他的"[①]。充满魅力的女性人物绝不会委身非士人群体，这也正是剧作家在人物角色身上的情感投射。

另一方面，这些女性角色才貌出众、秀外慧中，却如焚琴煮鹤般受到男配角的染指，甚至因此影响到男主角与女主角的命运。此类情节设计暗含着深层的文化危机意识。晚明商业经济的发达使得各个阶层的群体都有展现自己价值的机会，追求物质利益的世风更使得金钱有了主宰社会的倾向。大量社会资源被非士人阶级占有，士人进阶难上加难，对于权力的把控、金钱的获得甚至情欲的满足都失去了原有的优越性，传统"士农工商"以士为首的阶层秩序正遭遇瓦解。因而晚明传奇中女性形象被非士人群体迫害、占有的情节正体现了文人剧作家处在阶层滑坠中的深切焦虑与忧惧。

---

① 顾大典：《青衫记》下卷，载《古本戏曲丛刊二集》，长乐郑氏藏汲古阁刊本，第12页。

（二）达官显贵的示爱

晚明士人的复杂情绪进一步体现在权贵角色的塑造上。相较于市井之徒的直白粗蛮，此类角色能够将权力转化为情欲征服的利器，轻易颠覆男女主人公的命运。譬如，在《金莲记》中，琴操在妙觉庵修行，苏轼的政敌章惇巧遇琴操，被其美貌吸引，毫不顾虑其铅华洗净、缁衣芒鞋的形象，以权欲诱惑其"再入侯家，永图富贵"。

【泣颜回】古寺遇神仙，使吾侪意惹情牵。你桃花歌扇忍轻抛，虚度流年，荒凉悟禅。论豪家金谷人争羡。莫空辜落雁娇容，再完成驾鹊良缘。

（琴）你傅粉盈房，岂无殊色？我洗妆入道，不变初心。况当漏尽钟鸣，祸临眉睫，尚自风嘲月弄，浪想姿容。正是罔觉灾祥，不知进退者也。

【前腔】云堂独守洗华铅，使君有妇莫问浮鸳。红栖翠减柘枝枯，甘自逃禅，凄其度年，肯临风又起裹王恋。料灾危晓漏晨钟，漫追欢暮管朝弦。（琴）好将云补衲，去访月临禅。（下）[①]

琴操钟情于苏轼，果断拒绝了章惇。这令章惇恼羞成怒，认为是"子瞻唆他来嘲我的"，故而心生一计，"只说子瞻遨游山水，放浪壶觞，全无悔罪之心，反有玩世之意，量移儋耳，益罹烟岚"[②]，使得本已被贬广州的苏轼又再次被贬谪至海南。

《归元镜》中，税司王冲元与其妹在西湖放生鱼虾，恰遇衙内刘豹。刘豹见王妹貌美，强行闯到王冲元船上。

---

① 陈汝元：《金莲记》卷下，载《古本戏曲丛刊二集》，长乐郑氏藏汲古阁刊本，第20页。
② 陈汝元：《金莲记》卷下，载《古本戏曲丛刊二集》，长乐郑氏藏汲古阁刊本，第20页。

【二犯桂枝香】看你丰姿姣俊，念我无聊纳闷，柳堤旁忽见芳容，顿使我神魂不定。小姐你须听行，权与你效秦晋。乍相逢天定婚。愿垂姣慭，敢忘大恩。裴航奇遇今朝效颦，百年琴瑟今朝定，这段姻缘天作成。①

王妹面对"忽然的遇着强人"表现出的"人面兽心、胡言乱语"的行径，只想"跳入波中遁"②，船家为了保护小姐，怒打刘豹。刘豹调戏不成，反遭殴打，恼羞成怒，向其年伯临安府尹进言王冲元私用官钱，导致王冲元被判决斩首。再如《投桃记》中，国舅谢端丧偶之后，内宠虽多却无可心者。直到在上天竺寺见到"脸生春妒杀夭桃""轻盈柳腰"的黄舜华，顿时"一见便魂消"。③他向黄舜华调情求欢，黄舜华躲避拒绝。谢国舅干脆在上朝时拦住舜华之父黄侍郎，强行求娶。舜华只能以死相逼抗婚。《惊鸿记》中，唐明皇于花萼楼宴请诸王，梅妃做惊鸿舞，惊艳全场，汉王为其"一寸金莲"所"尽勾销魂"。当梅妃受命分橙于诸王时，汉王趁机在桌下"将脚踏旦脚作戏科"④，调戏亵慢梅妃，使其大怒退席。翌日酒醒，汉王担心梅妃向明皇告状，故而召集心腹，定计两条：一送杨玉环入宫分宠，二构陷梅妃与太子私通。梅妃的命运因此而发生巨大改变。

此类男性人物的身份地位高于士人阶层，其行径较之市井之徒更具隐蔽的破坏性。他们一旦求欢被拒，便恼羞成怒，或是迁怒男主角，或是迫害女主角，将手中拥有的权力当作私人的武器，以权谋取欲望的满足或报复欲望的不满足。《金莲记》中，章惇的同谋舒亶剖析官场"功名

---

① 智达：《增广归元镜》卷二，载《古本戏曲丛刊五集》，绥中吴氏藏清乾隆抄本，第7页。
② 智达：《增广归元镜》卷二，载《古本戏曲丛刊五集》，绥中吴氏藏清乾隆抄本，第7页。
③ 汪廷讷：《环翠堂乐府投桃记》下卷，载《古本戏曲丛刊二集》，北京图书馆藏明刊本，第5、6页。
④ 吴世美：《惊鸿记》上卷，载《古本戏曲丛刊二集》，北京大学图书馆藏明世德堂刊本，第13、14页。

《惊鸿记·花萼惊鸿》,明世德堂刊本

之会，最用附膻。势利之场，犹如骑虎。要官做的，依违豪焰，在所不辞，倾轧善良，又谁能免？"他自述迫害苏轼的原因是嫉妒："谁教他六桥风雨绛桃鲜，两行笙鼓红妆艳？"① 足见其狭隘心态。其求欢行为本质是权力体系对个体命运的碾轧。女主角的抗争在其碾轧下显得脆弱无力，男主角的诗书才学在其弄权中失去价值。剧作家赋予这类角色巨大的权力是对现实中的不公遭遇的呈现。科场功名未必能冲破门第壁垒，才子佳人的浪漫终需向现实低头。这种书写既宣泄着对官场腐败的愤懑，又暗含对自身文化资本贬值的恐惧。

为了突出这些男配角的贪花好色与不学无术，晚明剧作家为其安排了带有情欲色彩的科诨。在《玉环记》中，男主人公韦皋受到岳父身边的富童儿陷害，被赶出家门，只留妻子张琼英守贞在家。王提领趁机求娶张琼英，在他上门提亲前有一段自我介绍："我是个风流提领，惯耍游山玩景，只因没了夫人，怎挨得冬天脚冷。夜来叫屈连天，恨不得临渴掘井。使了千钱万钱，不得亲事完整。"② 这段自我介绍既生动表现出其胸无点墨，又夸张地显示了他的急色之心。再如《蕉帕记》中，阻碍龙骧与弱妹感情的男配角胡连，也有一段类似的自我介绍："父亲官拜招讨，辕门现握兵权。一个风流公子，空房夜夜孤眠。克得军粮几贯，只好准作嫖钱。昨夜吴山顶上，宿了张家阿莲。谁想今朝失晓，起来红日中天。不见书房同伴，两脚找得皮穿。"③ 又如《龙膏记》中，宰相元载获罪抄家，驸马郭暧偶遇元女湘英后见色起意：

---

① 陈汝元：《金莲记》上卷，载《古本戏曲丛刊二集》，长乐郑氏藏汲古阁刊本，第50页。
② 杨柔胜：《玉环记》，载毛晋编，黄竹三、冯俊杰主编《六十种曲评注》（第13册），吉林人民出版社2001年版，第463页。
③ 单本：《五闹蕉帕记》卷上，载《古本戏曲丛刊二集》，北京图书馆藏明文林阁刊本，第2页。

（净带小生杂众上）

【字字双】终朝快乐恣遨游,（众）福厚。（净）房中少个俏风流,（众）将就。（净）今朝忽起不良谋,（众）不如守旧。公主知道吃拳头,（净）惯受。①

元湘英家逢巨难,但她持节不改,叱骂郭暧"人无礼类马牛,莫道文鸳肯配秃鹫"。一方面显示出了元湘英"要强续鸾胶把鱼肠刺喉"②的坚贞刚烈,并与其对待男主人公张无颇时"待徘徊欲尽欢"的态度形成戏剧性反差;另一方面则将郭暧的丑态百出与张无颇"才冠群贤"的特征进行对比。在人物塑造方面,强化烈女元湘英贞且烈的操守,张无颇才德兼备的品行,以及郭暧的滑稽卑劣。离开案头,从诉诸场上的角度来看,既有正反对峙的戏剧张力,亦为舞台表演注入诙谐元素,在插科打诨间满足观众惩恶扬善的观剧期待,将博人一笑的科诨设为"看戏之人参汤"③。

剧作家对待不同男性角色的态度倾向极为鲜明。事实上,部分男主角在向女性示爱时也使用了欺骗性质的手段。譬如《西湖记》中,秦一木趁夜潜入段小姐楼下,抓住段小姐瓜田李下不敢声张的心理向其求欢;再如《玉丸记》中,朱其假扮云小姐的婢女金星,尾随小姐登堂入室。他们的行为并不光彩。但即便如此,剧作家对于不同男性角色的褒贬倾向截然不同。首先,从其行为定义来看,男主角欺骗性的示爱求欢及其后与女性人物的私订终身虽然违反传统伦理,打破了婚姻礼制,但剧作家往往将其才情与真情升华为突破陈规的勇气。而男配角的逼迫、伤人、

---

① 杨珽:《龙膏记》下卷,载《古本戏曲丛刊二集》,长乐郑氏藏汲古阁刊本,第26页。
② 杨珽:《龙膏记》下卷,载《古本戏曲丛刊二集》,长乐郑氏藏汲古阁刊本,第27—28页。
③ 李渔:《闲情偶寄》,载中国戏曲研究院编《中国古典戏曲论著集成》(七),中国戏剧出版社1959年版,第61页。

迫害等行为则完全违背了人性，违背了基本道德甚至律法，为人所唾弃与诟病。其次，女性角色的情感抉择成为衡量男性行为的重要标尺。不论她们拒绝或接受男主人公，其内心深处早已情根深种，即便与之劳燕分飞，乃至音信不通，女主角也依然极力守贞。而面对男配角的调戏或胁迫，女主角宁愿付出生命的代价也要守身如玉。再次，从结局来看，男主角必然获得功名或洗清冤屈，男女主角即使经历被迫分离、恶人加害甚至阴阳相隔，最后还是会成眷属。男主角的才华与女主角的爱情都会获得最高统治者的认可与褒奖，打破婚俗的自由情感最终会被重新纳入正统伦理。而男配角会得到应有的惩罚，既满足观众朴素的正义期待，又借戏剧因果律慰藉现实世界的困顿。

晚明剧作家将男主人公宦海沉浮与情路波折交织，一则显示出其怀才不遇、难以晋身的客观性——既有非士人群体的资源抢占（甚至包括一些小人物的误打误撞），又有高官显贵的垄断迫害；二则展示对自身情感的重视，为了舒展天性，他们不惜对政治体系与社会分层的异变进行反抗，在社会意识形态的变化中确认个人价值。在晚明传奇中，男主人公当然会取得成功，他们在虚构世界里的终极逆袭是剧作家在现实之外寻找到的宣泄焦虑、表达诉求的出口。同时，这样的设定也显示出晚明士人价值观的撕裂与重构，他们既渴望维护传统伦理秩序和价值观念，保持士人地位并实现士大夫理想，同时又将情欲自主升华为突破礼教的生命力宣言，以此展示独特性与生命力，通过在戏剧世界中构建才子佳人的乌托邦来重建自我认同危机中的精神支点。

小　结

晚明传奇中非典型性的"谈情说爱"使才子佳人书写中带有了独特的角色配置模式，配角人物与男女主人公的互动也成为推动情节的叙事装置和抒情言志的特殊载体。

晚明传奇以男性士人为创作主体，因而可见剧作家自我安慰的心理及女性被工具化的情节。晚明士人生态的变化使得士人群体在功名失意中建构补偿性想象，女性角色的主动示爱被标尺化以证明男性的成功。在三教合一的背景下，佛道与世俗语境结合并在儒家土壤中生长，佛道题材戏曲作品中出现了大量由貌美多情的女性引诱试探修行者，以考验其能否克制自身欲望的情节。这既延续了佛道文学中欲望考验的传统与原型，又不可避免地沾染了通俗文学兴起后的新兴审美趣味。但此类非主动的"主动"示爱考验，使得女性配角人物成为工具性角色，其情感与欲望也因而被工具化。

晚明社会在白银货币化驱动的繁荣中呈现出了多维度的结构性变迁，四民异业同道的观念解构着传统等级秩序，商贾资本与庶民审美共同重塑着文化权力场域。在这样的背景之下，晚明传奇中部分具有非士人特征的群体被视为"他者"，其中包括了商人、平民等非士人以及高官、勋贵或外戚等被异化的社会高层。在社会权力、社会地位和社会意识形态三者的互相纠葛中，失去优越性与独特性的士人群体更为关注"他者"的存在——表现在晚明传奇中，我们可从男性人物示爱求欢场景中探寻到士人与非士人群体的巨大差异。非士人群体的男性配角人物以调戏甚至胁迫为主要手段，遭到拒绝后便以暴力手段或以权力迫害等形式对男女主角进行报复。这些"他者"形象与士人之间呈现出相互否定的关系，其情欲表达被简化为暴力征服，其社会优势沦落为道德缺陷，剧作家将新兴经济力量贬斥为士人文化的对立面，借戏剧冲突宣泄对现实社会的焦虑与反抗。

第五章 晚明传奇中的婚姻家庭与两性关系

晚明传奇包含了相当广泛的题材，涉及了官场、江湖、市井、家庭等不同背景，塑造了士人、平民、商人、妓女、奴仆、僧道等众多不同阶层的人物，涵盖了爱情、政治、宗教、历史等不同主题。这些在晚明突起的"记人事者"，"大率为离合悲欢及发迹变态之事，间杂因果报应，而不甚言灵怪，又缘描摹世态，见其炎凉"[①]，通过情节铺陈，展现人情冷暖的微妙差异，不同社会群体的生存状态，反映了晚明时期诸多世情，可被视作折射晚明社会生态的"世情书"。此类作品中婚恋家庭题材尤具社会意义，它记录着社会转型期家庭结构的嬗变轨迹，成为晚明传奇研究中不可忽视的题材类型。

明初传奇侧重伦理教化，在涉及婚姻家庭题材的作品中，宣扬、维护家庭伦理关系的"孝"与妻子面对考验时所表现出的"节"是其重要内容。及至晚明，传奇中有关婚姻家庭的内容转向"情"的展示，家庭叙事从礼教约束转向人性情感的多元维度。一方面，大量展现家庭成员之间的亲情，譬如《东郭记》中姜氏姐妹相依为命的姐妹之情，《龙膏记》中元载为女杀人的父女之情，《飞丸记》中陆氏姑妈甘愿替死的姑侄之情，《精忠记》中岳飞全家生死相随之情。另一方面，家庭中的"父母

---

① 鲁迅：《中国小说史略》，齐鲁书社1997年版，第143页。

之命、媒妁之言"往往是才子佳人剧中男女主人公追寻自主爱情的阻碍。但我们不可忽略的是，在家庭伦理温情和男女情感诉求之间，剧作家对婚姻制度内的两性关系展开大胆书写，区别于前代传奇中"私订终身"的浪漫想象，不同于传统才子佳人无媒而合的情节，这些作品聚焦于婚姻制度框架下的性权力分配，折射出社会转型期的夫妻伦理的消解与重构。本章将晚明传奇对夫妻敦伦、婢妾履职、妻妾相处等两性关系的书写作为研究重点，探究婚姻家庭与情感欲望之间的平衡与交锋。

第一节 重构夫妻伦理

在儒家伦理体系中，"夫妇"作为五伦关系的核心架构，与父子、君臣、兄弟、朋友并列为社会基本人伦关系。夫妇关系之于一个家庭乃至整个社会都有着重要意义，"经夫妇，成孝敬，厚人伦，美教化，移风俗"①，以小见大，化民成俗，夫妇家庭关系的和谐有序有利于社会秩序的稳定。《礼记·昏义》说明男女结为夫妇的根本意义："昏礼者，将合二姓之好，上以事宗庙，而下以继后世也。故君子重之。"②也就是说，在传统儒家理念中，夫妇的作用，横向在于两个家族的结合，纵向在于一方面告慰先祖，另一方面延续血脉。因而在"纳采、问名、纳吉、纳征、请期、亲迎"等婚姻六礼之外的夫妇敦伦之礼同样是一件严肃的事情，其意义即在于繁衍子嗣。精神上因情结合的愉悦抑或是肉体上的生理快感并不是夫妇敦伦的目的与意义。

---

① 毛亨传，郑玄笺，陆德明音义，孔祥军点校：《毛诗传笺》，中华书局2018年版，第1页。
② 胡平生、张萌译注：《礼记》（下册），中华书局2017年版，第1182页。

一、两性观：由下继后世到身心合一

与上述传统儒家观念不同的是，晚明传奇在夫妇伦理书写中呈现世俗化转向，相当一部分展示夫妇相处的场景一改"相敬如宾""举案齐眉"的礼教范式，聚焦合法配偶间以"情"为基础的互动模式，剧作家花费大量笔墨书写其"恩爱缠绵"的相处日常，具有将夫妻情愫从道德符号还原为生活实态的创作取向。《琴心记》中婢女孤红一番关于夫妇婚姻的评论即符合上述情况："那婚姻大数也，夫妇大伦也。大数固不偶，大伦容可废乎？况凤管未逢萧史，蓝桥不识裴航。既无一夜之恩，安有百年之义？"①因而在《琴心记》中，作者秉持此种创作观念，描写了司马相如与卓文君夫妇的恩爱生活。

《玉合记》中生动地叙述了一段夫妻之间调情云雨的恩爱日常：

【驻马听】下直金华，紫马春残踏落花。当直的，把朝衣解去。（末应，解衣下）（生）我方乘月出朝，到家却早见日了。只见星移阁道，月转勾栏，日动窗纱。（进见科）夫人，你晓妆毕了。（旦）鬓儿好么？（生）那流波入鬓向人夸。（生）你为何双眉未画？（旦）留待君归，作京兆故事。（生）我与你画。（画眉科）远山横黛邀郎画，（抱旦科）试约裙靸，趁背人深处妆初罢。……②

这段夫妻互动以韩翃为妻子柳氏画眉这一亲密的夫妻闺房互动为起始，以其求爱成功为这一幕场景的终结，细腻地展现出了"有甚于画眉者"的闺房之乐。《玉镜台记》中，温峤携妻子润玉赏春，对妻子展露出

---

① 孙柚：《琴心记》上卷，载《古本戏曲丛刊二集》，长乐郑氏藏汲古阁刊本，第7页。
② 梅鼎祚：《李卓吾批评玉合记》卷上，载《古本戏曲丛刊初集》，北京图书馆藏明容与堂刊本，第49页。

万千柔情，夫妻把臂同游，生"摘花与旦插介"①，夫妻二人花下对饮，润玉感叹夫妻生活缱绻。在他们情投意合的婚姻中，润玉不仅将夫妇云雨当作延续血脉的方式，同时更强调双方"并蒂双栖"的夫妻感情。

【锦堂月】……（旦）堪观，桥梓阴连，萱花秀毓，交加雨露鲜妍。桂蕊兰香，韶华占断名园。连理树并蒂交枝，比翼鸟双栖同绾。②

在琴瑟和谐的婚姻当中，不仅是妻子享受这种情与欲结合的相处模式，作为丈夫的一方也常常乐在其中。正如《南柯记》第十六出《得翁》的前半部分写淳于棼与瑶芳公主夫妇二人新婚之后琴瑟和谐的生活，细腻地表现了夫妻双方各自的美好感受。

【蓦山溪】（生上）人间此处，有得神仙住。春色锦桃源，蚤流入秋光殿宇。（旦）细腰轻展，渐觉水游鱼。娇波潋滟横眉宇，翠压巫山雨。
【阮郎归】（生）藕丝吹软碧罗衣，缕金香穗飞。（旦）绿窗槐影翠依微，出花宫漏迟。……③

淳于棼与公主同享鱼水之欢，几乎以为自己在桃源仙境一般。公主轻展柳腰，眼波流转，直到树影上窗纱，铜壶滴漏才发现春睡起床迟。香炉里香气弥漫，新婚的喜庆气息依然没有散去，夫妻二人情思如藕丝，

---

① 朱鼎：《玉镜台记》卷上，载《古本戏曲丛刊二集》，长乐郑氏藏汲古阁刊本，第 28 页。
② 朱鼎：《玉镜台记》卷上，载《古本戏曲丛刊二集》，长乐郑氏藏汲古阁刊本，第 27 页。
③ 汤显祖著，朱萍整理：《临川四梦》，中华书局 2016 年版，第 297 页。

细细密密，难以断绝。①有些剧作家甚至通过局外人的视角，以第三人的角度叙述夫妻生活。《玉合记》借丫鬟轻蛾的旁观者视角展示韩翊、柳氏小别胜新婚的愉悦：

> 【前腔】（贴）巫云梦长，唤醒梅花帐。纤珪瘦玉残妆，喜归来桃开又芳，仙源且觅刘郎。②

在上述诸例中，夫妇二人敦伦结合都是出于爱情，这样的结合并不仅为绵延后嗣的人伦义务，而是超越这一目的，以"情"为基础，表现出身心合一的特征。两性结合是人与动物具有的相同生理属性，而人类情感的契合则摆脱了动物属性，显而易见地在身体结合中获取了更深刻的精神层面的愉悦。更进一步来看，这种结合体现的是个体在婚姻中的价值。在上述例子中，夫妇结合不再以某个家族群体利益为目的，不再受其他人的监督或是干涉，不是为了履行义务或服从命令，因此，夫妻敦伦的意义由家庭转向个人。同时，这种结合体现了两性在婚姻中的平等，敦伦行为出于个体之间的爱慕和吸引，在互动中给予对方相同的情感回应。在这样的情境中，男尊女卑、夫为妻纲的社会关系得以消解，爱情给双方以同等地位和同样美好的享受。从异于动物到实现婚姻主体价值再到实现两性平等，两性在婚姻中的关系在不同历史阶段是不同的。婚姻形态经历了从生物属性到伦理秩序的重构过程，社会秩序规范不断改造着人类的自然属性，同时又将改造后的属性寓于社会秩序之中。这种将情感共鸣与身体欢愉熔铸为婚姻内核的认知，实质上解构了传统纲

---

① 参见殷娇《浅析汤显祖"后二梦"中的性描写》，载上海戏剧学院曲学研究中心、叶长海主编《曲学》（第五卷），上海古籍出版社2017年版，第390—391页。
② 梅鼎祚：《李卓吾批评玉合记》下卷，载《古本戏曲丛刊初集》，北京图书馆藏明容与堂刊本，第57页。

常体系中的尊卑秩序，使夫妻双方在精神层面获得对等地位。如今我们已将爱情视为两性结合的基础和婚姻的必需品，而晚明传奇中大量出现的身心统一的夫妇敦伦模式，正显示出了晚明背景下文明的进步——社会规范对自然属性的改造不再是单向压制，而是逐步趋向人性化调和。

二、婚姻观：婚宦抉择

婚姻中两性关系的变化离不开时代背景的推波助澜，一个社会的政治、经济、风俗时尚、道德状况都能引发思想观念的变化，可以说明代婚姻伦理观念的嬗变深受社会形态变迁的影响。在政权初立的明初，对女性的要求和规范较为严格，婚姻关系被纳入维护社会纲常的框架，其时盛行的由明成祖皇后徐氏编写的女教作品《女训》中，对女性个人的要求包括"德性、修身、慎言、谨行、勤励、节俭、警戒、积善、迁善"九章，而与婚姻家庭有关的包括"事父母、事舅姑、奉祭祀、睦宗族、慈幼章"五章，显而易见的是，婚姻中与丈夫相处和睦融洽与否并不属于对女性的要求。及至晚明时期，世风变化，社会价值体系呈现多元化趋向。晚明才女叶小鸾之父叶绍袁认为"丈夫有三不朽：立德、立功、立言，而妇人亦有三焉：德也，才与色也"①。这折射出婚姻关系评价标准在一定程度上的位移。将才、色与传统儒家观念中的女德相提并论，盖因才、色是婚姻中促进与丈夫情感交流的重要方式（诚然，其中也蕴藏着以男性生活体验为中心的指向）。观念的转型在传奇创作中具象化为两种叙事模式：明初传奇强调婚姻中女性之"节"，塑造礼教规范的贞妇形象，晚明传奇则展示了以"情"为基础的夫妻亲密日常，侧重描绘夫妻间的精神契合与生活意趣。这正是婚姻主体进行自我完善和个体价值确

---

① 叶绍袁原编，冀勤辑校：《午梦堂集》"序"，中华书局2015年版，第1页。

证的过程，同样也带有剧作家对和谐、美好、身心合一的婚姻关系的赞美，隐含着士人群体对人性本真的审美观照。

这样的思想在一些传奇作品中甚至表现为有关仕途与婚姻孰轻孰重的思考。譬如叶宪祖《鸾鎞记》中，男主角杜羔享受着"温香软玉亲消受，枯鱼活水正相投"[1]的新婚生活，到大比之时逡巡不前，不愿上京赴试，只因为"功名之念虽切，儿女之情更长"[2]。再如孙柚《琴心记》中司马相如新婚宴尔，放不下病弱妻子进取前程，故而不断被劝告"早奋青云步，莫得痴迷锦帐丛"[3]。在这些作品中，和谐的婚姻生活甚至同功名仕途相提并论，被放在天平上几经衡量。这些剧作建构的仕宦追求与家庭情感的二元对立，展现了士人阶层的生存困境与伦理思辨。其中包括了剧作家在日益变迁的时代中的迷茫与艰难，与创作者自身经历形成互文——叶宪祖曾因功名之事苦苦挣扎，于明万历二十二年（1594）中举后，九次赴试，间隔二十余年才考中进士，后因得罪魏忠贤同党而被贬斥。孙柚则游学国子监却功名未成。但叶宪祖依然借杜羔之口，表达自己的婚姻家庭观："室家之乐也是人生第一事。"[4]

一方面，仕途不顺的剧作家通过艺术虚构实现现实缺憾的补偿性表达。正如前文所述，在晚明政治混乱腐朽的背景下，产生了与之相对的繁荣灿烂的文化。其原因主要是由于政府失去了统治全局、管理文人的能力。离开了明初的高压政策，意识形态松懈；失去了帝国蒸蒸日上的背景，事功难建，科举停壅，文人心灰意懒，对朝廷没有了原有的归属感与信任感，政府影响力削弱。由此他们拥有了自由宽松的环境和大量的体力精力用以文学创作。同时，我们也应当注意到，晚明士人一直以

---

[1] 叶宪祖：《鸾鎞记》卷上，载《古本戏曲丛刊二集》，长乐郑氏藏汲古阁刊本，第17页。
[2] 叶宪祖：《鸾鎞记》卷上，载《古本戏曲丛刊二集》，长乐郑氏藏汲古阁刊本，第22页。
[3] 孙柚：《琴心记》上卷，载《古本戏曲丛刊二集》，长乐郑氏藏汲古阁刊本，第78页。
[4] 叶宪祖：《鸾鎞记》下卷，载《古本戏曲丛刊二集》，长乐郑氏藏汲古阁刊本，第23页。

充满韧性的态度在不断探索、适应环境，寻找满足物质需求的治生方法，也在天崩地裂的变化中寻找精神寄托。可以说，晚明士人是具有独特性的一个群体，"明中叶以后的'士大夫'和'士'与前不同之处在于，他们不再是单一的皇权的附庸"①。士人生态随着帝国朝局、政治、吏治等境况变化，士人心态也随之嬗变。他们在山水间、园林里、文字中以及家庭里享受快乐，抒发自我；他们投身浊世，纵情享乐，较之其他朝代的士人有着更多元的价值观和更丰富的世俗化色彩。

另一方面，情与欲并存的婚姻破除了礼法中冷冰冰的规范框架，更符合人类生理的本质与精神的要求。主人公徘徊于科举功名与闺阁温情之间的戏剧冲突，揭示了传统价值体系中家庭伦理地位的抬升。剧作家重视夫妇敦伦，且给予其正面的态度，展示了剧作家进步的婚姻家庭观，也显示了其在礼法规范与人情诉求间探寻平衡的尝试。

三、叙事因素：丰富人物与张弛节奏

随着传奇的发展，文人剧作家的加入，及至晚明时期，传奇文本创作十分兴盛。可以说，传奇文体的演进与文人阶层的深度参与密不可分。剧作家案头创作传奇的文本时，更倾向于叙事而非舞台，他们将士人心态、男女情感、世情风俗等转化为叙事因素，并不断丰富人物塑造，搭建情节结构以加强叙事性，着力构建具有文学深度的叙事体系。可以说，晚明传奇"在叙事艺术上已发展到了'极致'"②。这一时期的传奇作品显示出成熟的叙事技法与趋向固定的叙事模式，数量众多的晚明传奇不乏相似的剧本结构与人物塑造方法，有些甚至已经形成惯例定式，折射出特定文化场域中的集体创作心理。家庭伦理叙事是其中尤为重要的部分。

---

① 商传：《走进晚明》，商务印书馆2014年版，第335页。
② 邱飞廉：《明传奇历史剧的叙事艺术》，博士学位论文，武汉大学，2010年，第ii页。

剧作家把人物放入不同情境中加以塑造。戏剧情境作为戏剧的核心，包括了环境、事件、人物关系三种重要元素。其中，人物关系是剧情的基础，这个最有活力的因素可以引出具有生活气息的丰富的戏剧情节。① 夫妇关系是人物关系中的一种。古代察人论人有"八观六验""六戚四隐"之说，"八观六验，此贤主之所以论人也。论人者又必以六戚四隐。……人之情伪贪鄙美恶无所失矣，譬之若逃雨污，无之而非是"②。"六戚"即父、母、兄、弟、妻、子，"四隐"即交友、故旧、邑里、门郭。一个人在特定的人际关系中、在与周围人相处的过程中足可展现其性格的真实或虚伪、贪婪或卑鄙、美好或丑恶。因而，在婚姻家庭生活中与妻子相处的态度与方式可有助于塑造一个人物的性格。

在人物关系之外，特定的事件与具体的环境也是不可或缺的戏剧性因素。剧作家通过环境的变化和特定事件的发生以丰富人物性格。譬如《琴心记》中，司马相如处在卓文君丈夫的身份时，与妻子恩爱缠绵，难舍难分；当司马相如身居高位，被"腰间常带宜男草，袖里时藏赠客珠"③的茂陵女诱惑时，因思念妻子而坚决拒之。他在不同情境变化中显示出的不同态度足可塑造出其深爱妻子、不为色所迷的品性。再如《鸾鎞记》中，杜羔享受闺房之乐，不愿应试时，妻子赵文姝作诗激之，杜羔不仅不怒，反而心有灵犀领会其义，夫妻堪称知己；好友温庭筠因不愿为人代笔，得罪宰相令狐绹，致使杜羔受到连累落榜时，杜羔毫无怨愤，仍旧以温庭筠为挚友相往来。从其待妻、待友可见其性格为人。又如《南柯记》中，淳于棼与妻子瑶芳公主如胶似漆，百般恩爱；公主去世后，还朝拜相、位高权重的淳于棼与琼英郡主、灵芝国嫂和上真仙姑

---

① 参见谭霈生《论戏剧性》，北京大学出版社2009年版，第136页。
② 高诱注，毕沅校，徐小蛮标点：《吕氏春秋》，上海古籍出版社2014年版，第61—62页。
③ 孙柚：《琴心记》下卷，载《古本戏曲丛刊二集》，长乐郑氏藏汲古阁刊本，第57页。

"三人轮流取乐"①,毫无避讳地沉沦于欲望之中。在不同环境中,面对不同关系的女性,淳于棼选择了不同的对待方式,曾经阳春有脚的南柯太守,终究迷失在无度的欲望里,因风流逸事而断送仕途。这一人物有忠贞爱妻、一夫一妻二十年如一日的一面,也有纵欲无度的一面,在他身上,我们看到了文明的进步,也看到了人性易堕落的弱点。剧作家汤显祖不仅写放荡无节的性爱,也写了这种纵情声色所带来的后果;这样的结局安排无疑包含着剧作家的劝惩之心以及对过度纵欲的否定。

再从剧情发展来看,夫妇鹣鲽情深、难舍难分的情节往往能与后文情节发展形成对比,有助于剧情的张弛与缓急调配。《玉镜台记》中,温峤夫妇恩爱之事被祁彪佳评价为"于紧切处反按以极缓之节"②,此评价似有贬义,但客观上来看,专以一出的篇幅叙述夫妇二人之情投意合,一方面丰富人物性格——写温峤对内的缱绻家事,也写其对外在战乱中平定王敦的功绩,因而生动地描摹出一位能够修身齐家治国平天下的人物。剧作家朱鼎将温峤与妻子润玉的闺中私事插入宏大的历史背景中,形成了一个由小环境至大环境,写私事亦写史事的完整丰富的剧情结构。另一方面,在夫妻分别后,温峤带兵平乱时,润玉与婆婆温母被王敦拘捕以招降温峤。夫妻恩爱在先,战乱危局在后,两相对比,整个剧作因而充满了张力。覆巢之下无完卵,闺房之中的脉脉温情被战乱的洪流冲击得粉碎,剧作家以成熟的写作技巧把控剧情节奏,完成了悲喜缓急对比交替。温、刘夫妇二人"燕尔缠绵,两情相洽的旖旎风光,对将来的剧情发展来说,绝不可无"③。因而,夫妻恩爱事就剧情发展方面来看同样是不可或缺的。

---

① 汤显祖著,朱萍整理:《临川四梦》,中华书局 2016 年版,第 342 页。
② 祁彪佳:《远山堂曲品》"能品",载中国戏曲研究院编《中国古典戏曲论著集成》(六),中国戏剧出版社 1959 年版,第 52 页。
③ 窦楷、曹飞:《玉镜台记评注》,载毛晋编,黄竹三、冯俊杰主编《六十种曲评注》(第 10 册),吉林人民出版社 2001 年版,第 679 页。

小　结

在中国传统婚恋观中，"情"并不是婚姻的基础。这样的思想观念反映在古代文艺作品中，往往体现出两个极端，一端循规蹈矩以绵延子嗣为目的进行敦伦，是礼法规范下的生殖理性；另一端是过度追求声色的刺激与快感，是欲望放纵的感官沉溺。前者可以明前期戏曲为例，如《伍伦全备记》《香囊记》《三元记》等；后者则以晚明艳情小说为代表，如《绣榻野史》《肉蒲团》《灯草和尚》等。晚明传奇的独特之处在于构建了情欲交融的婚姻范式，既跳脱传统生殖伦理的功利框架，又规避了声色至上的异化倾向。晚明传奇中的夫妻敦伦一改传统价值观中被委以重任的严肃目的，呈现出缠绵缱绻、爱欲合一的特征。男性人物对于婚姻的态度甚至被剧作家放置于与仕途一较轻重的天平上，反映出剧作家对身心合一的重视与正面态度。以情为基础的性行为是人类所特有的文明属性，士人群体对情感价值的重新评估折射出晚明传奇对人性需求的深度体认与伦理秩序的重构尝试。

在元末明初的经典作品《琵琶记》中，男主人公蔡伯喈与妻子赵五娘新婚宴尔、夫妻和美，被其父攻击为"恋着被窝中恩爱，舍不得离海角天涯"[①]，颇有见识的张大公亦劝他"你贪鸳侣守着凤帏，只怕误了你鹏程鹗荐消息"[②]。与之相较，晚明传奇中夫妻关系、剧作家的创作理念与明初有了极大的不同。从其社会背景来看，在本书第一章笔者论述了王学左派及李贽思想观念的突破、三教合一及多神背景下女性地位的提高，以及西方教义中不同于东方配偶制的影响。晚明传奇中的夫妻敦伦正可

[①] 高明：《李卓吾批评琵琶记》卷上，载《古本戏曲丛刊初集》，长乐郑氏藏明容与堂刊本，第14页。
[②] 高明：《李卓吾批评琵琶记》卷上，载《古本戏曲丛刊初集》，长乐郑氏藏明容与堂刊本，第15页。

见上述思想的投射。虽然晚明士人并未直接提出类似以情为婚姻基础等突破传统婚恋观的观点,但在晚明文献中夫妻恩爱和谐的例子并非鲜见,士人群体通过"闺中知己"的概念重塑理想伴侣形象。除了士人阶层,晚明时期的庶民阶层、商人阶层中,女性的生活环境相对来说较为宽松,一些女性为了生计抛头露面,支撑家庭经济的情况不在少数,女性和男性之间的地位差距相对来说更小,在生存实践中形成相对平等的性别协作模式。从其社会意义来看,这当然是对晚明婚俗、两性关系的直接反映。剧作家将这种社会世情转化为戏剧情节时,既保持了士人文化立场,又吸纳世俗生活经验,因而晚明传奇在反映社会生活的同时也贴近了市井趣味。

晚明士人通过传奇创作构建了理想的家庭与婚姻。剧作家精心塑造的女性主人公大多有"貌、才、情"并举的特点,因而剧中人物因貌一见钟情,因才成为知己,因情夫妻和合。这种理想化伴侣承载着文人的情感补偿——士人身份的男主人公不论是落魄还是得志,都有妻子知心的迎合与全心的支持,晚明剧作家将这样完美的妻子作为落魄的慰藉与男主人公成功的标尺。同时,也体现了晚明士人对夫妻两性关系的新思考,在重构儒家伦理框架内的理想伴侣的基础上,寻求个体情感的审美化表达,尝试平等对话的情感诉求。

晚明传奇的文体特征为婚姻叙事提供了独特载体,相对自由的体制和较长的篇幅足以为男女主人公悲欢离合的起伏转折带来充分的叙事空间。从人物设置来看,以夫妻为主人公的作品,其人物行当多为"生"与"旦"。从叙事模式来看,在一才二美(一才多美)或者二才二美(多才多美)的固定模式中,妻子或是"二美"中的"一美",如《金雀记》《东郭记》,或夫妻二人是多才多美中的一组,如《鸾𫛛记》。从剧情结构来看,以双线结构为主,或是将男主人公前途(如科举、仕途)与夫妻关系分为两线,如《琴心记》《南柯记》,或是将社会背景(如战乱)与夫妻关系分为两线，如《玉镜台记》《双烈记》等，或将人物仕途与社会背景扭结在一起。从人物设置来看，在剧情前期快速推进男女主人公的关系，以设定男女主人公夫妻恩爱的背景，进而以"六戚四隐"中夫妻关系为基础，设置婚外诱惑、婚宦抉择、离散考验、道德困境等戏剧冲突，以此展开人性维度的深度描摹。同时，夫妻情感的私人叙事与社会背景的外部冲突之间的情节转换，实现了张弛剧情节奏、交替悲喜缓急的节奏变化，使夫妻伦理关系成为文本结构的重要枢纽。

第二节　重审纳妾权益

在明传奇中，"妾"是一种重要的角色类型，许多作品以"妾"为传奇出目，譬如《还带记》中的《拾带见妾》，《藏珠记》中的《姬妾争论》，《犀珮记》中的《携妾登途》，《樱桃梦》中的《送妾》，《狮吼记》中的《赠妾》等。孟称舜在《古今名剧合选序》中言道："其于曲，则忽为之男女焉，忽为之苦乐焉，忽为之君主、仆妾、金夫、端士焉。……而撰曲者不化其身为曲中之人，则不能为曲，此曲之所以难于诗与辞也。"① 其意在说明创作者塑造人物需设身处地代入人物视角，而其将"妾"作为独立角色类型的单独标举，可见明代戏曲中妾室形象的叙事特殊性与重要性。

晚明传奇中的妾，大部分是"一才二美"这一典型叙事模式中的"二美"之一。"一才二美"结构中的妾常作为补充性角色存在，"二美"

---

① 孟称舜：《古今名剧合选序》，载陈多、叶长海选注《中国历代剧论选注》，上海古籍出版社2010年版，第257页。

《锦笺记·合笺》,明继志斋刊本

的妻妾结构可按照出身差异细分为数种类型。第一种是闺秀与妓女，如《金雀记》中井文鸾与巫彩凤，《燕子笺》中华行云与郦飞云；第二种是小姐与丫鬟，如《锦笺记》中柳淑娘与芳春，《花筵赚》中刘碧玉与芳姿；第三种是姐妹共侍一夫，如《东郭记》中姜氏姐妹，《金钿盒》中妨英与妨秀等。既有与正妻延续主仆关系的闺阁女性，也有男主人公在外结识的补充性人物。除此之外，部分妾室角色是作为女主角出现的，如《疗妒羹》中的冯小青，另如《水浒记》中的阎婆惜、《红梅记》中的李慧娘，都因鲜活的个人特色而成为经典戏剧人物，掩盖了男女主人公的光芒；部分则为了衬托女主角而出现，如《狮吼记》中的秀英。

有"妾"必然有"纳妾者"，纳妾行为的合法性书写反映了晚明社会婚姻制度的现实运作，也构成了重要的戏剧情节。

一、士人纵情与婢妾履职

本书第一章曾论述过晚明时期士人纵欲的风气，如果进一步考察，士人在两性关系上的放纵"主要通过两种方式进行——纳妾和狎妓"①。《明会典》中规定："亲王妾媵许奏选一次，多者止于十人。世子及郡王额妾四人。长子及各将军额妾三人。各中尉额妾二人。世子郡王选婚后，二十五岁嫡配无出许选妾二人，以后不拘嫡庶，如生有子，即止于二妾，至三十岁无出，方许娶足四妾。长子及将军中尉选婚后，三十岁嫡配无出许选妾一人，以后不拘嫡庶，如生有子即止于一妾，至三十五岁无出，长子将军方许娶足三妾，中尉娶足二妾。庶人四十以上无子许选娶一妾"②，对贵族、士庶纳妾予以制度化的规定。《大明律》规定"凡官吏宿娼者，杖六十。媒合人，减一等。若官员子孙宿娼者，罪亦如之，附过，

---

① 吴存存：《明清社会性爱风气》，人民文学出版社2000年版，第6页。
② 申时行等修：《明会典》卷一六〇《刑部·律例一》，中华书局1989年版，第824页。

候荫袭之日，降一等，于边远叙用"①，对官员狎妓明令禁止。但在晚明实际生活中，禁松令弛的背景与前代文化惯性的延续使得士人纳妾与狎妓并未受到严格限制，尤其是蓄姬妾的行为，依托传统婚姻伦理观念已然在约定俗成中成为士人享受生活、追求快感的合法化方式。

袁宏道（1568—1610）在《与龚惟长先生书》中，大谈人生五乐：

> 目极世间之色，耳极世间之声，身极世间之鲜，口极世间之谭，一快活也。堂前列鼎，堂后度曲，宾客满席，男女交舄，烛气薰天，珠翠委地，金钱不足，继以田土，二快活也。……千金买一舟，舟中置鼓吹一部，妓妾数人，游闲数人，泛家浮宅，不知老之将至，四快活也。②

张大复在《闻雁斋笔谈》中谈及理想境界即数个"一"："一卷书，一麈尾，一壶茶……一曲房，一竹榻，一枕梦，一爱妾"③；王思任在《闲居百咏序》中提到理想生活，包括了"一妾执爨，一子力勤，瓶无储粟，而意若万钟"④。其中包含着晚明士人的复杂心态——既不愿在庙堂摧眉折腰，又难以寻找真正公平光明的晋身之阶，故而选择及时行乐，寄情于醇酒妇人。更有甚者，干脆以此作为掩饰其放纵行为的借口。在这样的社会风气之下，以文人剧作家作为创作主体的晚明传奇深受影响，社会背景是他们创作的现实参照，个性化写作则成为展示个人心态的自由平台。

---

① 怀效锋点校：《大明律》卷二五"官吏宿娼"，法律出版社1999年版，第200页。
② 袁宏道著，钱伯城笺校：《锦帆集之三尺牍》，《袁宏道集笺校》卷五，上海古籍出版社2008年版，第205—206页。
③ 张大复：《闻雁斋笔谈》卷五《泗上戏书》，载《续修四库全书》——三一《子部·杂家类》，上海古籍出版社2002年版，第677—678页。
④ 王思任：《闲居百咏序》，载朱剑心选注，蒋鹏举校订《晚明小品文》，商务印书馆2021年版，第85—86页。

《狮吼记》中，陈慥与其妾秀英的互动颇为露骨，直截了当地展示了男性面对妾室时的心态：

【前腔】（生抱小旦介）我爱你绰约、绰约如飞燕，我爱你皎洁、皎洁似婵娟。我爱你额妒芙蓉贴珠钿，我爱你玉臂笼金钏。我爱你胭脂未抹，朝霞让鲜，我爱你腰肢微动，秋鸿让翩，我爱你薄罗称体裙拖练。我爱你眉如柳，我爱你足似莲，我爱你擎杯如玉露春纤。

……

【前腔】听芳卿慨慷数言，似当年脱簪规谏。我忍不过罗刹婆操戈弄权，因此向温柔乡寻方觅便。你快着将樽儿开，灯儿点，褥儿铺，衾儿展，通宵缱绻，千金一刻，嫣然可怜。便此情来朝败露，我膝软如绵。①

陈慥因惧怕妻子柳氏，故而偷纳妾室。他对于妾室秀英的喜爱与种种赞美，皆是对其外貌的称赏，他并不了解也不愿了解秀英的内心所想——面对秀英贤惠的规劝，陈慥表现得相当急色、敷衍且目的单一，即专为"通宵缱绻"的纵情而来。

《东郭记》中姜氏二女共侍一夫，其姐为妻，其妹为妾。齐人与妾的互动被予以细节的放大，剧作家通过戏剧性的手法，将"窥浴"情节作为两个人物互动的起点。

【前腔】浴罢新凉，笑向妆台试晚妆。谁来往？敢娘行环佩我速趋跄。（见生介）呀，是伊郎，教人含笑归罗幌，何事藏踪向绮窗？

---

① 汪廷讷：《狮吼记》卷下，载《古本戏曲丛刊二集》，长乐郑氏藏汲古阁刊本，第10—11页。

（生揖介）姨娘，告揖了。（小旦回介）他深深唱，鞠躬而揖多谦让，意儿堪谅，意儿堪谅。

……

【前腔】（小旦背介）不住姨娘，语语声声意态狂，还疏放，道多时久立在回廊。（对生低介）对伊行，传闻我阿姐应相谤，只道俺为姨没主张。须深想，奴非怨女君非旷，慢劳相访，慢劳相访。①

齐人窥浴之"窥"可定义其行为不是君子所为，但在嬉笑怒骂、掀翻经典的《东郭记》中，齐人大胆承认自己是"为爱鸾凰好，几成禽兽行"，他丝毫不以为耻，反而表现得颇为大胆，将满足自身欲望看作头等重要之事。

在晚明传奇作品中，不乏与姬妾精神交流的男性角色。相较于夫妻关系中强调的精神契合，男性与妾室的互动明显更侧重于欲望的满足。造成这种差异的根本原因在家庭伦理体系对妻妾角色的差异化定位。妻与妾在家庭中担当着不同的角色，与妾的纵情享乐使男性不会有伦理道德上的压力。剧作中与妾相关的情欲书写是家庭权力结构在传奇作品中的投射，生活中形成的固定思想观念造成了剧中固定人物关系的互动模式。以《金莲记》为例，与苏轼有私的妓女琴操为表妹朝云作伐，促成苏轼纳朝云为妾。当琴操与朝云谈及为妾之道时，大篇幅重点讲述的是床笫之事：

【白练序】（琴）兰房，蕊麝香屏山象床。风流处，还有温存情况。他现有玉管为聘。含光兔彩长，敢奉佳人扫玉章。休推让，明

---

① 孙钟龄：《东郭记》上卷，载《古本戏曲丛刊二集》，长乐郑氏藏明末刊本，第25页。

朝笙管，欲效鸾凰。

【醉太平】（云）乔妆，星河在想。料腰肢怯处，不耐蜂狂。（琴）这个我替你说分上。向萧郎低讲，扶持须藉东皇。（云）青丝半幅梅花冷七襄，怕逐乱红飘飏。（琴）不须悒怏，便使君有妇，偏问鸳鸯。①

琴操、朝云等女性角色的自我认知呈现复杂样态。风月女子琴操深谙士人纳妾的目的，故而一再向朝云强调男女"温存情况"。而渴望托身于"真才子"的朝云虽仰慕苏轼才华横溢，却也对亲密关系中的被动处境流露出"不耐蜂狂"的羞怯与担忧。她们既保持着对才子风流的审美化想象，又深谙情欲交易的本质规则。男性纳妾时注重情欲满足的态度，潜移默化中塑造了女性对自身角色的认知——这种矛盾心理正是当时男女地位差异，甚至妻妾地位差异在传奇作品中的真实写照。苏轼与妻子王氏关于纳妾的讨论更证明了这一论点。

【玉交枝】琼闺春暮，挽鲛绡云翻雨飞。又不是枝褪花残，岂重寻兰香莲步？（王）不要瞒我，挑灯夜半自叹吁，几回梦入桃源路！须再聘沉鱼美姿，须再聘沉鱼美姿。②

此段夫妻对话较为私密，叙述了因苏妻王氏年老，夫妻互动较少，苏轼常常"夜半自叹吁"，因此王氏令其纳妾。因而在以男性为中心的社会秩序中，男性纳妾的目的即扩充子嗣与满足个人欲望。在这种秩序中，

---

① 陈汝元：《金莲记》上卷，载《古本戏曲丛刊二集》，长乐郑氏藏汲古阁刊本，第43—44页。
② 陈汝元：《金莲记》上卷，载《古本戏曲丛刊二集》，长乐郑氏藏汲古阁刊本，第35—36页。

女性自然而然地成为服从者，进入既定的角色后，包括妻子在内的女性也认同妾室应当履行的义务。与此同时，妻子便在客观上不自觉地成为维系男性中心主义的共谋者。

在中国传统伦理观念中，男人的主要家庭责任不在于爱护妻子，而在于"孝悌"，夫妻敦伦的目的在于传宗接代。而对妻妾来说，夫妻敦伦行为是使其成为妻子与母亲的重要手段。但妻与妾的地位、职能有很大不同。《大明会典·礼部》规定了丧礼中不同女性的位置，"主妇众妇女坐于床西，藉以藁。同姓妇女以服为次，坐于其后。皆东向南上尊行以长幼坐于床西北壁下，南向东上，藉以席荐。妾婢立于妇女之后，别设帏以障内外"①。《大明律·刑律》中规定："凡妻殴夫者，杖一百。夫愿离者，听（须夫自告乃坐）。至折伤以上，各加凡斗伤三等；至笃疾者，绞。死者，斩。故杀者，凌迟处死。若妾殴夫及正妻者，又各加一等。"② 在日常生活中，"她们（指妾）或分在另一室用餐，或跟着正妻。她们要侍候正妻，犹如其奴婢"③。在一个家庭中，妻子需担负抚养、照料孩子的责任，妾室可通过生育充盈家族子嗣，但被剥夺了抚养孩子的权利，"她们（指妾）生养的子女，不把她尊为母亲，却认正妻为母。如果她们去世了，其亲子不必为她守丧三年，不会被剥夺科举考试权利；倘若他是官员，也不必为守丧而离任去职——尽管他是她唯一的儿子"④。总之，妾需以满足丈夫需要为主要任务，她们依附于丈夫，通过与男性结合改变自己的出身，由一种身份改换为另一种身份——尤其是妓女或婢女出身的妾，给予其妾室的正式名分对被动承受男性需求的女性来说已然是一种正式的补偿。同时，妾被剥夺的各类权利也是为了保证其能更好地为

---

① 申时行等修：《明会典》卷一〇〇《礼部·丧礼》，中华书局1989年版，第556页。
② 怀效锋点校：《大明律》卷二十"妻妾殴夫"，法律出版社1999年版，第165页。
③ 许敏：《西方传教士对明清之际中国婚姻的论述》，《中国史研究》1994年第3期。
④ 许敏：《西方传教士对明清之际中国婚姻的论述》，《中国史研究》1994年第3期。

丈夫（亦可称为男主人）服务。

晚明传奇中出现了相当一部分男性与妾室巫山云雨的艺术呈现，往往剥离情感共鸣而侧重生理需求满足，既带有礼法上的合法性，也含隐了对男性纵情享乐的默许。因此，即使在晚明复杂背景之下我们也不必将这一行径过度拔高——事实上，也深刻暴露出了妻妾制度中，女性作为欲望客体的生存困境。

二、讨伐妻妒与道德豁免

在传统宗法制度下，妾同样承担扩充子嗣的责任。当正室未能生育男性继承人时，纳妾便成为解决宗祧危机的必要手段，这构成了纳妾制度被普遍接纳的社会基础，故而多数男性对此抱有正面接受的态度。与之相应的，正妻在无子压力下需主动承担为夫纳妾的义务。因而，在晚明传奇中也出现了对嫡妻善妒的伦理批判，以及与妾室互动关系的书写。

以《万事足》为例，陈循无子，妻子主动为其纳妾，陈循不受。陈妻将其灌醉，趁机令妾室扮成自己与之发生关系。

【其二】（换头）端详，酒中言还诉衷肠。娘子。（老旦）奴家在。（生）你是我结发糟糠，委实妇随夫唱。我官样文章，跳过禹门桃浪。那时节呵，柱石朝廊，为卿作相，与你凤冠霞帔响铿锵。诏来天上，五花笺果是辉煌。（老旦扯旦手付生，生携旦手介）今夜同衾，来朝分袂难禁离况。（生）娘子。（老旦）奴家在。……（生作大醉，旦扶介，丑秉烛前引，老旦随后介）

【尾声】（生）芝田愿作兰芽长，（老旦）红艳今宵折上阳。（生）慢橹摇船酒兴狂。（生、旦、老旦、丑同下）（净）贤哉！大娘，人间希有。

【仙吕·掉角儿】普天下闺中女娘，谁似他见高识广？无嫉妒柔顺容颜，有含容宽洪度量。但愿和合神、氤氲使同帮，亲生一子，永继书香。善心好报，和气致祥。我且向厨中锅上，打点茶汤。(暂下)①

与之形成鲜明对比的是陈循之友高谷及其妻。高谷在赶考途中夜宿古庙，与妖精搏斗后救下被献祭的少女新莺，新莺为报恩自愿为妾。

【香柳娘】是三生凤缘，是三生凤缘。两情欢忺，独脚神撮就鸳鸯串。(小生)看娇香可怜，看娇香可怜。弱柳正含烟，夭桃未成片。(贴)记连宵枕边，记连宵枕边，说尽盟言，誓言无更变。②

高谷与新莺缠绵过后继续前行赶考，因深知妻子善妒，故而将新莺暂寄在附近的流云观，以便高中回乡时，同路带她回家。作为高谷之妾，新莺对他的安排言听计从，唯有一点担心"妾一身许君，九死无二，但月事之后，荐寝连宵，万一怀娠，异日以何自白？"③高谷便令其"割小襟"在上面题诗一首以作为证明。后高谷高中，高妻拒绝承认庶子，新莺以此为凭据，在陈循的帮助下令其子认祖归宗。

《万事足》这一剧名出自苏轼诗《借前韵贺子由生第四孙斗老》中"无官一身轻，有子万事足"。剧中，陈、高二人无子，其妻一贤一妒，主动为夫纳妾的陈妻凭妾一夜之欢便得一子，严禁丈夫纳妾的高妻则受到教训而改过自新。此剧之"叙"更是直接言明"朋友治妒，未之前

---

① 冯梦龙：《墨憨斋订定万事足传奇》上卷，载《古本戏曲丛刊二集》，长乐郑氏藏明墨憨斋刊本，第18—19页。
② 冯梦龙：《墨憨斋订定万事足传奇》上卷，载《古本戏曲丛刊二集》，长乐郑氏藏明墨憨斋刊本，第22页。
③ 冯梦龙：《墨憨斋订定万事足传奇》上卷，载《古本戏曲丛刊二集》，长乐郑氏藏明墨憨斋刊本，第22页。

闻""事极痛快",巧计进妾的陈妻则"出于寻常贤孝之外,可与《关雎》《樛木》嗣音"。①因而在此剧中,丈夫与妾的两性关系书写意在彰显妻子的贤德,并将其确立为符合礼法规范的、可宣扬推广的榜样。

《万事足》中"衣襟题字认子"的情节在《三桂记》亦有体现。《三桂记》叙男主人公全正在妻子、儿子、儿媳外出祭扫坟茔时与婢妾小桃合欢。

> (外)堪羡佳期美,春日暖照残红影。(旦)……老爷是丹山彩凤,贱妾乃绿野乌鸦,得谐伉俪之情,自愧天渊之隔。②

全妻杜氏善妒,小桃向全正提出了自己的忧虑"今日之会信非偶然,只恐阴阳交媾日后倘若有孕,老爷不时高擢,奴家有口难言"③。全正闻之,在小桃内衫题诗一首。后全正擢升吏部侍郎离家,怀孕的小桃深受杜氏折磨。她在杜氏之子全孝、孝妻与忠仆全旺的庇护下,生下孪生二子,后与全孝共同登第,杜氏最终悔过。在《曲海总目提要》所录的《序》中,评此剧云:"嫡母无妒忌之失者,子与仆之力居多,虽谓一门和气可也。家门兴替,出自闺中。"④此剧与《万事足》主旨相近,意在讨伐妻妒,说明只有妻贤子孝的家庭才可兴旺不衰。

在此类剧中没有夫妇敦伦的正面描写,有关男女两性的笔墨都集中于丈夫与妾室之间,大多用词缠绵香艳,但在审美上并不为后世评论家

---

① 冯梦龙:《墨憨斋订定万事足传奇》"叙",载《古本戏曲丛刊二集》,长乐郑氏藏明墨憨斋刊本,第2—3页。
② 纪振伦:《三桂联芳记》卷上,载《古本戏曲丛刊二集》,绥中吴氏北京杜氏合藏明刊本,第8页。
③ 纪振伦:《三桂联芳记》卷上,载《古本戏曲丛刊二集》,绥中吴氏北京杜氏合藏明刊本,第8页。
④ 佚名:《三桂记》"序",载蔡毅编著《中国古典戏曲序跋汇编》,齐鲁书社1989年版,第1379页。

所称道。如上文所引用的《三桂记》情节片段，在《远山堂曲品》中被评为"词亦朗然可观"，但"境界庸俗，无堪赏心耳"。①无独有偶，在《千祥记》中亦有"一树梨花压海棠"的情节：

【刘泼帽】（生）千祥轩内把双鸳并，不由人喜笑欢生。（占）风流不减儿郎性。（生）你闪画屏看不得乔形径。

……

【秋月夜】（生）一团情，天生下多娇靓，凤枕鸳衾皆堪幸。天幸得生个儿子呵，书香已继承宗荫，总蓝田未生，喜芝兰有梗。②

《千祥记》中的《戏妾》一出，用整出篇幅讲述了男主人公贾凤鸣见到花园嬉戏的玉蛾后"偶动春情"的情节。在男女互动的过程中，不乏庸俗露骨的对白，审美格调不高。但由于贾凤鸣行为之目的在于"天幸得个儿子呵，书香已继承宗荫"③，"贤德世所称"的夫人对此举也表示支持，故而其个人形象在全剧中依然保持了积极正面的立场。同样地，《三桂记》中全正在小桃衣襟题诗："五十年来鬓已丝，春风忽向小桃枝。老天若肯绵宗祀，记取清明拜扫时。"④强调其渴求后继有人的目的，使人忽略其偷妾的不光彩手段。

这种以讨伐妻妒、绵延子嗣等冠冕堂皇的理由矫饰男性纳妾的行径可被称作"道德上的豁免"。这一概念由康正果提出，他认为在中国古代文学中，一切主观上或口头上以劝惩为目的的作品把性行为派给反面角

---

① 祁彪佳：《远山堂曲品》，载中国戏曲研究院编《中国古典戏曲论著集成》（六），中国戏剧出版社1959年版，第82页。
② 无心子：《千祥记》上卷，载《古本戏曲丛刊二集》，大兴傅氏藏旧抄本，第17页。
③ 无心子：《千祥记》上卷，载《古本戏曲丛刊二集》，大兴傅氏藏旧抄本，第17页。
④ 纪振伦：《三桂联芳记》卷上，载《古本戏曲丛刊二集》，绥中吴氏北京杜氏合藏明刊本，第9页。

色，作者与读者将自己的羞耻转变为对反面角色的鄙视，故而获得道德上的豁免。① 晚明传奇中以教化为目的的带有情欲描写的作品同样符合这一论点。士人纵欲背景的影响与市民审美对文学发展方向的要求使得晚明传奇呈现出趋俗尚奇的审美倾向，晚明传奇在一定程度上成为娱情与示欲的平台。故而即使在带有教化性质的作品中，依然少不了情欲片段。男主人公与其妾室以求子的目的掩盖欲望的满足，实现了一种巧妙的左右逢源式的妥协。作者与读者也因此获得了道德上的豁免。

从男性的角度来看，纳妾既是合理延续子嗣的方式，又是合法满足自身欲望的理由。晚明传奇中通过塑造两类不同的妻子形象传递创作主旨：一类是主动地甚至是想方设法地为丈夫纳妾的"贤妻"，另一类是用尽手段阻挠丈夫纳妾的"妒妇"。如《疗妒羹》中杀妾的苗氏与进妾的颜氏形成鲜明对比；《狮吼记》中阻碍丈夫纳妾的柳氏被阎王将生魂拉入地狱惩治；《祥麟现》中悍妒的董氏被丈夫想方设法地激将，终于为夫立五妾皆生子。这种刻意对比凸显出剧作家对"妒妇"的批判与对"贤妻"的颂扬。显而易见的是，在男性剧作家的创作语境中，这些女性角色的情感与欲望完全不具备自为性和自主性，她们以家庭作为生存环境和生活寄托，一旦展示出嫉妒，必将受到惩罚并以悔过妥协为最终结局。即便是在夫妻感情恩爱的剧作中亦少不了妻妾和谐相处的情节，这已成为晚明传奇中固定的叙事模式。

从女性角度来看，上述情节模式并不真实，刻意美化的妻妾关系忽视了人性。恩格斯认为，"性爱按其本性来说就是排他的"②。性爱的排他性指的是相爱的男女双方均排斥他人之爱或者第三者之爱的介入，其排

---

① 参见康正果《重审风月鉴：性与中国古典文学》，辽宁教育出版社 1998 年版，第 273—274 页。
② ［德］恩格斯：《家庭、私有制和国家的起源》，中共中央马克思恩格斯列宁斯大林著作编译局译，人民出版社 1972 年版，第 79 页。

他性具体表现在原始性爱仅限于身体的占有，而现代性爱则在此基础上更进一步要求情感上的独一无二。女性的排他性思想和情感诉求被漠视和压制。晚明传奇带有男性剧作家理想化的创作倾向，贤妻纳妾、妻妾和谐的情节是从男性视角对女性情感的理想化剪裁和片面化想象。

三、"救风尘"：以妓为妾

晚明传奇中还有一类具有代表性的纳妾情况即以妓为妾。在中国古代文艺作品中，文人与青楼女子结缘的故事尤为常见，以纳妓为妾作为主要情节的戏曲作品更不在少数。譬如元杂剧中，既有歌颂妓女勇敢与智慧的一类作品，同样也有以戒娶妓女为主题的一类典型剧目。在晚明传奇中，才子与名妓因才华感悦互生情愫，最终纳妓为妾的情节屡见不鲜。作为剧中重要人物，青楼女子多被塑造为集美貌、才情、美德于一体的佳偶。

晚明时期朝局混乱、管控松弛，明初禁止官吏及其子孙宿娼，禁止娶乐人为妻妾的禁令[①]名存实亡。明末党社风行，结社聚会频仍，"文人的自由精神大盛，歌咏风月也形成了一个高潮"，聚会成为邀招妓女的"机缘"，而妓女成了士人社会交往的"重要的媒介"。[②]文人雅集常与风月场所有着千丝万缕的联系。

"旧院与贡院遥相对，仅隔一河，原为才子佳人而设。逢秋风桂子之年，四方应试者毕集。结驷连骑，选色征歌。"[③]晚明士人与名妓的结合盛行一时，并因此留下了不少风流佳话。顾横波与龚鼎孳、董小宛与冒辟

---

① 参见怀效锋点校《大明律》卷二五"官吏宿娼"，法律出版社1999年版，第200页；《大明律》卷六"娶乐人为妻妾"，第64页。
② 赵轶峰：《晚明士子和妓女的交往与儒家传统》，《中国史研究》2001年第4期。
③ 余怀著，李金堂校注：《板桥杂记（外一种）》上卷"雅游"，上海古籍出版社2000年版，第13—14页。

疆、李香君与侯方域等才子佳人的故事，更催化了艺术创作中对士妓关系的浪漫想象。

晚明传奇中纳妓为妾的情节折射出文人群体对青楼女子道德品格的重新诠释，表现了男主人公对沦落风尘的女性角色操行的肯定。作为主要人物的妓女角色，大都身在风尘中但一心从良。《绣襦记》中李亚仙"自惭陋质而获宠名公。身虽堕于风尘，而心每悬于霄汉。未知何日得遂从良之愿"①；《青衫记》中裴兴奴"虽是烟花门户，甘心冷淡生涯"②；《红梨记》中谢素秋"烟霞性自矜幽雅，风尘厌杀繁华"③；《玉环记》中玉箫"夜则焚香告天，愿早早从良"④。在这样的背景下，一位风度翩翩的才子与之定情、为之赎身、纳之为妾的情节使才子拯救佳人的故事得到了最终的完善。值得注意的是，其中隐含着剧作家对兼具才貌的青楼女子的伦理救赎意识——既承认其品性高洁，又强调救赎的必要性，显示了以男性为中心的预设立场。从人物设置上，剧作家已将青楼女子设定为需要被拯救于涂炭中的存在。才子对她们的庇护显示出剧作家对富有美貌与才华的女子的同情之心，"而对男人的幻象而言，同情有点屈尊俯就的意味"⑤，因而同时可以看作剧作家满足自身与普通读者观众而营造出的带有救世主意味的幻想。

上述女性角色的从良意愿一方面反映了其出淤泥而不染的品性，另一方面则为后续情节的发展埋下伏笔。她们从首次出场起就表明从良心愿，随着剧情的发展，面对与男主人公的分别、鸨母的劝说或是第三者的威逼利诱，始终坚持本心，不改其志。如《金雀记》可作为经典例子。

---

① 《绣襦记》卷一，载《古本戏曲丛刊初集》，北京图书馆藏明朱墨刊本，第 11 页。
② 顾大典：《青衫记》上卷，载《古本戏曲丛刊初集》，长乐郑氏藏汲古阁刊本，第 5 页。
③ 徐复祚：《红梨记》卷二，载《古本戏曲丛刊初集》，北京图书馆藏明朱墨刊本，第 41 页。
④ 杨柔胜：《玉环记》，载毛晋编，黄竹三、冯俊杰主编《六十种曲评注》（第 16 册），吉林人民出版社 2001 年版，第 332 页。
⑤ ［法］皮埃尔·布尔迪厄：《男性统治》，刘晖译，海天出版社 2002 年版，第 109 页。

《绣襦记》，明朱墨刊本

第五章　晚明传奇中的婚姻家庭与两性关系 | 225 |

《绣襦记》，明朱墨刊本

草寇齐万年乱河东，掳走潘岳之妾巫彩凤。不论以死相逼还是荣华利诱，巫彩凤都坚决维护潘岳之妾的身份，甚至以投崖自尽的方式保护自身清白：

【山坡羊】（贴）巫彩凤身为妾媵，业嫁与潘安英俊。（净）元来是洛阳潘安仁，他是你丈夫。虽是天下闻名，标致后生，我齐万年却也是个草头皇帝。你且与我做个正宫皇后。（贴）羞杀你狗党狐群。我怎肯丧志污红粉。（净）你若从吾，享不尽荣华富贵。（贴）我是一妇人，荆钗与布裙，宁甘厮贱，守志全闺阃，怎肯偷生悖大伦。（净）既不相从，拿去杀了。（贴合）休嗔，刀剑丛中愿丧身。如今，含笑从容归冥阴。

【红衲袄】（净）我见你似巫娥出世尘，只待要赴高唐行合卺。我似楚襄王，体貌多才俊。暮暮朝朝，与你会雨云。（贴）妾非神女，你岂襄王。若此欺心，必遭显戮。（净）胡说。准备着合欢床，裯与衾。快与我整新妆，巧梳鬓。堪夸一对鸾凰也，月下应牵宿世绳。

【山坡羊】（贴）听说罢，心怀怨恨，不由人珠泪流滚。记那日阳关别离。岂今朝一旦成齑粉。（净）一天好事。不必怨嗔。（贴）两泪零，夫君那得闻。毁容剔目，肯把清名殒，视死如归不足云。①

与之相类，《红梨记》中太傅王黼欲以谢素秋为妾，即使被禁闭于府邸之中，谢素秋也绝不相从；《青衫记》裴兴奴不委身于浮梁茶商；《西楼记》中穆素徽坚拒池同；《霞笺记》张丽容宁死不从洒银公子；《投梭记》中元缥风被卖于富商邬斯道便跳河自尽。这些被男配角看作"堪笑

---

① 无心子：《金雀记》，载毛晋编，黄竹三、冯俊杰主编《六十种曲评注》（第16册），吉林人民出版社2001年版，第708—709页。

你绿衣儿"的妓女，在与男主角定情之后，便以性命为代价保持贞操。面对外力考验仍矢志不渝的青楼女性形象，强化了她们坚守道德与抗争命运的双重行动主旨。

究其原因，一方面男性在左拥右抱、一才多美的情况下，要求女性专一守贞。这是晚明时期强调人性解放与男权凝视下遵循传统社会女性要求的两种价值观的复杂缠绕。从另一方面来看，妓女守贞亦反映了晚明社会背景下的特殊状况——晚明妓女以其特有的才华、风骨、操守而享负盛名，其贞烈甚至与男子之忠勇相提并论。

但最后，由于家道中落、家庭贫穷、后母虐待等原因沦落风尘的青楼女子在被男主人公纳娶之后还是会回到传统妻妾制度的规则之中。秦淮名妓才貌双全如董白者，与冒襄情投意合，恩爱九年之久，嫁入冒家后"侍左右、服劳承旨，较婢妇有加无已……当大寒暑，折胶铄金时，必拱立座隅。强之坐饮食，旋坐旋饮食，旋起执役，拱立如初"①。《青衫记》中，鸨母担心裴兴奴从良，故而一再渲染为人侍妾之不易。除了需要侍奉大妇，甚至与夫主云雨巫山的自由权利也一并失去：

> （丑）我儿，你今日也要从良，明日也要从良，只道从良有甚好处。你嫁了一个人，未曾入门，大老婆就扯起架子来。除下你的鬓髻，勒你跪便跪，拜便拜。又不容老公和你睡，衾寒枕冷，多少凄凉。及至老公千求万求，求得容你同他一宿，大老婆又忍酸吃醋，聒噪不休。未到天明就要起身，日里还要受他几场呕气。要穿没得穿，要吃没得吃，要来不得来，要去不得去，要高高不得，要低低不得。才懊悔不听做娘的说话，却便难了。你如今快快梳妆接客。若再如此。我一顿皮鞭打得你希烂，定不饶的。

---

① 冒襄：《影梅庵忆语》，载张岱、冒襄著，徐建华、李楠校注：《陶庵梦忆 影梅庵忆悟》，文化艺术出版社2015年版，第180页。

【古轮台】(旦)不相饶,游蜂浪蝶簇花梢,生来懒去追欢笑,蛙鸣蝉噪,魂绕神劳。怎禁得烟花圈套,便玉软香温,珠围翠绕。算来总是可怜宵,那些个郎才女貌,落便宜独自煎熬。怕蛾眉翠扫,蝉鬓云凋,佳人年少,岁月镜中消,巴不到一鞍一马遂心苗。

　　【尾声】市门空倚终难料,堕落风尘泪暗抛,叹于归无日羞咏桃夭。①

鸨母的恐吓固然是有所夸张,却也基于一定的社会现实。裴兴奴居于市井,卖笑花间,未必不知为人妾之规,但面对鸨母的恐吓,她依然不改从良之心。晚明传奇中的其他为妾之妓也谨遵传统妻妾规则:《金雀记》中巫彩凤一再试探正妻井文鸾的态度,相互确认妻妾身份后"贴跪旦介"并一再表示要"与你叠被铺床""趋事阶前敢惮劳"②。《投梭记》中元缥风为王氏所救,当她得知王氏乃谢鲲正妻时立刻向其下拜"夫人请上,受贱妾一拜。今朝何幸恩雨沾"③。晚明传奇中"生必为狂且,旦必为娼女"的男女人物经历重重曲折后以成婚团圆为最终的结局。这种"从感情化过渡到规范化"④的模式意味着在剧作家眼中,回归家庭对妓女角色来说是最好的归宿。剧中人物对传统婚制规约的主动遵循,既是因为剧作家对女性出路的认知局限,也是基于对社会主流伦理秩序的维护与道德想象。

---

① 顾大典:《青衫记》卷上,载《古本戏曲丛刊初集》,长乐郑氏藏汲古阁刊本,第5—6页。
② 无心子:《金雀记》,载毛晋编、黄竹三、冯俊杰主编《六十种曲评注》(第16册),吉林人民出版社2001年版,第756页。
③ 徐复祚:《投梭记》卷下,载《古本戏曲丛刊三集》,长乐郑氏藏汲古阁刊本,第58页。
④ [意]史罗华:《中国之爱情:对中华帝国数百年来文学作品中爱情问题的研究》,王军、王苏娜译,中国社会科学出版社2012年版,第119页。

小 结

在晚明思潮的冲击下,许多士人对于婢妾的态度和观念已然有所改变。譬如受李贽"论才不论德"理论及广收女弟子的行为影响,部分晚明女性作品的选编中,男性编者提出了"凡宫闺间巷、鬼怪神仙、女冠倡妓、婢妾之属皆为平等"[①]的选编条件。然而,士人们"接受人文主义最大难题乃是终极的人文实践",譬如在士人接受天主教思想时,"其中一个重要问题是'纳妾'"。[②]传教士利玛窦同样谈到为士人传教面临的"最大的阻碍是多妻制"[③]。士人可欣赏婢妾的才华,却无法将她们作为独一无二的个体。这是特殊时代背景下男性的复杂心态的外现,表现在晚明传奇中,既有夫妻超越一般伦理秩序的灵性交融,亦不乏沉溺欲望的纳妾行动。传统儒家对夫妻关系的规范体系在此时期遭遇一定程度的解构,而士人与妻子之外的女性的关系在暧昧的伦理缺口中成了欲望实践的手段。伴随着晚明经济与思想大浪潮的起伏,"存天理,灭人欲"的约束力不断消解,取而代之的是晚明士人就此新构建起的价值观,纵欲与修齐治平并不冲突——"诚意如好色。好色不诚是为自欺者,开一便门矣。且好色何伤乎?"纳妾者如"郭汾阳穷奢极欲,姬妾蒲前,而朝廷倚重。安问好色哉"[④]?这样的观念为晚明时期具有普遍性的纵欲享乐行为构建了冠冕堂皇的理论依据。剧作家亦不能免俗地在纳妾的情节中,为男性主人公的纵欲行为赋予道德正当性。

晚明传奇中"妒妇"形象的盛行可印证上述观点。从根本来看,拒

---

① 郑文昂编:《古今名媛汇诗》"凡例",载《四库全书存目丛书·集部》(第383册),齐鲁书社1997年版,第10页。
② 商传:《走进晚明》,商务印书馆2014年版,第139页。
③ [意]利玛窦:《利玛窦全集》(4)《利玛窦书信集》(下),罗渔译,台湾光启出版社1986年版,第282页。
④ 刘大杰编:《明人小品集》,北新书局1934年版,第8页。

绝丈夫纳妾来自"性爱的排他性"的思想，包含了一定的妇女自我意识的要求。但最终拥有道德审判权力的是男性，因而"妒妇"都遭到了规训或报应惩戒，为夫纳妾的"贤妻"得到了久盼的子嗣、丈夫的肯定以及他人的褒扬。纳妾的行为套上了为家族绵延子嗣或讨伐妻妒的正当的外壳，巧妙地将男性欲望实践转化为维护家族利益的道德义务，通过置换矛盾焦点对男性主人公进行隐性维护。

晚明传奇中以妓为妾也是一类常见情况。元杂剧中有戒娶妓女主题的作品，其中妓女形象多与谋财害命联系在一起，如《风雨像生货郎旦》《郑孔目风雪酷寒亭》；也有以市井生活为背景的作品，其中妓女形象多泼辣且充满烟火气，如《赵盼儿风月救风尘》等。晚明传奇中与男主人公相爱的妓女形象大多区别于其他青楼女性，被赋予近似大家闺秀的才德品质，不仅才貌俱全，且恪守贞节观念。这正是基于晚明士妓交往的特殊背景，体现了以男性为中心拯救女性的预设立场，剧作家通过救赎叙事将纳妓为妾的行为转化为对青楼女性德行的嘉许。

究其本质，隐含了双重逻辑矛盾。首先，婚恋关系前后存在本质断裂。"青山憔悴卿怜我，红粉飘零我忆卿"的士妓交往通常包括传书递简、吟诗作赋，才华感悦，互称知己，最终经历坎坷成为眷属的过程，带有突破礼制的理想色彩。但在相当一部分作品中，当角色身份转换为丈夫与姬妾后，他们复归传统家庭伦理，两性之间的互动以满足男性欲望或生育子嗣为目的。第二重矛盾在于，男主人公推崇青楼女性的才华品貌，热衷于交流中的情感共鸣，愿意与之平等相交。但一旦与之确定关系后，便极力肯定与强调其"贞"，将其守贞特质作为道德救赎的合法性依据，不免又落入理学桎梏，陷入了在个性解放与传统伦理间摇摆的困境之中。

晚明传奇中对于妻妾敦伦的不同态度，表现出了男性剧作家的性别立场，也显示出晚明新旧交替的复杂背景下剧作家左右圆融的尝试与左冲右突的挣扎。晚明传奇带有剧作家自己的伦理观与道德判断，同样也不乏迎合市民审美趣味的目的。因而我们不必过度拔高其意义，但可从中窥见晚明独特的时代风貌与时人复杂甚至矛盾的价值理念。

第六章 晚明传奇非现实境遇中的「绮梦」与「情鬼」

第六章 晚明传奇非现实境遇中的"绮梦"与"情鬼"

明传奇以传"奇"为重要艺术特征，崇尚非奇不传，力求文奇与事奇兼备。因而涉及梦境与鬼魂的非现实内容成为晚明传奇中颇为流行的题材。在题材的选择上，晚明传奇还有"十部传奇九相思"之说，即婚恋戏在晚明传奇中占有很大的比例。传"奇"趋势与婚恋题材的结合使得晚明传奇中出现了独具特色的男女情欲梦境、人鬼幽媾等非现实婚恋境遇。在现实生活中受阻于传统社会伦理秩序的男女，在非现实境遇中得到了自由；在日常生活中被压抑的情欲，在非现实境遇中得以尽情释放。剧作家将非现实境遇的奇幻特征与戏曲特有的叙事手段相结合，令抽象的情欲被具象化地展现；将虚拟的幻境与凡世生活连接在一起，以幻想弥补现实，用幻境折射现世，因而做到了抒情与叙事兼备、传奇与写实交织、崇情与尚欲并存。

第一节 绮梦的生成与延展

中国古典文学对"梦"的引用最早可追溯至先秦时期，《左传》记载了如"晋侯梦大厉""燕姞梦天使与己兰"等诸多做梦及占梦的情节，蕴含了丰富的文学性与戏剧性。《诗经》中《小雅·斯干》叙述了预兆生子的"熊罴梦"，《小雅·无羊》描写了预示丰收与添丁的"牧人梦"。《庄子·齐物论》中有富含寓言性和哲理性的"不知周之梦为胡蝶与，胡蝶之梦为周与"的"蝴蝶梦"。更如《高唐赋》中记述了游历高唐的楚王与自荐枕席的巫山神女之间风流旖旎的"高唐梦"，楚王梦遇神女，与之两情相欢，神女"旦为朝云，暮为行雨，朝朝暮暮，阳台之下"的典故成为后世文学作品中常用的情欲与梦境交融的经典意象，这正与本节所探讨之主题相契合。

先秦时期即出现的涉梦文学传统，在中国古典戏曲中得以继承并不断延续。据统计，宋元时期梦境戏有 42 部，明代梦境戏有 151 部，清代梦境戏有 87 部。① "世界上恐怕没有哪一种戏剧像我国的古典戏曲那样深深地迷恋梦幻"②，中国古典戏曲中涉及梦的剧目包含了各种类型，如预兆未来的神示之梦，如元杂剧郑廷玉《看钱奴买冤家债主》、谢谠《四喜记》、冯梦龙《女丈夫》等；非自然方式传递信息的鬼魂托梦，如关汉卿《关张双赴西蜀梦》、朱凯《昊天塔孟良盗骨》、宫天挺《死生交范张鸡黍》等；以梦境作为佛道试炼考验情境（其中涉及色欲考验的内容在本书第四章有详细论述）的如马致远《邯郸道省悟黄粱梦》、贾仲明《吕洞宾桃柳升仙梦》、苏元俊《梦境记》等。本节以晚明传奇中涉及男女绮梦的作品为主要研究对象。

在元杂剧中，有多部作品都涉及了男女绮梦，试以三部经典作品为例：王实甫《崔莺莺待月西厢记》中张生草桥店梦莺莺，马致远《破幽梦孤雁汉宫秋》中汉元帝别后梦昭君，白朴《唐明皇秋夜梧桐雨》中唐明皇梦中与杨贵妃团聚。这些作品较为明显地受到元杂剧体制结构的影

---

① 参见廖藤叶《中国梦戏研究》"附录"，台湾学思出版社 2000 年版。
② 郑传寅：《传统文化与古典戏曲》，湖南人民出版社 2004 年版，第 309 页。

响,在四折的限制下,从篇幅来看,梦境描写都较为简短,没有展开叙述的空间;在"一人主唱"的体制下,作为末本的《汉宫秋》《梧桐雨》由汉元帝、唐明皇主唱,采用了男性梦境的视角;从叙事角度来看,张生、汉元帝、唐明皇的梦都以表达相思之情为主,侧重个人情感的抒发,没有产生明显的推动情节发展的作用;从审美风格来看,草桥梦、孤雁梦、雨夜梦都带有抒情性质的诗化风格,不以跌宕起伏的情节和传奇志怪的风格为特色。及至明清,"从来传奇小说,多托言于梦"[①],晚明传奇中的男女绮梦将抒情性与戏剧性结合,展现出了不同以往的内容与风格。

一、经典梦境戏的叙事范式与主题嬗变

《玉茗堂批评异梦记·总评》中评点了梦境戏中的经典之作:"从来剧园中说梦者,始于《西厢·草桥》。《草桥》,梦之实者也。今世复有《牡丹亭》。《牡丹亭》,梦之幽者也。复有《南柯》《黄粱》。《南柯》《黄粱》,梦之大者也。"[②] 其中提到的《南柯》《黄粱》即《南柯记》与《邯郸记》,此二者并称为"后二梦"。不论是以"幽"为特点,可反复琢磨的《牡丹亭》,还是以"大"为特色,包容广泛的"后二梦",都以男女之间的绮梦作为重要关目或情节框架。汤显祖利用梦境的非现实特征突破凡世伦理秩序,书写情感欲望,通过政治与私情交错编织的叙事策略,以及"梦中之情,何必非真"[③] 的创作态度,在非现实梦境中折射出对现实世界的思考与感叹。

---

① 黄霖、韩同文选注:《中国历代小说论著选》(修订本),江西人民出版社2000年版,第569页。
② 王元寿:《玉茗堂批评异梦记·总评》,载《古本戏曲丛刊二集》,长氏郑氏藏明刊本,第1页。
③ 汤显祖著,朱萍整理:《临川四梦》,中华书局2016年版,第262页。

(一)《牡丹亭》之《惊梦》

《牡丹亭》中《惊梦》一出可看作晚明传奇中梦境戏的发轫之作，可以说，此剧开创了晚明传奇中男女由绮梦生情的创作先河。被称作"说梦之始"的《西厢记》以张生草桥惊梦作为承接"长亭送别"的余韵，梦醒之后该本剧情结束。[①]《牡丹亭》中杜丽娘游园后生梦，梦醒后寻梦，其情生发于梦中，但并未止于梦中。"丽娘一梦，《还魂》皆活"，杜丽娘的绮梦是作者展开叙事的肯綮，是引导读者与观众走进丽娘内心、理解汤翁旨趣的重要锁钥。下文着重对"惊梦"一出中的梦境进行探讨。

1. 情欲之梦

杜丽娘的绮梦是一场展示女性情感与欲望的梦。其生发的背景是青春年少的杜丽娘被约束在闺阃之内，遵守着不可"白日闲眠"的家教，重复着"长向花阴课女工"的活动，学习着"有风有化、宜室宜家"的毛诗，除了父亲杜宝与老儒师陈最良之外从未接触过任何异性。在她初次踏足花园后，竟然梦到了一位年岁相当的书生并与之欢会。

> （旦作惊喜，欲言又止介）（背云）这生素昧平生，何因到此？
> （生笑介）小姐，咱爱杀你哩。
> 【山桃红】则为你如花美眷，似水流年。是答儿闲寻遍，在幽闺自怜。小姐，和你那答儿讲话去。（旦作含笑不行）（生作牵衣介）（旦低问介）那边去？（生）转过这芍药栏前，紧靠着湖山石边。（旦低问）秀才，去怎的？（生低答）和你把领扣松，衣带宽，袖梢儿揾着牙儿苦也，则待你忍耐温存一晌眠。（旦作羞）（生前抱）（旦推介）（合）是那处曾相见，相看俨然，早难道好处相逢无一言。（生强抱旦下）

[①] 按：《草桥店梦莺莺杂剧》为《西厢记》第四本，后接《张君瑞庆团圞杂剧》为第五本，但关于第五本是否为王实甫所作学界存在争议。

……

【山桃红】（生旦携手上）这一霎天留人便，草藉花眠。小姐可好？（旦低头介）（生）则把云鬟点，红松翠偏。小姐，休忘了呵，见了你紧相偎，慢厮连，恨不得肉儿般团成片也，逗的个日下胭脂雨上鲜。①

这是一场有始有终、事无巨细、别开生面的梦。首先，这一绮梦完整地表现了杜柳相遇相欢的过程。其次，其详细而真实地描述了"芍药栏前、湖山石边"的特定地点，以及从"生作牵衣介"到"生旦携手上"的过程。再次，其别开生面之处在于，幼承庭训的深闺淑女尚不知这次相遇只是一场梦，竟敢于在近似真实的情境中大胆回应陌生书生的求爱，与之共赴巫山（梦境天马行空、不受限制的特性赋予了杜柳初见即相欢的合理性）。汤氏作品被给予"过耽绮语"的评价②，当与这样绮丽而香艳的梦境书写分不开。同时，也正因这样一场绮梦的客观存在，使得《牡丹亭》主旨研究中产生了情与欲之争论，相当一部分评点者与研究者认为杜丽娘之梦纯是写"欲"。但我们不能忽略，杜丽娘在非现实情境中的举动不仅是其正当青春无处安放的个人情感的暂时性释放，也是被束缚已久的精神的突围。更重要的是，当她从非现实的梦境中返回现实后，与梦境一同苏醒的是她的个体意识，因而以其绮梦为契机的自我觉醒并未终止，她在此后展开了寻梦的实际行动，并因此付出了生命的代价。故而我们可以说，这样一场绮梦是起始于欲，但超脱于欲的，《牡丹亭》虽曾依托于血肉情欲，但它不为血肉情欲所拘限，不沉落于此，而是超

---

① 汤显祖著，朱萍整理：《临川四梦》，中华书局2016年版，第144—145页。
② 参见汤显祖《答罗匡湖》，载汤显祖著，徐朔方笺校《汤显祖集全编》（四），上海古籍出版社2015年版，第1859页。

越血肉情欲，体现出一种精神，一种意志自由的精神"①。

2. 男女同梦

在《牡丹亭》问世之前，婚恋题材作品中涉及梦境情节的作品并不少见。这些作品的共同之处在于，梦境大多由一位主人公主导，其往往因对爱人的思念而梦到对方，多是在离愁别绪的情境下的短暂相聚。这类作品可依据做梦之人的性别分为男性梦境与女性梦境。男性梦境如前文提到过的张生草桥梦莺莺、汉元帝梦昭君、唐明皇梦杨妃等。女性梦境如《迷青琐倩女离魂》中张倩女与王文举分别后相思成疾，梦到王文举得官归来；《郑月莲秋夜云窗梦》中郑月莲与秀才张均卿相爱，却被鸨母拆散，郑月莲在愁闷中梦到张均卿前来相会。

作于晚明时期的《牡丹亭》创造性地将男性梦境与女性梦境变为双方同做的梦境。杜丽娘遇持柳书生的绮梦同样是柳梦梅遇梅下美人之梦。在明代话本小说《杜丽娘慕色还魂记》中，柳梦梅"因母食梅而有孕"而得名，与之相对应的情节是，《牡丹亭》中的柳梦梅并非原名"梦梅"，而是因"梦到一园，梅花树下，立着个美人"，梦中美人对他说"柳生，柳生，遇俺方有姻缘之分，发迹之期"，因此他改名为"梦梅"。② 杜丽娘梦中的柳枝与柳梦梅梦中的梅树，一方面与人物姓氏相重合，另一方面两种意象所指向的"未嫁而亡""蟾宫折桂"等信息也相互契合。在杜丽娘与柳梦梅终于正式见面的《幽媾》一出中，杜丽娘上场后自述来意，"趁此良宵，完其前梦"，在柳梦梅关于她身份的数句追问下，杜柳二人有如下一段对话："（旦）秀才呵，你也曾随蝶梦迷花下，（生想介）是当初曾梦来。"③ 汤显祖在此处用庄周梦蝶的典故说明丽娘之梦即是梦梅之梦。

在花神指引下的游园惊梦之于杜丽娘与柳梦梅就如同庄周的蝶梦，

---

① 叶长海：《理无情有说汤翁》，载《汤学刍议》，上海人民出版社2015年版，第37页。
② 参见汤显祖著，朱萍整理《临川四梦》，中华书局2016年版，第126页。
③ 汤显祖著，朱萍整理：《临川四梦》，中华书局2016年版，第189—190页。

既是柳梦梅进入了杜丽娘的梦境，也是杜丽娘在柳梦梅的梦境之中。《吴吴山三妇合评牡丹亭》中评点杜柳之梦为"各自有情，各自做梦，各不自以为梦，各遂得真"，"偶尔一梦，改名换姓，生出无数痴情"，"柳因梦改名，杜因梦感病，皆以梦为真也"。①以此为始，这种男女主人公初次相会的同梦模式影响到了《牡丹亭》之后的诸多传奇创作，如《异梦记》《梦花酣》《双鱼佩》等。与同类传奇中风流的男主人公相比，柳梦梅不仅是同梦模式的第一人，其痴情、专一、勇于付诸实际行动的人物特征使之成为同类梦境题材的戏曲中尤为经典且不因时间流逝而褪色的重要人物。

3. 梦与梦外

《牡丹亭》的《惊梦》在推动现实世界情节发展的同时，也严格划分出了与现实世界的界限。杜丽娘的梦是其涌动在内心的情欲的决堤，可以说，这一梦将青春少女被压抑的欲望与情感具象化，杜丽娘将父母教导与闺仪闺训彻底抛弃，甚至以生命作为寻梦的代价。然而一旦回归现实世界，回归原本的身体，杜丽娘以"鬼可虚情，人须实礼"为由拒绝柳梦梅的求欢，并告知他"必待父母之命，媒妁之言"②。杜丽娘在梦中的欢会与梦外的拒绝一样都出自本能，使她兼具多情而守礼的特征，既突破了传统伦理规则，又在面对审判时因私合于梦中（或以鬼魂的形式）的虚幻性获得了贞操的保存与道德的豁免，也因而能在最高统治者的见证下不免俗地与获取状元身份的柳梦梅结为连理，达成"前系幽欢，后成明配"③的圆满结局。

但我们不能简单地将汤显祖概括为"反封建斗士"，他在《牡丹亭》中展现出的有关于"理"与"情"的思想具有相当的复杂性。"汤显祖试

---

① 汤显祖著，陈同、谈则、钱宜合评：《吴吴山三妇合评牡丹亭》，上海古籍出版社2008年版，第3页。
② 汤显祖著，朱萍整理：《临川四梦》，中华书局2016年版，第207页。
③ 汤显祖著，朱萍整理：《临川四梦》，中华书局2016年版，第178页。

图调和'情'与'理',使之一体化,但这不是一位入世的、为情所使的艺术家所能达到的。"汤显祖所处的晚明时代正是思潮涌动、风云迭起的时代,身处其中的汤显祖受到王学、佛教以及根植于士大夫体内的儒家思想的多元思想影响。其老师罗汝芳"生生之仁""孝悌慈"的入世思想、佛教的色空观、在晚明混乱政治背景下无处安放的用世之心,构成了汤显祖极为丰富的精神气质。"正因为汤显祖是一个有独特的、复杂的、有时甚至是矛盾的思想结构的人,他的戏曲创作也就自然与众不同。"①

(二)"后二梦"之"南柯梦"与"邯郸梦"

在完成《牡丹亭》(1598)的两年后汤显祖作《南柯记》(1600),又一年,作《邯郸记》(1601)。《南柯记》与《邯郸记》并称为汤显祖"后二梦"。从剧情结构来看,"后二梦"与《牡丹亭》的不同之处在于两剧中南柯一梦与黄粱美梦并非如杜柳之梦一样作为重要情节出现,而是作为全剧框架出现的。梦始为剧始,梦醒则剧终。从创作主旨来看,"后二梦"从以梦写爱情转向了以梦写政治。事实上,除政治之外,"后二梦"中的男女情欲亦是研究中不可忽视的重点。吕天成评《南柯记》"酒色武夫,乃从梦境证佛,此先生妙旨也"②。刘志禅作《邯郸梦记题辞》云:"酒色财气为四贼……临川早识此者,将四条正路布列《邯郸》一部中。"③ 后二梦中的"色"即本节重点研究的对象。

1. 女性人物的情感与欲望

《南柯记》中梦游大槐安国的淳于梦与《邯郸记》中黄粱一梦的卢生在梦中发迹的起点都是娶到了出身高贵、于仕途有所助益的妻子。淳于

---

① 叶长海:《理无情有说汤翁》,载《汤学刍议》,上海人民出版社2015年版,第52—53页。
② 毛效同编著:《汤显祖研究资料汇编》,上海古籍出版社2016年版,第649页。
③ 毛效同编著:《汤显祖研究资料汇编》,上海古籍出版社2016年版,第1248页。

棼借大槐安国瑶芳公主之力，出任南柯太守；卢生之妻出身五姓七家，豪掷千金向亲友行贿，组建关系网以铺平卢生青云之路。在这样的背景下，两对夫妻的关系迥异于其他戏曲作品中常见的夫妻关系。淳于棼与瑶芳公主琴瑟和谐，如胶似漆，二十年如一日一夫一妻。瑶芳公主表现出了性爱的排他性，要求丈夫从身到心的全部归属，甚至在重病临终之前，依然叮嘱淳于棼"奴家并不曾亏了驸马，则我去之后，驸马不得再娶呵"①。淳于棼毫不犹豫地答应了公主的要求。可以说，瑶芳公主这种看似违背传统婚姻观念的要求表现出了情欲上的占有，淳于棼的回应则体现了他对排他与占有的肯定，因而可以说淳于棼夫妻之间的感情具有"现代的性爱"②的进步意义。

崔氏对卢生的态度更为肆无忌惮。在梦境起始，落魄的卢生误入崔家内院，崔氏经过观察与盘问后决定与之结下姻缘。

（生拱立）（老回话介）禀小姐：那汉子洗浴更衣了。（旦）那人怎么？（老）尽风华，衣冠济楚多文雅。（旦低问介）内才怎的？（老低笑介）便是那话儿郎当，你可也逗着他……

【贺新郎】（旦）羞杀儿家，早莲腮映来杯斝，骤生春满堂如画。人潇洒，为甚么闲步天台看晚霞？拾的个阮郎门下。低低笑，轻轻哈，逗着文君寡。（合）云雨事，休惊怕。③

令人惊诧的是，豪门出身的淑女崔氏对异性的考察在于"内才怎的"，甚至可以说将其作为了择偶的标准。崔氏本由卢生所骑青驴幻化，

---

① 汤显祖著，朱萍整理：《临川四梦》，中华书局2016年版，第332页。
② ［德］恩格斯：《家庭、私有制和国家的起源》，中共中央马克思恩格斯列宁斯大林著作编译局译，人民出版社1972年版，第75页。
③ 汤显祖著，朱萍整理：《临川四梦》，中华书局2016年版，第378页。

她出人意料的大胆与露骨为邯郸梦境增添了荒谬与讽刺，同时剧作家也借其形象直白地展现了高门女性毫无修饰的原始心态与欲望。

无独有偶，《南柯记》中亦有几位大胆展示个体欲望的女性角色。在第三十七出《粲诱》中，丧妻的淳于棼离开南柯郡还朝后，成为琼英郡主、灵芝国嫂与上真仙姑的入幕之宾。

【刘泼帽】南柯太守多情况，感年年礼节风光。（小旦）如今又做了头厅相，（贴）须与他解闷浇惆怅。（老旦笑介）琼英姐，你要与他解闷，你我三人都是寡居，到要驸马来做个解闷儿哩。（小旦）我是道情人哩。

【前腔】拚今生不看见男儿相。怕黏连到惹动情肠。（老）兴到了也不由的你。（合）倘三杯醉后能疏放。把主人见爱难谦让。（老）讲定了，向后请驸马，三人轮流取乐，不许偏背。①

从淳于棼的角度看来，与琼英郡主等三人的取乐完全不同于与瑶芳公主的身心合一，这是权势非常、威仪甚盛的淳于棼拜相回朝后，朝歌暮宴、纸醉金迷的生活中的一次普通艳遇。从琼英等人的角度看来，这场欢会更为目的明确，她们看重的是"驸马一表人才，十分雄势"，与他的交际是出于两位寡妇和一位道姑的"解闷浇惆怅""轮流取乐"的生理需要。她们身份的特殊性造成了满足其个体欲望的困难性，这场肆意欢会便是其满足自身基本生理欲求的结果。

2. 纵欲的危机与讽刺

在"后二梦"中，位极人臣的淳于棼与卢生都因纵情女色而导致了殒落的结局。《南柯记》中，淳于棼与琼英郡主、灵芝国嫂、上真仙姑纵

---

① 汤显祖著，朱萍整理：《临川四梦》，中华书局2016年版，第342页。

欲享乐，琼英郡主三人轮流设宴，男女混淆，昼夜无度。

【蛮儿犯】（贴众）半盏琼浆，且自加怀巨量。（贴背介）听他独自温存，话儿挨挨好不情长。（回介）芳心一点，做了八眉相向，又蚤阑干月上。（合）画堂中几般清朗。

【前腔】（生）幽情细讲，对面何妨？演煞宫娥侍长。旧家姊妹俨成行，就月笼灯衫袖张。（合前）

【前腔】（贴众）风摇翠幌，月转回廊，露滴宫娥槐叶响。好秋光风景不寻常，人带幽姿花暗香。（合前）

【前腔】（生）把金钗夜访，玉枕生凉，辜负年深兴广。三星照户显残妆，好不留人今夜长。①

淳于棼的政敌右丞相段功借机向国王进言，以"客星犯于牛女虚危之次"②的天象参奏淳于棼，"说虚危者，宗庙也；客星犯牛女者，宫闱事也"③，这无疑触及了国王的利益。放荡度日的淳于棼失去了政治嗅觉，因此断送了仕途，被遣出了大槐安国。曾经将南柯郡治理得井井有条，受到百姓敬仰的南柯太守，终究在狂放的欲望里迷失了。

《邯郸记》中的卢生沉溺女色，不遑多让。在第二十七出《极欲》中，皇帝向卢生赐下二十四名女乐，卢生兴致勃勃，井井有条地为其制定规则：

（生）听我分付：今夜便在楼中派定，此楼分为二十四房，每房门上挂一盏绛纱灯为号，待我游歇一处，本房收了纱灯，余房以次

---

① 汤显祖著，朱萍整理：《临川四梦》，中华书局2016年版，第344页。
② 汤显祖著，朱萍整理：《临川四梦》，中华书局2016年版，第346页。
③ 汤显祖著，朱萍整理：《临川四梦》，中华书局2016年版，第349页。

收灯就寝。倘有高兴,两人三人临期听用。(乐笑应介)①

不仅如此,年事已高的卢生恋栈不去,试图通过采战之术长生不老。只因"好采战说长生事大,皇恩赐女娇娃",导致"病势沉沉,精魂散乱",最终一命呜呼。满足个人生理欲望本是人性的本能,但卢生无限制地放纵、膨胀自身欲望最终付出了生命的代价。汤显祖以"色"为刀,深入剖析了卢生的命运,对其结局的安排无疑包含着汤氏对纵欲的否定。

除了男女主人公之外,"后二梦"中还包括了对官场骄奢淫逸、黑暗腐败的展示。《南柯记》中,淳于梦由南柯郡回京之后,身边围绕着的大小官员无不日日饮酒作乐、沉溺酒色不能自拔。《邯郸记》中,卢生开通运河,命人凑足一千位美女为开元皇帝摇橹,负责征美女的驿丞在寻遍无着的情况下以犯妇凑数,早已麻木的犯妇与驿丞调情,以夸张、谐谑的语言将高高在上的天子变作庸俗调笑的对象,展示晚明时期权力异化的场景与文人士大夫的精神危机。

当卢生一朝没落,妻子崔氏、丫鬟梅香受到牵连被没入织房时,督造太监竟然也对梅香百般调戏、侮辱。由大槐安国到开元朝廷,由皇帝到大大小小的官员,无不贪权好色、骄泰淫泆。这正是汤显祖历经官场沉浮后的真实披露,包含着对万历朝廷的失望与讽刺。正如吴梅在《邯郸记跋》中的评语:"此记与《南柯》……备述人世险诈之情,是明季官场习气,足以考镜万历年间仕途之况,勿粗鲁读过。"②

3. 梦了为觉,情了为佛

"后二梦"表现个人欲望的舒展与解放,也展示无节制放纵的堕落与恶果。汤显祖并未止步于此,他将佛老思想注入《南柯记》与《邯郸记》的梦境,超脱情欲之外写一切事物的幻灭为空。

---

① 汤显祖著,朱萍整理:《临川四梦》,中华书局2016年版,第437页。
② 毛效同编著:《汤显祖研究资料汇编》,上海古籍出版社2016年版,第1269页。

《邯郸梦记》"满床簪笏尽是绮罗生长",明朱墨刊本

《邯郸梦记》"满床簪笏尽是绮罗生长",明朱墨刊本

汤显祖与达观和尚交往密切，受佛家思想影响很深。在创作《南柯记》的前一年，达观和尚曾来探访辞官回乡的汤显祖，二人同游多日。在送别达观后归家的那日，汤显祖做了一个旖旎的梦，并在《梦觉篇》及其序言中，记录下了这个梦：

> 春中望夕寝于内，后夜梦床头一女奴，明媚甚。戏取画梅裙着之。忽报达公书从九江来，开视则刲成小册也。大意本原色触之事，不甚记。记其末有"大觉"二字，又亲书"海若士"三字。起而敬志之。公旧呼予寸虚，此度呼予广虚也。①

他梦到自己与一明眸皓齿的女奴共寝，又取出一条画着梅花的裙子让她穿。忽然有人传来达观的书信，达观在信中与他讨论色与空之关系，又点明色空之理。这让他"如痴复如觉，览竟自惊起"②。这样一个以旖旎为始，又以色空为终的梦，正如同剧作家笔下的《南柯记》。在《南柯记》中，经历了人生与仕途的大起大落，由大槐安国回到人间的淳于棼依然没有断绝情欲之心。当他再见琼英等三人出现的时候，淳于棼犹自不舍，要"三位天仙下来"，当瑶芳公主乘云而至，他撇下琼英三人，希望能够与公主"重做夫妻"，并急于询问天上的夫妻是如何相爱相欢：

> （旦）淳郎，你既有此心，我则在忉利天依旧等你为夫，则要你加意修行。（生）天上夫妻交会，可似人间？（旦）忉利天夫妻就是人间，则是空来，并无云雨。若到以上几层天去，那夫妻都不交体

---

① 汤显祖：《梦觉篇》，载汤显祖著，徐朔方笺校《汤显祖集全编》（二），上海古籍出版社2015年版，第810页。
② 汤显祖：《梦觉篇》，载汤显祖著，徐朔方笺校《汤显祖集全编》（二），上海古籍出版社2015年版，第810页。

了。情起之时，或是抱一抱儿，或笑一笑儿，或嗅一嗅儿。夫呵，此外便是离恨天了。（叹介）天呵。

　　北【雁儿落带得胜令】但和你莲花须坐一回，恰便似线穿珠滚盘内。便做到色界天和你调笑咦，则休把离恨天胡乱踹。①

"忉利天"的概念出自《阿毗达摩俱舍论》，它将我们所处的宇宙空间分为"三界"，三界之中欲界的六欲天和色界十七天、无色界四天并称为"三界诸天"。六欲天中，只有忉利天和四王天与人间的性爱方式相同，而其他诸天中则不同。②

　　契玄禅师持剑分开夫妻二人，喝破二人定情的金钗犀盒原是槐枝槐荚，淳于棼终于顿悟。佛家以破除我执的方法消解了物与我的对立。"我"是空，定情伊始的信物为空，相伴二十载的爱妻为空，"中心藏之，何日忘之"的情为空，"男女混淆，昼夜无度"的欲望亦为空。"梦了为觉，情了为佛"③，至此，淳于棼情尽梦醒。

　　在《南柯记》完成后，汤显祖遭遇了极为不幸之事，餐英披秀、凤冠人群的长子士蘧在参加乡试时染病离世，年仅二十三岁。其后，在三年一次的大计中，辞官归乡的汤显祖不仅没有被召回，反而被评之以"浮躁"，就此被彻底罢免了官职。在经历过此种情形后创作的《邯郸记》比之《南柯记》有了明显的变化。对《南柯记》中曾经克己奉公的南柯太守，汤显祖仍留有一丝同情和惋惜。因而在南柯梦醒后给淳于棼以再见父亲、重会爱妻、超度蚁群的因果了结。《邯郸记》中，汤显祖通篇否定卢生由行贿科场到纵欲而亡的人生，并借此显示官场由上至下的黑暗

---

① 汤显祖著，朱萍整理：《临川四梦》，中华书局2016年版，第361页。
② 参见［印］世亲造《阿毗达摩俱舍论略注》（下），玄奘译，智敏注，上海古籍出版社2016年版，第387—388页。
③ 汤显祖著，朱萍整理：《临川四梦》，中华书局2016年版，第363页。

腐败、尔虞我诈。更讽刺的是，卢生60年大起大落、有血有肉的生活是黄粱一梦，妻子是"胯下青驴"幻化，儿孙是"店中鸡儿狗儿变的"，帝王臣佐"都是妄想游魂，参成世界"。人生如梦，剧作家以梦的虚幻性代替人生的真实性，表现了对人生的否定。

清代诗人皮锡瑞观看《邯郸记》后作观剧诗如下："富贵常悲春梦婆，徒骄妻妾意云何。奈当得志乘权日，梦醒人稀梦死多。"①娇妻美妾的情欲绮梦、大权在握的美梦最容易令人沉溺。剧作家现实生活中找不到出路，只能利用佛道的力量造梦又醒梦，以此保持灵魂的清醒，实现精神的解脱。

二、多元梦境戏的特征与叙事策略

（一）梦的特征：难以把控的虚幻感与难以解释的神秘性

汤显祖的《临川四梦》（特别是《牡丹亭》）为晚明传奇中涉及梦境情节的作品带来一种新的创作思路，在他的影响下，诸多剧作中都出现了风流旖旎的绮梦，并以此作为全剧情节的重要节点，构筑出带有奇幻色彩的非现实境遇。晚明剧作家并未对梦的原理有科学系统的了解，但他们敏锐地抓住梦境的特性加以利用。

1. 不可控性生成叙事张力

人类的生理梦境具有虚幻性特征。首先主要表现在梦的不可控制性，人无法操控自己梦境的开始与结束，梦具有容易被外界事物打断且难以为继的特征。

《牡丹亭》中，杜丽娘入梦与梦醒都是突如其来的，不受本人控制。她入梦的过程极为自然，甚至起初未被具有"上帝视角"的读者和观众

---

① 毛效同编著：《汤显祖研究资料汇编》，上海古籍出版社2016年版，第1328页。

发觉。杜丽娘绮梦的结束是被母亲惊醒。梦中的书生将丽娘"搂抱去牡丹亭畔,芍药阑边,共成云雨之欢",欢毕,书生送杜丽娘回房,在她正准备送别书生时,母亲来到,将她唤醒,使她"一身冷汗,乃是南柯一梦"。① 梦醒后的杜丽娘虽试图寻梦、续梦,但梦的特性注定其是无法继续。杜丽娘因梦境中断产生"行坐不宁,自觉如有所失"②的感觉正生动地概括出梦境突然中断的心理感受。与她一样若有所失的还有《异梦记》中的书生王奇俊。同样地,王奇俊在花园遇到美丽的顾云容,对她一见钟情,因二人有婚姻之分,掌管人间婚姻的主婚使者引王奇俊梦中入顾云容闺房相会。王、顾二人云消雨散,两情依依之际,顾父突然出现:"甚么人走进我女孩儿房里来?快拿快拿!"③欢会之时,二人尚来不及互通姓名便被惊醒,就此相互失去了音信,"一场春梦不分明"④。《梦花酣》中萧斗南在花神的指引下入梦见到了谢蕡桃,未及与之相识,只能在梦醒后根据记忆描画其容貌,四处寻访梦中人。可以说,剧中主人公在入梦之前毫无征兆,梦被惊醒也是突如其来,无法依靠自身把握。这种不可把握的虚幻性为男女主人公互相寻找对方埋设了障碍,但同时也为再次会面时情感的水到渠成埋下了伏笔。

这种虚幻特征还表现为从现实中的抽离与回归。《南柯记》中淳于棼一梦数十载,梦醒之后依然"斜日未隐""余酒尚温"⑤;《邯郸记》卢生经历了波澜起伏、轰轰烈烈的一世,回归现世才发现"六十年光景,熟不的半箸黄粱"⑥。晚明传奇《翻西厢》中有关梦境的戏剧冲突更为激烈,男

---

① 汤显祖著,朱萍整理:《临川四梦》,中华书局2016年版,第145页。
② 汤显祖著,朱萍整理:《临川四梦》,中华书局2016年版,第145—146页。
③ 王元寿:《玉茗堂批评异梦记》卷上,载《古本戏曲丛刊二集》,长乐郑氏藏明刊本,第21页。
④ 王元寿:《玉茗堂批评异梦记》卷上,载《古本戏曲丛刊二集》,长乐郑氏藏明刊本,第22页。
⑤ 汤显祖著,朱萍整理:《临川四梦》,中华书局2016年版,第353页。
⑥ 汤显祖著,朱萍整理:《临川四梦》,中华书局2016年版,第442页。

主人公郑恒不舍指腹为婚的崔莺莺,但在姑母崔老夫人的催促下不得不离别赴试。满腹相思的郑恒路宿客店,在梦神的帮助下梦会莺莺。正当未婚夫妻再定鸳盟、互相温存之际,张生带人前来破坏,强夺郑、崔定情信物,莺莺刚烈,宁死不屈,自刎而亡。郑恒痛彻心扉,犹如天崩地裂之际忽然被琴童惊醒,猛然发现自己依然身处客店。莺莺、红娘、张生、众帮凶都已烟消云散。

【尾声】(生)离奇一梦非人境,我冷汗淋漓心尚惊。若不是后来这场打搅,我也情愿做个不醒庄周过此生。①

从梦境激烈的冲突中回到现实的郑恒目睹客店桌椅床帐,恍惚不已。回想梦中场景,一则回味与莺莺的相会,宁愿就此长睡不醒,二则又庆幸莺莺并未真正身死魂消。大喜大悲的抽离与回归正显示出梦境的虚幻感。

2. 连接现实与对话神明的功能

梦不受控制且充满虚幻感的特征使之具有非同一般的神秘性。在中国古代,梦作为无法解释的神秘现象一直被看作人类睡眠后灵魂的出走,因而梦文化也与"灵魂崇拜与鬼神信仰一直交织"②。剧作家将梦境难以把控的虚幻感与难以解释的神秘性相结合,利用这两种特性使之服务于剧情。这主要表现在以梦境连接、预兆、干预现实以及获得神明指引两个方面。

在《牡丹亭》中,柳梦梅与杜丽娘的云雨欢会受到花神的怜惜庇佑:

---

① 研雪子:《识闲堂第一种翻西厢》卷下,载《古本戏曲丛刊三集》,北京图书馆藏明末刊本,第24页。
② 刘文英、曹田玉:《梦与中国文化》,人民出版社2003年版,第11页。

（末花神束发冠红衣插花上）咱花神专掌惜玉怜香，竟来保护他，要他云雨十分欢幸也。

【鲍老催】单则是混阳蒸变，看他似虫儿般蠢动把风情扇。一般儿娇凝翠绽魂儿颤。这是景上缘，想内成，因中见。呀！淫邪展污了花台殿。咱待拈片落花儿惊醒他。（向鬼门丢花介）他梦酣春透了怎留连？拈花闪碎的红如片。

秀才，才到得半梦儿，梦毕之时，好送杜小姐仍归香阁。吾神去也。（下）①

南安府后花园的花神在杜、柳二人的梦中现身，保护这场欢爱，也指引柳梦梅的行动。柳梦梅听从花神指令送杜丽娘回到闺房，因而杜丽娘梦醒之时身体已由花园挪至闺房。梦境与现实的连接既显示出不可思议的玄幻感，又同时为杜、柳二人展现与现实连接的、似真非真的深刻感受。同时，花神的庇护使得这一场未婚男女之间的欢会获得了被权威支持与认可的立场，因而显示出剧作家对这场私合的正面态度。

再如《异梦记》中，主婚使者引王奇俊梦入顾云容房中与她相会：

（小生扮神，鬼判随上）（小生）天上比翼鸟，地下连理枝，相逢都是梦，何必梦来时。吾神主婚使者的便是，蒙上帝玉音敕吾神掌管人间婚姻。今有王奇俊与顾云容该有婚姻之分，先该梦里相逢，向后方得会合。不免指引王奇俊到云容房中与他相会，梦中再显些奇异以为后日应验。②

---

① 汤显祖著，朱萍整理：《临川四梦》，中华书局2016年版，第144—145页。
② 王元寿：《玉茗堂批评异梦记》卷上，载《古本戏曲丛刊二集》，长乐郑氏藏明刊本，第19页。

这位主婚使者大显神威，先命小鬼驱赶王奇俊的"睡魔"，又指引其步入香闺，为王、顾二人带来了鸳鸯交颈、订盟三生的机会。他所说的要"显些奇异"即梦中王奇俊与顾云容交换紫金碧甸环与水晶双玉佩作为定情信物，梦醒之后王奇俊发现自己的水晶佩已失而紫金环竟出现在身边。凭借两样定情信物，男女主人公历经波折最终在"后方得会合"。一方面，正如上文所论述的一样，神仙对男女主人公未婚私合行为的庇护显示出了剧作家的赞同态度。另一方面，将欢会地点置于非现实梦境的安排，以及婚姻天赐、姻缘早定的前情使得王奇俊与顾云容的合欢在正统与叛逆的界限中擦边而过。这也显示出了剧作家在晚明特殊背景下的复杂甚至矛盾的创作心态。

（二）梦的叙事：由人物内在的隐秘性到戏剧呈现的具象化

晚明传奇中男女绮梦的典型特征即以梦境的隐秘性为创作基础。人类梦境的隐秘性即只为自己所知，不为他人所知——身处梦境之中可做现实生活中不可想、不敢做之事，因此能照见做梦者内心深处隐藏的欲望与秘密。《牡丹亭》中名门淑女杜丽娘与书生私相欢会，《翻西厢》中端方君子郑恒跪地向莺莺示爱求欢，《异梦记》中书生王奇俊进入未婚女子的闺房与之相欢，《梦花酣》有"痴"气的萧斗南在梦中见到名花美女两相欢的场景不由得"醉似泥"①。

1.欲望投射的合法性建构

天马行空、可为所欲为的梦境是不为人知地展示做梦者欲望的非现实空间，他人往往只能通过做梦者带有主观情绪的转述才能了解其梦境。晚明传奇中不乏人物向他人陈述自己带有情欲色彩的梦境，试举两例，《蕉帕记》中，不学无术的胡连以较为庸俗的表达插科打诨地讲述了梦

---

① 范文若：《梦花酣》上卷，载《古本戏曲丛刊二集》，北京图书馆藏明末刊本，第4页。

《玉茗堂批评异梦记·欢娱暂结三生愿》，明刊本

《玉茗堂批评异梦记·欢娱暂结三生愿》，明刊本

境:"刚才睡去,梦见与表子吃醋捻酸,好不有趣!"①《飞丸记》中书童真幻梦到"主人意思忒殷勤,劝酒花娇两傍站。眼底行来步步娇,耳边唱的〔声声慢〕"②。但更多的梦境戏是利用戏剧可演可观的功能将做梦者在梦中的经历直接展示在读者或观众眼前。以《异梦记》为例:

（生旦挽手上介）

【江儿水】（旦）髻乱钗横燕,香消鬓堕蝉。（生）微微气喘,纤腰倦。暂酬惜玉怜香愿,怕添惨绿愁红怨。（合）好结百年姻眷,顷刻相逢何日再来庭院。③

再以《梦花酣》为例,萧斗南梦中与谢蒨桃相遇,顾盼生情,引出后文题诗定情、两相欢会之事。因战时离乱,谢蒨桃殒命,其好友郑彩鸾取得萧斗南据谢蒨桃容貌所绘写真图,借机靠近萧斗南。萧斗南在半睡半醒间误将郑彩鸾当作谢蒨桃,在梦话中说出感觉对象变换的疑惑以及对欢会的回味与期待。

（生搂小旦介）

【玉交枝带六幺】[玉交枝]（生）你玉英珠粲,曳红裳朱幢绣幡。起初何等的妆束,何等的娇艳,你如今呵,湘云鹤氅难留盼。（小旦笑介）秀才,那里有什么不同处?（生）呀,连房儿也更变了。[六幺令]就这芙蓉幔也变水仙,看阳台一座登时幻,阳台一座登时

---

① 单本:《五闹蕉帕记》卷上,载《古本戏曲丛刊二集》,北京图书馆藏明文林阁刊本,第9页。
② 张景:《飞丸记》,载毛晋编,黄竹三、冯俊杰主编《六十种曲评注》(第23册),吉林人民出版社2001年版,第430页。
③ 王元寿:《玉茗堂批评异梦记》卷上,载《古本戏曲丛刊二集》,长乐郑氏藏明刊本,第21页。

幻。(又沉睡介)①

男女之间对异性的渴慕与欲望的萌发是无形且抽象的，梦境具有将其具象化的功能。"梦在表达虚而不实的感情时，总是将它幻化为生动的意象，使内在的隐秘投射为耳目可接的生动画面，从而使无从捉摸的心灵变得易于把握。"②同时，剧作家将戏剧的代言体形式与梦境结合，使得晚明传奇中的绮梦剥离了物理梦境中的个人视角而获取更为全面的"上帝视角"，令读者与观众可直观地目睹剧中人物的隐秘欲望。

2. 性格维度的立体化书写

男女绮梦中带有隐秘性的、突破现实藩篱的欢会情节加深了对剧中人物的性格刻画——直接展示出人物内心深处的欲望是抓取并凸显人物性格特征的重要叙事方法。正如上文所述，男女主人公最初多是由花神、梦神、婚姻神指引进入梦境，而在梦境中的具体所作所为则完全是由人物自身决定的。《异梦记》中王奇俊被引至顾府，毫不犹豫地选择了夜叩闺门。

> (生)此处已是他房门首了，待我叩门则个。(做叩门介)(鬼引旦上)
> 【尹令】绮窗外谁来小院，待偷瞧娇羞满面。(出见生介)(生做进)(旦背立介)原来是这生。(生)便是小生。(旦)风流俊彦，适向陌头窥见。(生)园中见的正是小生。(旦)蓦地重逢教我俯首无言情暗牵。……(生)小生回去好生思想小姐。③

---

① 范文若:《梦花酣》上卷，载《古本戏曲丛刊二集》，北京图书馆藏明末刊本，第51页。
② 郑传寅:《传统文化与古典戏曲》，湖南人民出版社2004年版，第339页。
③ 王元寿:《玉茗堂批评异梦记》卷上，载《古本戏曲丛刊二集》，长乐郑氏藏明刊本，第19页。

白天在花园里相遇的一对未婚青年男女一见钟情,现实生活的礼仪规范阻止了他们更进一步的接触。但在没有约束的梦境之中,他们可从心所欲地表达自己的感情,顺从自身的意愿。王奇俊叩门自荐,"生挽旦""做写诗介""生抱旦看介",顾云容起初有所推拒绝,"做羞不肯介",最终"生旦挽手下"①,相互有意的两个人就此成就好事。一对渴慕异性、鲜活大胆的青年男女形象由此跃然纸上。

再如《翻西厢》中郑恒与崔莺莺这一对未婚夫妻。在现实生活中,莺莺谨遵慈训,囿于内宅,郑恒虽为其表兄兼未婚夫,仍极少有机会与之会面,这令其满腹相思之情无处排解。在梦神的指引下,夜宿客店的郑恒得以与莺莺在梦中相见。郑恒"跪泣"示爱,莺莺以贴身玉环与之,二人"只虑着温存今夜"②。旖旎的梦境突然急转直下,反派人物张生带人前来破坏,强夺玉环。莺莺为保贞节"夺众刀急刎",郑恒抱尸大哭,舐尽小姐"满身血渍"。③在这个由温存转向悲愤的梦境里,郑恒之痴情、莺莺之贞烈、张生之无耻被无限放大展示。剧作家在非现实的梦境里设置了极端化的境况,给做梦者以真实的感受,故而测试出了不同人物的真实性格,加深了对人物形象的塑造。更进一步来看,剧作家在非现实境遇中建构起独特的叙事空间,由此触发人物性格的多维显现,将其情感诉求外化为文本与舞台呈现。由此,人物暴露出被规训压抑的原始欲望,或展露出被理性外衣包裹的本心,最终在虚实交错的戏剧张力中完成立体化的叙事。

---

① 王元寿:《玉茗堂批评异梦记》卷上,载《古本戏曲丛刊二集》,长乐郑氏藏明刊本,第19—21页。
② 研雪子:《识闲堂第一种翻西厢》卷下,载《古本戏曲丛刊三集》,北京图书馆藏明末刊本,第21—22页。
③ 研雪子:《识闲堂第一种翻西厢》卷下,载《古本戏曲丛刊三集》,北京图书馆藏明末刊本,第24页。

小　结

在中国古典戏曲发展史上，梦境书写呈现出了一定的时代特征。元杂剧中的婚恋戏构建了男性与女性个人梦境的经典范式，但在有限的篇幅和固定的体制中抒发个人情感，在客观上囿于抒情表意的单一维度，在叙事功能与心理深度的开掘上尚有未尽之处。及至晚明，汤显祖《牡丹亭》及"后二梦"显示的"因情成梦，因梦成戏"的美学主张与庄周梦蝶的哲学思辨，使得梦境书写在晚明传奇中获得了创新与突破，构建起虚实相生的双重叙事空间。利用梦境难以把控的虚幻感、难以解释的神秘性等特征，剧作家将人物内心的隐秘欲望进行戏剧性、具象化的呈现。这种"以幻写真"的创作手法，不仅通过梦境与现实的多维互动拓展了叙事张力，完成了立体丰满的性格塑造，也在梦境中完成了对人性本真的深度开掘，在一定程度上创造了戏曲心理叙事范式。

本节以晚明传奇中的绮梦为研究对象，剖析经典梦境书写作品《牡丹亭》与《南柯记》《邯郸记》及晚明传奇中其他与梦境相关的作品。《牡丹亭》开创了晚明传奇中绮梦的先河，并形成了男女同梦的固定模式，在梦与现实的对比中反映作者复杂的创作心态。"后二梦"之"梦"的框架更为广阔，其中涉及个人欲望书写的内容不可简单带过，从现实意义的角度来看，既体现了女性自我意志的飚扬，又展现出晚明官场被酒色财气笼罩的混沌；从作者创作主题意义来看，既描述了追求自我满足的愉快，又从劝惩的角度揭示了过度纵欲的危险，更进一步引入佛道思想，将人类的本能情欲视为虚幻以达到对人生的否定。

从叙事角度来看，男女同做的绮梦形成的固定模式还包括对梦的特性的把握。梦的不可控性令男女主人公的梦始与梦终都毫无准备，为后文的叙事埋下伏笔；从现实中的抽离与回归往往显示出悲喜缓急的交错，有利于把控叙事节奏，对人物内心深处欲望的展演能够在极端情境下凸显人物性格；主人公的绮梦多是受到神祇的庇佑与指挥，因而在显示出作者正面肯定态度的同时也因姻缘天定的设定不可避免地暴露出时代的局限性。

我们也应意识到，并不是每一出晚明传奇中的绮梦都达到了审美性与思想性兼备的高度。在其后流行的戏曲选本中，除《牡丹亭》与"后二梦"之外，少有被选录者。而《牡丹亭》中《惊梦》一折，是其后包括《月露音》《词林逸响》《玄雪谱》《怡春锦》《审音鉴古录》《绣刻演剧》《今乐府选》《乐府遏云编》《醉怡情》《缀白裘合集》《钱编缀白裘》在内的几乎所有戏曲选本中必选的出目；《南柯记》中叙述淳于棼与琼英郡主等三人纵欲取乐的《生恣》一折与《邯郸记》中叙述卢生穷奢极欲的《极欲》一折中的曲子都被选在万历年间的戏曲选集《月露音》中，由此亦可见晚明读者的审美趋向——对绮梦书写有着阅读与观看的热情，但同时对作品叙述水准、审美风格、思想主题有一定的要求。

但毋庸置疑的是，这些梦是剧作家在晚明特殊时代背景下的自由创作，晚明传奇剧作家将梦的虚幻性、神秘性、隐秘性、具象化等特征加以加工利用，在真实世界与梦境世界中从容来去，展开剧情、刻画人物的最终目的仍然是自我表达。"我欲做官，则顷刻之间便臻荣贵；我欲致仕，则转盼之际又入山林；我欲作人间才子，即为杜甫、李白之后身；我欲娶绝代佳人，即作王嫱、西施之元配；我欲成仙、作佛，则西天、蓬岛，即在砚池笔架之前；我欲尽孝、输忠，则君治、亲年，可跻尧、舜、彭篯之上。"① 晚明传奇绮梦题材作品中真境与幻境的互文建构，为创作者提供了多维度的叙事空间。这种虚实相生的艺术手法不仅实现了剧中人物深层欲望的戏剧化呈现，更成为剧作家主观情志的投射。由此形成的绮梦意象，一方面折射出剧中角色情欲意识的具象化形态，另一方

---

① 李渔：《闲情偶寄》，载中国戏曲研究院编《中国古典戏曲论著集成》（七），中国戏剧出版社1959年版，第54页。

面则体现了剧作家的思想观念——它们"不可避免地带有世俗的杂念与庸俗的气味，但它毕竟更多的是人对自由、爱情、生命的追求"①。这也正构成了晚明传奇中男女绮梦书写的独特美学价值——在世俗欲望的帷幕之下，跃动着人性的启蒙曙光。

第二节 情鬼的形塑与幽媾的书写

中国古典戏曲与鬼文化的联系由来已久。戏曲起源说之一"巫优说"中的经典例子"优孟衣冠"，即讲述了由优孟扮演已逝的孙叔敖的故事。北宋孟元老所著《东京梦华录》中"驾登宝津楼诸军呈百戏"一条记录了"假面披发，口吐狼牙烟火，如鬼神状者"②的表演。南宋时期，南戏《王魁》讲述了王魁负心，桂英鬼魂报仇的故事。明代之前，元杂剧中以鬼魂为身份的人物颇多，鬼魂出现在公案戏、历史剧、婚恋戏等诸多题材类别中，形成值得关注的现象。按照题材类别来看，鬼魂鸣冤复仇类剧作如《感天动地窦娥冤》《包待制智赚生金阁》《玎玎珰珰盆儿鬼》《包待制智勘后庭花》等，历史人物作为鬼魂现身类如《关张双赴西蜀梦》《地藏王证东窗事犯》《承明殿霍光鬼谏》等，婚恋情鬼类如《迷青琐倩女离魂》《萨真人夜断碧桃花》等。明杂剧进一步延续并拓展了元杂剧的创作传统，涉及了魂游地府的《狂鼓史渔阳三弄》《杜秀才错认轮回报仇》，有鬼魂复仇或报恩的《袁氏义犬》《樱桃园》，以及涉及男女情感的《洛水悲》等。

---

① 葛兆光：《道教与中国文化》，上海人民出版社1987年版，第409页。
② 孟元老撰，伊永文笺注：《东京梦华录笺注》（上），中华书局2006年版，第687页。

与上述鬼魂题材的戏曲相比,晚明传奇剧作中的鬼戏书写呈现出鲜明的时代特征与创作风貌。首先,晚明传奇中涉及鬼魂的作品体量丰赡,形式多样。其次,在题材类型上尤以婚恋戏居多,婚恋叙事主导题材取向。再次,主要人物以女性鬼魂为主,以非现实情境凸显了女性鬼魂的主体性建构。最后,婚恋题材的鬼魂戏多采用"离魂—冥诉—复生—团圆"的剧作结构,体现了一定的叙事结构的程式性。本节重点关注"幽媾"母题,涉及幽媾的剧作即本节研究重点。具体作品主要包括汤显祖《牡丹亭》,沈璟《一种情》,周朝俊《红梅记》,范文若《梦花酣》,吴炳《西园记》《画中人》,朱京藩《风流院》等。下文详细论述之。

一、离魂:情的实践

(一)生前思慕,离魂幽媾

晚明传奇中的"情鬼"戏主要以女性鬼魂为主人公,她们生前多是佳人,死后以魂魄为形体与男主人公幽媾。她们是极具共性的一个群体。从其生前身份来看,《牡丹亭》中的杜丽娘、《一种情》中的何兴娘、《画中人》中的郑琼枝、《西园记》中的赵玉英、《梦花酣》中的谢蕡桃等原本都是出身官宦之家的大家闺秀,《红梅记》中的李慧娘与《风流院》中的小青则是妾室出身。从其死因来看,杜丽娘寻梦不着,慕色而亡;何兴娘因未婚夫失联,悬望不得而病亡;郑琼枝因被画像后不断呼唤名字而离魂;赵玉英因觉婚姻无望,抑郁而亡;李慧娘为夫主所杀;小青则被大妇嫉妒,独居孤山庄病亡。她们多因身份与环境的限制,思春怜己之情得不到排遣或婚事不谐而抑郁丧生,其悲剧性的死亡本质是父权制性别秩序与个体情欲觉醒冲突的极端呈现。女鬼的"离魂"促成了其对原有秩序的越界,通过以非现实的身份与男主人公幽媾的形式,重建情欲主体性。

在《牡丹亭》中，杜丽娘之魂魄与柳梦梅幽会，其情形旖旎、意迷情浓。

【绣带儿】（旦）镇消停，不是俺闲情忒慢俄，那些儿忘却俺欢哥。夜香残回避了尊亲，绣床偎收拾起生活。停脱，顺风儿斜将金佩拖，紧摘离百忙的淡妆明抹。

（生）费你高情，则良夜无酒，奈何？（旦）都忘了，俺携酒一壶，花果二色，在楹栏之上，取来消遣。（旦出，取酒果花上）（生）生受了！是甚果？（旦）青梅数粒。（生）这花？（旦）美人蕉。（生）梅子酸似俺秀才，蕉花红似俺姐姐。串饮一杯。（共杯饮介）

【白练序】（旦）金荷、斟香糯。（生）你酝酿春心玉液波，拼微酡，东风外翠香红酸。（旦）也摘不下奇花果，这一点蕉花和梅豆呵，君知么？爱的人全风韵，花有根科。

【醉太平】（生）细哦，这子儿花朵，似美人憔悴，酸子情多。喜蕉心暗展，一夜梅犀点污。如何？酒潮微晕笑生涡，待噷着脸恣情的呜喔。些儿个，翠偎了情波。润红蕉点，香生梅唾。①

杜丽娘是晚明传奇中女鬼形象的典型，她开启了晚明传奇中女鬼与书生无媒而合，又因情复生的情节模式，在其后出现的女鬼形象上我们或多或少都可以见到杜丽娘的影子。杜、柳幽会虽是杜丽娘主动叩门，但并不是无目的地随机选择异性。在此之前，丽娘魂游梅花观，听到柳梦梅叫画，发现画中春容正是自己，同时发现柳梦梅暗合"不是梅边是柳边"的预言，故而知道这是姻缘前定，因而"告过了冥府判君，趁此良宵，完其前梦"。②再如《一种情》中的何兴娘，因悬望自幼订婚的崔

---

① 汤显祖著，朱萍整理：《临川四梦》，中华书局2016年版，第194—195页。
② 汤显祖著，朱萍整理：《临川四梦》，中华书局2016年版，第189页。

嗣宗不得，抱恨而亡。当崔嗣宗终于来到何家，何兴娘之魂魄便故意将订婚时作为聘礼的金凤钗遗失在崔嗣宗面前，在第十一出《拾钗》中，"就计与他相会"①。《西园记》中，赵玉英生前与张继华在西园红楼有一面之缘。第二十六出《幽媾》中，当其亡魂听到"有人频呼小字"，"寻声探访，即去年所见那生"②，为其痴情所感，故而与之"同衾共枕""共穴相期"③。《梦花酣》第十五出《魂交》中，谢蒨桃之魂听到萧斗南吟出二人梦中相会时应和的诗句，试探出他"就是题诗那人"，故而愿同萧斗南"滚芳尘""逞精神"。④女性鬼魂群体生前受到礼教规训与空间禁锢，青春的欲望与诉求遭受压制，魂魄脱离肉身桎梏后，她们主动选择生前倾慕的固定对象将情欲之思付诸行动，形成"生前思慕，离魂幽媾"的常见模式。

（二）现世桎梏，离世放纵

脱离生前束缚的女鬼们表现出了非同一般的大胆与前所未有的主动。杜丽娘深夜叩门，自荐枕席，与柳梦梅一同"点勘春风这第一花"⑤。赵玉英夤夜而至，几经试探，以"做羞不应介"默许合欢。更有甚者，《一种情》中何兴娘之魂一心愿与崔嗣宗做夫妻，故而假借妹妹庆娘之名于深夜来到崔嗣宗书房。面对崔嗣宗命他"速请归房"的拒绝，兴娘不惜以声名相胁：

【五韵美】（正旦）凤钗见是君拾在，这鸾俦已定难再改。姐夫。

---

① 沈璟：《一种情传奇》上卷，载《古本戏曲丛刊初集》，北京图书馆藏旧抄本，第18页。
② 吴炳：《西园记》卷下，载《古本戏曲丛刊三集》，北京图书馆藏明末刊本，第21页。
③ 吴炳：《西园记》卷下，载《古本戏曲丛刊三集》，北京图书馆藏明末刊本，第25页。
④ 范文若：《梦花酣》上卷，载《古本戏曲丛刊三集》，北京图书馆藏明末刊本，第45—46页。
⑤ 汤显祖著，朱萍整理：《临川四梦》，中华书局2016年版，第191页。

《重镌绣像牡丹亭·幽媾》,明怀德堂本

（生）小姨。（正旦）须做一床锦被好相遮盖。

……

【五般宜】（正旦）我父把你通家子待，伊这贱才。（生）小姨不要破口吓，（正旦）好嘎，却把我闺中女诱来外斋。①

何兴娘一改生前的娇怯病弱，以超越闺阁淑女的泼辣态度和强硬的手段威胁崔嗣宗与之相欢，并最终成功实现"和你今夜先交两意谐"②，了却了悬望十五年不得的、与未婚夫做夫妻的夙缘。这正显示出了何兴娘之魂魄脱出现实社会秩序与伦理规则之后主动的一面。无独有偶，《红梅记》中李慧娘也敢于将情欲之思大胆付诸行动。第三十九出《幽会》中，当她见到西廊徘徊的美少年裴舜卿时，"私情顿起"，决意"呈身"，裴舜卿担心这是贾似道的美人计，退居不应。李慧娘直截了当地以"强奸罪名"威胁裴舜卿：

【东瓯令】（贴）我知心话你自忖量，不听俺言儿惹祸殃。你书生真犯孤寒相，可有个人亲傍。与你成就了罢，若不呵，做强奸平白将伊诓，天大罪你自承当。③

当得知裴舜卿的拒绝是出于担心遭受迫害时，李慧娘改变策略，软硬兼施地解释道："我记得当时与平章同游西湖，妾见君同一人立于断桥之上，那时便盼着你了，到如今都做了一场春梦。罢罢罢，悔却当时错认君，相思洒泪湿罗裙。襄王不作阳台梦，神女空来一片云。"④ 裴舜卿

---

① 沈璟：《一种情传奇》卷上，载《古本戏曲丛刊初集》，北京图书馆藏旧抄本，第20—21页。
② 沈璟：《一种情传奇》卷上，载《古本戏曲丛刊初集》，北京图书馆藏旧抄本，第21页。
③ 周朝俊：《红梅记》卷上，《古本戏曲丛刊初集》，长乐郑氏藏明刊本，第34页。
④ 周朝俊：《红梅记》卷上，《古本戏曲丛刊初集》，长乐郑氏藏明刊本，第35页。

听罢，怜爱之心大炽，顺水推舟与之欢好云雨。相较于出身官宦的闺秀，李慧娘生前处于更卑微的生存境遇，作为权臣贾似道的侍妾，她承受着性别与阶级的双重压制。一句"美哉一少年"的赞叹，导致了因言获罪的极端遭遇，也暴露出妾婢群体连基本话语权都被剥夺的残酷现实。但变为魂魄的慧娘，丝毫没有因丧命而改变欣赏异性的爱美之心与求美之欲，她将死亡作为重构主体性的契机。不同于背负"从一而终"心理的大家闺秀，李慧娘的自荐枕席首先是出于对其样貌的喜爱与寂寞的情欲涌动，因而更直白地消解了女性追求贞洁的道德训诫。

《两性社会学：母系社会与父系社会之比较》认为"每个地方社会都是求爱和爱情等引诱物同着禁令和隔绝等制度并行存在的"[①]。在晚明社会背景下，一方面多元新思想的注入使得传统伦理道德秩序开始松动，过去被视为禁忌的行为被打破，有关两性关系的问题开始被重新思考。另一方面，在新旧思想交替的时期，传统价值观依然潜移默化地影响着人们，有关女性行为规范、思想精神等方面的限制或多或少依然客观存在。因塑造女性鬼魂群体而产生的非现实境遇既承载了对新型思想的实践，又成为化解现实道德困境的叙事手段。因而在晚明传奇中，一群"越轨"的女性有了鬼魂之身这一非现实身份作为依托。鬼魂作为非人类的存在，不受到人类社会秩序的影响与束缚，女性鬼魂群体不达目的不罢休地在非现实境遇中完成了"僭越性"的行动。

特别值得注意的是，晚明传奇中还出现了一类特殊的女性角色类型——女性人物通过伪装成女鬼实现情欲自主，本文将其概括为"拟女鬼"形象。在《金钿盒》第二十七出《诡遇》中，妫秀假称自己为姐姐妫英之魂魄与心仪的书生权次卿幽会，"不能如崔少府之幽婚，愿得似杜

---

① ［英］马林诺夫斯基：《两性社会学：母系社会与父系社会之比较》，李安宅译，上海人民出版社2003年版，第192页。

丽娘之冥感"①，以求"百年宠爱一宵同"②。《疗妒羹》第二十九出《假魂》中，乔小青感于杨器礼画之情深，在杨妻的帮助下，有计划地"扮作鬼魂模样，夜往书斋，做一出柳梦梅见鬼杂剧"③。由此可见女鬼幽媾事在晚明时期的流行。显然，非现实境遇被普遍视作现实伦理的豁免之地，女性可以通过扮演鬼魂置身于"非人"的叙事安全区，"拟女鬼"的形象可反向证明"女鬼"对自身情欲满足的可能性。但同时，也说明了晚明现实生活中的女性仍需借助"鬼魂"的虚构身份为"离经叛道"的行为进行遮掩的现实境况。

二、拟人：人性的续存

《礼记·祭法》云："大凡生于天地之间者皆曰'命'，其万物死皆曰'折'，人死曰'鬼'。"④《说文解字》中阐释"鬼"的含义为"人所归为鬼"⑤，由这些释义可见在古代先民眼中人与鬼之间的延续性关系。这种关系在晚明传奇中的女鬼形象塑造上得以充分体现。她们不同于仪式剧中符号性质的鬼神形象，也不同于明清戏曲中极富奇幻特色的冥判、小鬼等形象，在个人经历上，她们魂游于枉死城，受到阴曹地府审判；在行动上，以"闪上""闪进""忽显""作影下""穿墙""阴风"等非物理形式出现在男主人公身边；在心理上，能抛开人间俗世的礼仪规范，但其始终未脱离"人性"的内核，具有丰富而深刻的"人"的特征。

---

① 张琦：《金钿盒传奇》卷下，载《古本戏曲丛刊二集》，北京图书馆藏明末刊本，第38页。
② 张琦：《金钿盒传奇》卷下，载《古本戏曲丛刊二集》，北京图书馆藏明末刊本，第38页。
③ 吴炳：《疗妒羹记》下卷，载《古本戏曲丛刊三集》，北京图书馆藏明末刊本，第50页。
④ 胡平生、张萌译注：《礼记》(下册)，中华书局2017年版，第886—887页。
⑤ 许慎撰，徐铉等校：《说文解字》，上海古籍出版社2007年版，第449页。

（一）形貌的拟真

晚明传奇中的女鬼形象都具有相当美丽的人类容貌。杜丽娘之魂深夜叩门，令开门的柳梦梅惊叹"何处一娇娃，艳非常使人惊诧"[1]。裴舜卿初见李慧娘"觑他颜色艳非常，喫惊惶，无端惹动情肠"[2]。萧斗南看到谢蕡桃感叹道"果然一女子光艳非世间所有"[3]。在女鬼的外形描述中，剧作家多用"艳"这一形容词，意在说明其美貌是在人类女性日常审美范畴基础上的更进一步，一方面以夸张修辞凸显其容貌之美，另一方面暗含艳极而妖之意，通过对现实世界的审美超越，暗示人物的异界属性，同时，与大家闺秀固定的端庄的审美形象形成对比。

在《画中人》一剧中，庾长明日日观画叫画，直到郑琼枝的魂灵到来"把真身合上画中"的时候，他才发现日日相对的画像变得"有些意思了"：

（生看惊喜介）那、那、那眼睛方才好像一转。

【锦中拍】刚则见秋波溜人。咦？眉也动起来了，怪双黛微颦。咦？口也开了，想要与小生讲话，迎风蕊开心不吝。（叫介）怎还不应？辞哺鸟试翎终嫩。妙，妙！和身都动像要旋转的一般，恍轻摇一天潇湘水痕。琼枝你快些下来罢，捻得住风牌月印，捉得就情踪意跟。好一阵花粉香，假粉生香。连环珮也响起来，死环流韵。（内鸣锣生惊介）果然的活翻身浑不信。

（旦忽从画边走出，见生作羞态，欲下，生扯介）怎、怎、怎又要上画去？则被你叫得小生好苦，决不放你去了。[4]

---

[1] 汤显祖著，朱萍整理：《临川四梦》，中华书局2016年版，第189页。
[2] 周朝俊：《红梅记》卷上，载《古本戏曲丛刊初集》，长乐郑氏藏明刊本，第33页。
[3] 范文若：《梦花酣》上卷，载《古本戏曲丛刊三集》，北京图书馆藏明末刊本，第46页。
[4] 吴炳：《画中人传奇》卷上，载《古本戏曲丛刊三集》，上海图书馆藏明末刊本，第28—29页。

剧作家从五官、身材、声音、香味等方面详细地描写了郑琼枝显出的如花似玉的外形，通过多维度感官书写建构情欲符号体系，既突破传统闺秀形象的含蓄范式，同时将异类身份转化为欲望投射的合法载体。

鬼魂的形象原本就源于人们的想象，剧作家带有目的性地给不同类型的鬼魂安排以不同的外貌。譬如凶神恶煞的冥判，青面獠牙的小鬼，披发赤身、满面流血的冤鬼或是无形的特殊鬼如盆儿鬼等。晚明传奇中的女鬼或是保留了生前年轻貌美的形象，或是可幻化"现出生前模样"[①]，因而不仅与常人无异，且以非同寻常的美貌给对方以惊艳的第一印象。这样的设定构建了完整的叙事逻辑性，女鬼的花容月貌消解了人鬼殊途的伦理戒备，令男主人公放松对陌生人夜晚叩门的警惕性，并自然而然地产生了爱怜情绪或艳遇幻想，因而后续人鬼幽媾的情节便可水到渠成。同时，人类容貌的保留与内在精神的延续体现了女鬼形象形神统一的一致性，也赋予了女鬼行动的合理性，因而她们坚守生前心愿，保留对固定对象的渴慕，使个体情感意志获得超越肉体存在的永恒性。

（二）身份的隐匿

晚明传奇中的女鬼大多在与男主人公相见之初，会对自己的鬼魂身份进行隐瞒，有的甚至假冒她人姓名。杜丽娘假称东邻女；李慧娘只说自己是相府中人；何兴娘假扮妹妹庆娘，以"姐夫"称呼自己的情郎；赵玉英初见张继华时，假借家中养女王玉真的姓名和身份；谢蒨桃以尚书令之女翠柳的身份同萧斗南私奔远走。已死之人的出现会令常人感到诧异与恐惧，非人类的身份则带有非我族类、低人一等的意味，人鬼殊途的前景不容乐观。种种复杂的原因交织使得女鬼选择隐瞒身份。

女主人公隐瞒身份的剧情模式中，通常还包含了男主人公的询问，

---

① 吴炳：《西园记》卷下，载《古本戏曲丛刊三集》，北京图书馆藏明末刊本，第21页。

以及女主人公的进一步试探。晚明传奇的幽媾戏中，面对男主人公的询问，杜丽娘避重就轻地回答"秀才，你猜来"①，何兴娘先发制人"敛衽万福，先生、姐夫、贵客"②，李慧娘斩钉截铁，自称"相府之中无他人，你不必问我姓名"③。一些女性人物则会对男主人公进行试探。譬如"则怕奴家到是个鬼"④"只怕我还是个鬼"⑤等语成为其时常重复，用以试探男主人公的常用语。与之相对应的是，面对女主人公的试探，男主人公大都表现出对眼前之人的重视远胜于对其身份的关注。在获得哪怕"就是鬼也好"等正面回答之后，女主人公会表现得极为感动，共赴巫山以报男主人公不畏惧之情：

（小旦泪介）说到此处不觉数行泪下，张郎信有情人也！（生扶小旦同拜介）

【尾声】辨至诚亲折证，同衾共枕过今生。（小旦笑介）只要你共穴相期订死盟。⑥

在隐藏鬼魂身份的同时，她们的言谈行止与常人无异，呈现出高度拟人化的特质。在与男主人公交流的过程中，或娇俏或泼辣或温柔或狡黠，性格各异的女主人公统一地表现出了富有魅力的人类女性特征。她们"小心隐瞒—存心试探—真心感动——心交付"的行为轨迹与"与士耽"的人类女性别无二致，印证了超自然存在在情感维度上与人类共通的心理机制。

---

① 汤显祖著，朱萍整理：《临川四梦》，中华书局2016年版，第189页。
② 沈璟：《一种情传奇》，载《古本戏曲丛刊初集》，北京图书馆藏旧抄本，第20页。
③ 周朝俊：《红梅记》卷上，载《古本戏曲丛刊初集》，长乐郑氏藏明刊本，第33页。
④ 范文若：《梦花酣》上卷，载《古本戏曲丛刊三集》，北京图书馆藏明末刊本，第47页。
⑤ 吴炳：《西园记》卷下，载《古本戏曲丛刊三集》，北京图书馆藏明末刊本，第25页。
⑥ 吴炳：《西园记》卷下，载《古本戏曲丛刊三集》，北京图书馆藏明末刊本，第25页。

同时,当被男主人公问及出身时,生前为官宦出身的女性主人公对自己的身份表现出了十分坦然与自信的态度。赵玉英自称"未曾许聘,先父简庵公曾举孝廉"①,坦然陈明其父获举孝廉的背景;郑琼枝自报家门"太守女儿,父亲在京,同母亲寄居此地"②,说明父亲仕宦京城的现状。这种对世俗身份的强调恰与其非现实存在状态形成微妙张力——身体和行动虽已脱离桎梏,但在精神上与其他女性一样延续着传统门第意识;在自卑于非人身份的同时对自己的官宦门第、清白身家带有自矜心理,通过彰显原生阶层的文化资本维系着人格尊严的完整,也折射出特殊群体在价值认同上的复杂取向。

(三)前缘的构建

在此类作品中,剧作家通过多重叙事策略为女主人公幽媾行为赋予道德合法性。首先,剧作家以宿命论消解伦理困境。如杜丽娘与谢蕡桃等同类人物被安排了姻缘天定的前因。她们都因花神指引,梦中与男主人公结下不解之缘,最终在男主人公的帮助下复生还阳,并得到了皇帝及父母的肯定。花神、冥判、皇帝的非现实与现实权威的同情与支持,将逾越礼法的幽会转化为天意难违的命定佳话。其次,通过女主人公个人品格凸显其行为的正当性,尤其强调其恪守"贞"与"不妒"的妇德准则。如赵玉英在与张继华私约偷会的同时,还力劝张继华接受与王玉真的议婚,并在其婚后告知"冥缘已尽",就此分手。何兴娘与未婚夫崔嗣宗享受了一年的鱼水之欢,又附身于妹妹庆娘身体与父母对话,促成姐亡妹续的姻缘。再次,通过对礼制仪式的强调淡化越轨色彩。如郑琼枝、杨小青者,注重结合之前的礼仪。郑琼枝父亲在京任职,她虽已魂魄离体,但依然注重并肯定父亲一家之主的权威,"待父亲到家再作道

---

① 吴炳:《西园记》卷下,载《古本戏曲丛刊三集》,北京图书馆藏明末刊本,第23页。
② 吴炳:《画中人传奇》卷上,载《古本戏曲丛刊三集》,上海图书馆藏明末刊本,第29页。

理"①。杨小青入籍风流院,得遇杜丽娘与柳梦梅为其与书生舒洁郎做媒,准备要"做个庆喜的筵席"②。在二人欢会之前,特别安排有丫鬟上场念诵缠绵绮丽的祝颂。虽不算是正式成婚,但二人仍以夫妻相称——他们将初次云雨欢会当作洞房花烛看待:

【二煞】(旦)侬心诉与郎,郎心诉与俺。政是两般心事一串。(生笑起搂住旦介)娘子我爱杀你也。(旦)他那里满腔意热将人搂,我这里一点情羞弄影偏。(生又搂介)(旦)请尊重也偷花汉,眼见得天鹅到口却可也慢慢吞咽。

(内扮侍女持灯上)玉房铺玉枕,仙女对仙郎。佳刻已至也,双双请上床。(见介)仙娘仙郎话太长哩。玉壶内起了更也,请睡罢。

【落丝娘煞】(生)试采取香肌玉质。(旦)全然似小乔初嫁。③

在晚明剧作家的笔下,女鬼形象有脱离人世成为鬼魂后自由肆意的一面,同时也有和人类一般无二的美貌多情、相信姻缘天定的一面。剧作家为这些女鬼创造了突破凡世束缚、满足个人欲望的机会,同时也给其幽媾行为安排以姻缘注定的前因或是冥缘完尽的结局,给其离经叛道、违反传统道德礼义的行为以一定的"弥补"。这种叙事策略既维持了世俗道德体系的表面完整,又通过权威支持、品德加持与仪式强调的三重保障,为非常规婚恋开辟出被主流价值默许的生存空间。

晚明是一个政局转折、经济大发展的时代,也是一个思想光辉迸发的灿烂的时代。在这个时代中,有的人选择在理学内部进行改革思考,

---

① 吴炳:《画中人传奇》卷上,载《古本戏曲丛刊三集》,上海图书馆藏明末刊本,第29页。
② 朱京藩:《小青娘风流院传奇》卷上,载《古本戏曲丛刊二集》,北京图书馆藏明德聚堂刊本,第59页。
③ 朱京藩:《小青娘风流院传奇》卷上,载《古本戏曲丛刊二集》,北京图书馆藏明德聚堂刊本,第61—62页。

以应对理学带来的逐渐僵化的制度；有的人试图破开一片儒学的新天地，不拘定法、大展拳脚；有的人受宗教影响，在释老之中寻求慰藉；有的人则展眼于西方文化，开拓更多元的视角。阳明心学的不断发展延伸，佛道的复兴与儒释道三教合一，西学东渐之风的兴起……除此之外，还有复古运动的萌芽与实学思潮曙光的显露。身处这样的环境中，种种思想主张都给晚明士人带来莫大的影响，并投射到他们创作的文学作品当中。时代的更易、价值观的多元、新旧思想的交锋令其时的剧作家处在复杂矛盾的状态中。他们笔下亦鬼亦人的女鬼形象可看作男性剧作家对女性人物的全新创造与融合弥补，表现了他们试图兼容新旧思想，调和个体解放与道学束缚矛盾的复杂心态。其中包含的两性观、情欲观等与其他时期的戏曲作品相比，展现出了时代思潮赋予的特性。

三、生死辩证：悲剧性与审美品格

晚明传奇大多以先离后合、始困终亨作为固定叙事模式，多以大团圆结局收束全篇，往往被学界认为缺乏悲剧特质与悲剧精神。客观看来，离合兴衰的叙事程式确乎对剧作悲剧性有所消减，但如若深入考察晚明传奇中非现实题材的作品，便会发现诸多此类剧作通过非现实与世俗伦理的复杂互动，呈现出迥异于传统悲剧范式的精神内涵与美学品格。

（一）冲突与毁灭中的悲剧呈现

死亡是普通人所面临的最大恐惧，它与痛苦、悲伤、绝望等情绪往往联系在一起。在上述晚明传奇中，每一位女主人公都经历了这一令人身心苦痛的过程。究其原因，即个人意志与周围环境的冲突矛盾不可调和所致。《牡丹亭》中杜丽娘生于官宦名门，困于后园内宅，服从于女则女训，突然萌发的青春欲望只能在梦中得到排遣。梦醒之后，寻梦不着，青春正好的她在留下自己最美的画像后病亡。《一种情》中何兴娘自幼与崔嗣宗订婚，崔嗣宗因访道失去消息，十五年音信不通。长大成人的何兴娘春心萌动却无处可托思春之情，等待未婚夫不得，抑郁而终。她临死之前由爱生恨，"恨崔郎今生误人，料应奴前世会衅，致将我断送青春"①。《西园记》中赵玉英许配王伯宁，其人不学无术、痴愚无赖，玉英满腔对未来婚姻的畅想被无情打破，渐渐消沉。重病之时，王、赵二家竟决定提前成婚为玉英冲喜，在第十四出《病诀》中，不为人所理解的玉英试图通过一死来解开束缚在身上的婚姻枷锁：

（小旦）咳，我赵玉英死的不差也。

【尾声】花枝甘背东风老，也省得狂蜂杂闹。便等我向干净泉台走一遭。②

这些夭亡的女性形象承载着深刻的悲剧性。《红梅记》中李慧娘与贾似道泛舟湖上，偶然见到裴舜卿风姿出众，顿生爱美之心，赞其曰"美哉一少年"③，却因此为贾似道所杀，以警示诸妾。《风流院》中小青因大妇嫉妒，不断被其折磨。后独自居住在孤山庄，"十八芳年空里度，打算佳时梦也无"④。这些女性主人公正当大好年华，才体会到青春的美好便因正常的情欲萌发受限、婚恋幻想破灭而亡故。可怜杜丽娘"颜色如花，岂料命如一叶"⑤，何兴娘"如花貌，难道未试春风遽先秋草"⑥，小青"政

---

① 沈璟：《一种情传奇》上卷，载《古本戏曲丛刊初集》，北京图书馆藏旧抄本，第12页。
② 吴炳：《西园记》卷上，载《古本戏曲丛刊三集》，北京图书馆藏明末刊本，第43页。
③ 周朝俊：《红梅记》卷上，载《古本戏曲丛刊初集》，长乐郑氏藏明刊本，第3页。
④ 朱京藩：《小青娘风流院传奇》卷上，载《古本戏曲丛刊二集》，北京图书馆藏明德聚堂刊本，第31页。
⑤ 汤显祖著，朱萍整理：《临川四梦》，中华书局2016年版，第144页。
⑥ 吴炳：《西园记》卷上，载《古本戏曲丛刊三集》，北京图书馆藏明末刊本，第40页。

是牡丹初放，芍药才开，叵耐一番骤雨，一番狂风，憔悴至此"[①]。这些主人公在最青春美好的年龄凋谢，她们的香消玉殒正是将美好的事物的毁灭过程展示给观众，在令人惊痛惋惜的同时，完成了对封建时代女性生存困境的悲剧性呈现。

令初开的"牡丹""芍药"霎时凋谢的"狂风骤雨"是造成女主人公夭亡的原因，也是其命运的枷锁。未踏足过花园，不可昼寝的杜丽娘在现实生活中寻不到她的梦；彩凤随鸦，婚姻无可期待的赵玉英在病重时甚至被提议为冲喜而提前成婚；正当青春的小青独自住在孤山庄内，花容月貌与满腹才情无人知亦无人赏。这些女性主人公的雷同死因与亡逝的普遍性正说明了其时女性所共同面临的生活困境。在中国古代传统社会中，绝大多数女性并没有独立的社会身份，她们依附于家庭生存，因而要服从一家之主——父亲或丈夫的命令。女性的世界只要略被打开一丝缝隙便会出现自我生命情态的苏醒与被抑制的情欲的涌动。在传统伦理秩序下，她们苏醒的意识无处安放，涌动的情欲也无处宣泄，因而无法在精神上确立自己的存在，个人意志得不到自由舒展，身体便随之灰飞烟灭了。

（二）理想重构与艺术救赎的审美超越

这是剧作家对现实生活的反映，也寄托了他们对这些女性魂魄的同情。晚明经济结构的变化令部分女性在家庭中担负起了一定的经济职责，故而拥有了话语权。晚明社会思潮的多元兴起为女性地位的提升提供了理论依据，在社会潜移默化的变化中，士人观念中性别意识略有松动。剧作家在非现实境遇中创造了为女鬼提供帮助的非现实人物，这些人物有的甚至就是剧作家本人的化身：《牡丹亭》中为杜丽娘提供指引的花神、帮助她还阳的冥判；《坠钗记》中保住何兴娘灵魂不散，最终又为

[①] 朱京藩：《小青娘风流院传奇》卷上，载《古本戏曲丛刊二集》，北京图书馆藏明德聚堂刊本，第31页。

其超度的卢二舅；《风流院》中为小青与舒洁郎作见证的风流院主"汤显祖"，敢于与天兵天将抗衡的南山老人。剧作家见证了这些囿于环境不得自由的女性的悲剧，因而在非现实境遇中为其延续生命、完成心愿。

因而，在晚明传奇中，死亡并不是女性人物命运的终点——这正反映了晚明传奇独特的审美品格。这些人物虽然丧失了生命，但依然保留有眷恋生命、珍爱自身的品质。她们萌发的情欲和苏醒的个人意志没有因为死亡而终止，在死亡的悲剧发生之后，她们重整旗鼓，将人类美好的情感与欲望延续。她们执着于固定对象、以情为基础的幽媾行为正表现了她们锲而不舍的追求。李慧娘面对杀害自己的凶手贾似道呐喊：

【乌夜啼】（贴）手提着明光光钢刀一把，这下场头又轮到奴家。俺死后呵，把尸骸仍窆向牡丹花，俺可也做鬼是风流杀。伴艳艳朝霞、冉冉春华，与他把天姿国色向人夸。怕的风僝雨僽将香魂咤，你早些儿发付有什么争差！①

牡丹花下死，做鬼也风流的李慧娘在与裴舜卿的幽媾中实践了自己的自由宣言。剧作家虚实相生的手法，给此类女性人物打破困境的机会，使其自由意志与个体精神突破现实伦理的围困，在非现实境遇中为这群女性人物安排理想的出路。"中国悲剧的团圆结局主要是剧作者和观众乐观主义生活信念的体现"，因而，对悲剧精神的认知应当放在"中国悲剧与众不同的独特美学品格框架内来进行阐释，而不应完全否认中国戏曲的悲剧性内涵及其文体存在"。② 晚明传奇中的女性在现实生活中困顿而亡，在非现实境遇中了结心愿，在展示出悲剧性内涵的同时也显现出晚明传奇独特的审美品格。

---

① 周朝俊：《红梅记》卷上，载《古本戏曲丛刊初集》，长乐郑氏藏明刊本，第48—49页。
② 伏涤修：《中国戏曲悲剧性内涵的充盈及其被消解》，《戏曲艺术》2003年第1期。

小　结

在中国古代文艺作品中，涉及人鬼幽媾的作品并不罕见。首先，中国古代志怪文学中的婚恋书写虽源远流长，但晚明传奇对女鬼形象的塑造呈现出显著的叙事革新和独特之处。在诸多以狐鬼花妖为主人公的小说中，女鬼这一角色往往是倏然而至，在巧合或者很突然的状态下与男主人公发生关系。有的甚至还会帮助男主人公发家致富，为其生儿育女，如《搜神记》中的《张姑子》《崔少府》等。通过"倏忽现形—缔结姻缘—助益夫家"的程式化叙事，承载男性对"妻子"这一身份的全部要求和完满幻想。晚明传奇中的女性人物则是经过生前重重铺垫发展到离魂幽媾的，且幽媾对象十分明确，其行为可概括为"前尘溯源—执念显形—定向寻偶—幽媾相欢"。这一情节模式从《牡丹亭》起已成定式，在其后的传奇创作中被不断重演。如果说非现实境遇中的男女绮梦是现实空间与虚拟空间的切换，那么情鬼幽媾则是对非现实空间的拓展。一方面，将幽媾建构为现实困境的出口，另一方面则为女性人物带来释放欲望的更广阔空间。

其次，相较于志怪小说中超凡脱俗或身负异能的狐鬼花妖形象，晚明传奇中的此类女性人物保留了与生前的样貌、性格、行为的一致性，甚至在情感表达中仍保持着自矜自持的心理惯性。这样的安排一方面为情节的展开进行了铺垫，在一部分作品中离魂成为其突破人类世俗禁忌、未婚幽媾的方法，在另一部分作品中，离魂幽媾则成为她们满足自己生前未竟之愿、补偿现实缺憾的重要手段。另一方面恰与晚明传奇的世俗化特质形成互文，显示出晚明传奇的通俗性和市井趣味。其形象因此成为勾连雅俗审美的重要介质，在非人的身份之下涌动着鲜活的市民情感诉求。这些作品在其后的舞台传播中亦显示出凸显世俗情欲的市井审美，如《坠钗记》中《拾钗》一折最末，崔嗣宗同意与兴娘相欢时身段谱如下"占叹仁兄休虑【生□□三次摸奴介】生叹何郎傅粉【以手伸入占袖内叹』"①。而在文本传播方面,有关于人鬼幽媾的出目常常出现在戏曲选本中,譬如《月露音》《玄雪谱》《怡春锦》都收录了《牡丹亭》中的《幽媾》(或称《幽欢》)或其中的曲子,《月露音》《玄雪谱》《歌林拾翠》《徽池雅调》都收录了《红梅记》中的《幽会》(或称《西窗幽会》)或其中的曲子,可见这些作品及幽媾情节的流行。

再次,在晚明传奇中此类女性人物的死亡并不是最终结局,她们的个人意志超越了生死。生前肉体和精神遭受双重禁锢的她们在死后极力完成自己的心愿,在非现实境遇中延续其可贵的欲望、爱情、生命。剧作家为她们开拓出这样一片不同寻常的非现实场域,化身为剧中人物为其保驾护航。这是晚明自由意志主张高扬的体现,也反映了晚明传奇独特的悲剧性与审美品格。

还需说明的是,在非现实境遇的幽媾结束后,女鬼群体主要以还魂复生或被超度升仙为最终结局。回到凡世的她们,被重新圈入了"鬼可虚情,人须实礼"②的藩篱。剧作家在为作品安上光明的尾巴的同时,也在一定程度上消解了传奇中的悲剧性。正如经历了梦境、人间、冥界的杜丽娘最后还是回归了人世,经历轰轰烈烈的政治改革、思潮兴起、经济变化的大明王朝最终还是走向了末路。明传奇的黄金时代随王朝鼎革完成历史性退场,在明清易代的复杂背景下,清初传奇转化为更具历史反思意识的严肃书写,那些曾游走于虚实之间的情鬼形象,逐渐让位于承载着遗民痛史的忠魂烈魄。而晚明传奇中的"理"与"情"的交锋也就此定格,定格在了个体思春与闺怨的私人表达中,定格在不同的示爱模式中,定格在婚姻家庭中,也定格在非现实的魂游之处与梦境之中。

---

① 王文章总主编,王馗编选整理:《昆曲艺术大典·表演典》(第 013 册),安徽文艺出版社 2016 年版,第 26 页。据《昆曲二十五出 如山藏详注身段剧本》,中国艺术研究院图书馆藏清抄本影印。按:抄本不清楚之处标"□"。
② 汤显祖著,朱萍整理:《临川四梦》,中华书局 2016 年版,第 207 页。

第三节　经典关目的生成——以《牡丹亭》为例

本节主要以《牡丹亭》中的"惊梦"与"幽媾"为研究对象,其关目的经典性可从多个角度得到确证。首先,剧作家通过"至情论"的戏剧化呈现与非现实情境的创造性书写,将晚明传奇常见题材之一的婚恋题材与"非奇不传"的创作传统结合,具有鲜明的时代创作特色。其次,"惊梦"与"幽媾"的创作范式为其后创作者所承继,从吴炳《画中人》的"写真离魂"到洪昇《长生殿》的"月宫重圆",明清传奇中相同(相似)范式的出现证明了经典关目的价值与生命力。再次,在传播与接受方面,正如前文所述,在同类非现实题材中,"惊梦"与"幽媾"入选频次最高,说明其具备传播、表演范本的价值,也反映了明清文人对其创作理念与书写模式的认同。同时,在不同选本的重复辑录中,不断强化着这两大经典关目的传播与接受。

近年来,有关《牡丹亭》经典关目的研究主要集中在演剧方面,如刘轩《昆剧表演流变研究》,石倩《睡魔神的流变与昆曲〈惊梦〉的表演传统》,李奇、刘水云《〈牡丹亭〉演剧研究》等[①];叙事方面的研究,如俞晓红《论戏曲文本在非线性叙事中的构成——以〈牡丹亭〉为考察中

[①] 刘轩:《昆剧表演流变研究》,中国社会科学出版社 2021 年版;石倩:《睡魔神的流变与昆曲〈惊梦〉的表演传统》,《戏剧艺术》2022 年第 6 期;李奇、刘水云:《〈牡丹亭〉演剧研究》,《文化艺术研究》2019 年第 1 期。

心》,刁生虎、白昊旭《〈牡丹亭〉的空间叙事及其文本建构意义》等①;以及折子戏的传播与流变研究,如解玉峰《从全本戏到折子戏——以汤显祖〈牡丹亭〉的考察为中心》,李慧《折子戏研究》等②。本节试图通过同类题材比对的方式为《牡丹亭》经典关目的研究带来新的思路与视角。

一、经典关目创作的出发点:真、美、善

对《牡丹亭》经典关目的探讨,首先从其创作的出发点进行考察。在《牡丹亭记题词》中,我们可以窥见汤显祖的创作理念与创作方法。

> 天下女子有情宁有如杜丽娘者乎!梦其人即病,病即弥连,至手画形容传于世而后死。死三年矣,复能溟莫中求得其所梦者而生。如丽娘者,乃可谓之有情人耳。情不知所起,一往而深。生者可以死,死可以生。生而不可与死,死而不可复生者,皆非情之至也。梦中之情,何必非真,天下岂少梦中之人耶?必因荐枕而成亲,待挂冠而为密者,皆形骸之论也。传杜太守事者,仿佛晋武都守李仲文、广州守冯孝将儿女事。予稍为更而演之。至于杜守收考柳生,亦如汉睢阳王收考谈生也。嗟夫,人世之事,非人世所可尽。自非通人,恒以理相格耳。第云理之所必无,安知情之所必有邪!③

"情不知所起,一往而深。生者可以死,死可以生"的至情论与"第

---

① 俞晓红:《论戏曲文本在非线性叙事中的构成——以〈牡丹亭〉为考察中心》,《戏曲研究》2018年第2期;刁生虎、白昊旭:《〈牡丹亭〉的空间叙事及其文本建构意义》,《文化艺术研究》2020年第2期。
② 解玉峰:《从全本戏到折子戏——以汤显祖〈牡丹亭〉的考察为中心》,《文艺研究》2008年第9期;李慧:《折子戏研究》,博士学位论文,厦门大学,2008年。
③ 汤显祖著,朱萍整理:《临川四梦》,中华书局2016年版,第262页。

云理之所必无,安知情之所必有邪"的情理之争已为多数学者所关注。对"必因荐枕而成亲,待挂冠而为密者,皆形骸之论也"的深入理解是研究"惊梦"与"幽媾"关目时不可轻易带过的内容。汤显祖认为"荐枕成亲""挂冠为密"是流于表面的肤浅论断,他反对将婚恋简化为肉体关系(荐枕),既是对逐渐囿于熟套的婚恋题材戏剧的突破,也是对世俗伦理的哲学批判。《牡丹亭》创作的出发点首先源于"真",即强调情感的自发性与纯粹性,是"恍惚而来,不思而至",甚至"怪怪奇奇,莫可名状"的本真状态[1],保持了未被驯化的原始张力。杜丽娘与柳梦梅的姻缘并非起始于传统戏曲中"爱才慕德"的理性选择,而是起于"没乱里春情难遣"的天然慕色。杜丽娘之死也并非因为爱情的失败,而是死于"对爱情的徒然渴望"[2],是汤显祖直面人物,对其自然本真需求的重视和肯定。

"真"作为汤显祖的核心创作理念并非终极旨归,若仅止步于"真"的层面则显露出单维度的艺术追求,《牡丹亭》在"惊梦"与"幽媾"中显示出经典剧目的生成需向"美"的审美境界跃升。试以"临川四梦"中以非现实情境为重要关目的《牡丹亭》和"后二梦"进行比较,《南柯记》中琼英郡主、灵芝国嫂与上真仙姑,出于"解闷浇悒怅""轮流取乐"的目的与淳于棼相欢,放荡度日的淳于棼被政敌段功以"客星犯于牛女虚危之次"的进言断送了仕途,就此被遣出了大槐安国。《邯郸记》卢妻崔氏是五姓七家的望族出身,非常荒谬和讽刺地以"观内才"作为择婿标准,卢府二十四女婢更沦为卢生采战延寿的工具符号,最终也导致了他"病势沉沉,精魂散乱"一命呜呼。

创作主体的精神蜕变深刻影响着文本建构。创作《牡丹亭》时因

---

[1] 汤显祖:《合奇序》,载汤显祖著,徐朔方笺校《汤显祖集全编》(三),上海古籍出版社2015年版,第1532页。

[2] 徐朔方:《前言》,载汤显祖著,徐朔方、杨笑梅校注《牡丹亭》,人民文学出版社1963年版,第2页。

"赏春香还是你旧罗裙"卧薪哭倒的汤显祖,在创作"后二梦"时历经丧子之痛、罢官之辱,从临川笔下多情种成了玉茗堂中冷眼人。在《南柯记》中,他为尚存赤子之心的淳于棼实现夙愿,了却因果;转至《邯郸记》,则通过卢生从科场舞弊到纵欲亡身的堕落轨迹,践行"以欲证空"的冷峻批判。不同于《牡丹亭》中情欲之绚烂与人物之可爱,"后二梦"中的情欲指向了完全不同的路径。

杜丽娘在《牡丹亭》中显示了一体两面的艺术魅力。她有"趁此良宵,完其前梦"的一面,也有"鬼可虚情,人须实礼"的一面。在第二十八出《幽媾》和第三十六出《婚走》中,她由非现实情境回到现实世界时,面对柳梦梅的求欢,表现出了截然不同的态度:

> 妾身杜丽娘鬼魂是也。为花园一梦,想念而终……谁想魂游观中几晚,听见东房之内,一个书生,高声低叫:"俺的姐姐,俺的美人。"那声音哀楚,动俺心魂。悄然蓦入他房中,则见高挂起一轴小画。细玩之,便是奴家遗下春容。后面和诗一首,观其名字,则岭南柳梦梅也。梅边柳边,岂非前定乎!因而告过了冥府判君,趁此良宵,完其前梦。①

> ……(生)便好今宵成配偶。(旦)懵腾还自少精神。(净)起前说精神旺相,则瞒着秀才。(旦)秀才,可记的古书云:"必待父母之命,媒妁之言。"(生)日前虽不是钻穴相窥,早则钻坟而入了。小姐今日又会起书来。(旦)秀才,比前不同。前夕鬼也,今日人也。鬼可虚情,人须实礼。②

---

① 汤显祖著,朱萍整理:《临川四梦》,中华书局2016年版,第189页。
② 汤显祖著,朱萍整理:《临川四梦》,中华书局2016年版,第207页。

杜丽娘认为作为鬼魂时，可以不受人间礼教的约束，但还魂后需遵循礼教规范。这种典型的变化一直以来是学界关注、研究的内容，前人将其视为汤氏创作的局限性，或是情理冲突体现。但正如前文所述，这包含了汤显祖对人物的偏爱，他苦心孤诣地试图通过这种设定，将杜丽娘的行为限制在合理范围之内，使之符合时代要求，对其进行道德的豁免。由审美的极致的"情"走向符合儒家伦理的中和的"善"，这也是人物和剧作家复杂性的体现。

二、经典关目的设定策略：因情成梦，因梦成戏

生旦双线并置，最终双线合一是明清传奇的经典叙事结构，剧作家分别叙述男女主人公的个人经历，然后逐渐将两条叙事线索汇合、扭结在一起。《牡丹亭》通过非现实情境的设置，对这一传统结构进行变奏。《牡丹亭》第十出《惊梦》，杜丽娘在游园后的梦中与柳梦梅首次见面，这也是舞台演出时男女主人公首次见面的场次。但通过文本细读，我们会发现，在第二出《言怀》中，柳梦梅早在梦中就见到过杜丽娘：

> 每日情思睡昏昏，忽然半月之前，做下一梦。梦到一园，梅花树下，立着个美人。不长不短，如送如迎。说道：柳生，柳生，遇俺方有姻缘之分，发迹之期。因此改名梦梅，春卿为字。正是：梦短梦长俱是梦，年来年去是何年？①

这个梦对柳梦梅来说有着十分重要的意义，他甚至据之改名字为"梦梅"。前文已论述过，杜丽娘遇持柳书生的绮梦同样是柳梦梅遇梅下

---

① 汤显祖著，朱萍整理：《临川四梦》，中华书局2016年版，第126页。

美人之梦，杜、柳二人在虚实相生的情境中构建起超越时空的情感联结。但在梦醒之后，杜、柳之间是互不相识的。杜丽娘魂游道观，听到柳梦梅叫画，看到自己的画像和柳梦梅的题字，逐步确认柳梦梅为梦中书生。而柳梦梅在杜丽娘坦陈身份之前并不知道她是谁。显然，惊梦和后文的拾画、叫画、幽媾等情节存在现实逻辑的断裂。但正是这样天马行空的、奇幻而绮丽的非现实情节，受到读者和观众的喜爱。因而值得我们去探究为什么此类关目可以成为经典，也即是说，非现实情节中脱离现实逻辑的关目在剧作中起到了什么样的作用？本节试图通过与同类传奇的对比探究这一问题。

在前文提到的晚明传奇《梦花酣》中，男主人公萧斗南梦见碧桃花下美人，醒后绘像题诗，命仆人寻访。谢蒨桃见画中人与己相似，感怀成疾，又遇战乱，病逝于碧桃树下。三年后，萧斗南流落碧桃庵，遇到寄住道观的郑彩鸾对他生情，谢蒨桃魂魄借尚书之女冯翠柳之身还魂，与萧重逢，其后发生了三女争夫、因果报应等情节，极为曲折离奇。另一例为《翻西厢》，该剧是元杂剧《西厢记》的翻案之作，男主人公为郑恒。当郑恒被迫遵循"父母之命"赴京应试时梦会崔莺莺，未婚夫妻的温存缠绵被反面角色张生破坏，他率众强夺信物，莺莺以死明志。在冲突达到顶峰、情绪达到高潮时，郑恒倏然梦醒。在《梦花酣》《翻西厢》中，与男女情爱相关的非现实情境本身均具有较高的戏剧性，但将之放入作品整体来看，《翻西厢》为颠覆《西厢记》原作的争议，先行植入"为崔郑洗垢"[①]的主题，使非现实关目沦为道德说教工具，与现实情节的割裂产生了人物动机生硬、剧情不合理的效果。后世评论家认为梦中郑、崔、张三人之表现"纯系臆测"，对张生形象的丑化"颇为无

[①] 研雪子：《识闲堂第一种翻西厢》"本意"，载《古本戏曲丛刊三集》，北京图书馆藏明末刊本，第2页。

《重镌绣像牡丹亭·惊梦》,明怀德堂本

稽"①。而《梦花酣》为求新求奇，嵌套多重非现实设定，如绮梦相会、借尸还魂、前世今生等，但复杂且奇幻的情节没有核心主线串联，人物情感缺乏逻辑，因此，非现实关目沦为了离奇桥段的堆砌。有评论家批评其"与《牡丹亭》情景略同，而诡异过之"。②

《牡丹亭》中非现实经典关目是汤显祖"因情成梦，因梦成戏"创作理念的实践。当他用情感逻辑统摄梦境与现实的时候，非现实关目始终服务于情感深度，这即是"惊梦"与"幽媾"等非现实关目成为经典的重要原因。情、梦、戏三者之间的有机联系，使得读者和观众会自然而然地通过想象填补逻辑的空缺。在吴吴山三妇本《牡丹亭》中，钱宜在第三出《言怀》中评论，"柳因梦改名，杜因梦感病，皆以梦为真也。才以为真，便果是真，如郑人以蕉覆鹿，本梦也，顺涂歌之，国人以为真，果于蕉间得鹿矣"③。作为读者的钱宜用"蕉叶覆鹿"的典故自然而然地在弥合了逻辑裂缝，也揭示了"惊梦"与"幽媾"的经典关目中杜丽娘"慕色而亡"的极致情态与"魂游书房"的放纵举动是建立在"因情成梦，因梦成戏"的基础上的。这也暗合了汤显祖"情至则生者可以死，死者可以生"的创作哲学，将戏曲文本的奇幻外衣与人性本真的永恒追求编织成了经典关目。

三、经典关目的接受：在超越与接受中成为经典

《牡丹亭》创作的起点虽不可避免地受到前代戏曲创作传统的影响，却在接受前人的基础上展现出突破性的艺术构思。考诸元杂剧创作传统，

---

① 郭英德编著：《明清传奇综录》，河北教育出版社1997年版，第498页。
② 郑元勋：《梦花酣题词》，载《古本戏曲丛刊二集》，北京图书馆藏明末刊本，第1—2页。
③ 汤显祖著，陈同、谈则、钱宜合评：《吴吴山三妇合评牡丹亭》，上海古籍出版社2008年版，第3页。

汤显祖既未沿袭《西厢记》《汉宫秋》《梧桐雨》等经典剧作中"相思难遣—梦中相会—梦醒人去"的线性叙事逻辑，亦未套用《倩女离魂》《碧桃花》等作品中"男女钟情—受阻分离—魂梦相随相会—中举还阳"的程式化情节架构。剧作家通过对"惊梦""幽媾"等非现实关目的构建，完成情节与情感的突破与超越。

在"惊梦"和"幽媾"两大关目中，互梦的母题是对前人创作的改编和创新，由前人多用的具有情感基础的男女主人公之梦，改写为素不相识的男女主人公在梦中的灵魂交感；丽娘还魂幽媾的戏剧母题更是前所未有——"元明以来，从无死后还魂之事，《玉箫女两世姻缘》亦是隔世。自汤若士杜丽娘还魂后，顿使排场一新，且于《魂游》《冥誓》诸节，又添出许多妙文，是还魂一节，若士所独创也"[1]。据《明传奇排场三要素发展历程之研究》统计，晚明传奇中的新创关目包括写真、玩真、幽媾、冥判（第二类）、梦遇、魂游、投庵、阅卷、船难，共计九目。[2] 其中，包括幽媾、梦遇等大部分关目均源自《牡丹亭》的创造。

对前人的超越与创新是构建"惊梦"和"幽媾"关目经典性的基础，"关目的创生不仅需要新的故事类型，且需要具有广大影响力的作家及其作品为新故事设计关目，新的袭用关目才会大量出现。……《牡丹亭》则真正为一开创性之作品，对关目开辟之功更大"[3]，而这些关目在后世传奇创作中的持续演绎与范式化承袭，则通过艺术经典的再生产机制，完成了经典化进程的双重确认。在明清戏曲作品中，承继《牡丹亭》非现实情境中绮梦和幽媾关目的作品，除了前文展开论述的《异梦记》《梦花酣》《西园记》《画中人》《坠钗记》《红梅记》《疗

---

[1] 吴梅著，郭英德编：《吴梅词曲论著四种》，商务印书馆2010年版，第175页。
[2] 参见许子汉《明传奇排场三要素发展历程之研究》，台湾台大出版委员会1999年版，第62页。
[3] 许子汉：《明传奇排场三要素发展历程之研究》，台湾台大出版委员会1999年版，第62页。

妒羹》外，还包括了《双鱼佩》《雨蝶痕》《鸳鸯梦》《梦中缘》《紫荆花》等梦境类题材作品，以及《风流梦》《桃符记》《娇红记》《两种情》《蝶归楼》等幽媾类题材作品。除了"做一出柳梦梅见鬼杂剧"的乔小青，"愿得似杜丽娘之冥感"的妙秀，用《牡丹亭》之典，以杜丽娘自比的女性人物在明清戏曲中并不少见。张衢的《芙蓉楼》中，文妩娘为追赶余安君，不畏惧家人长辈阻拦："敢是那石姑姑搭伴杜小姐，管什么陈教授杜参爷许多关涉。"① 马妙娘不仅是《牡丹亭》的读者，也是杜丽娘行为的效仿者，她在游园时曾感叹："俺曾读《还魂记》，杜丽娘寻梦后园，为爱梅树一株，思身后葬埋其下。后来死去，其精灵傍木依花，得与柳生幽会。犹疑人生虽非木石，何至痴情若是，不意见了余生呵。"②

《牡丹亭》在不断被接受与摹写的过程中，既有从叙事层面进行情节模仿的作品，"事不奇幻不传，辞不奇艳不传；其间情之所在，自有而无，自无而有，不瑰奇愕眙者亦不传"③，其中不乏得其形而失其神者，也有能传承《牡丹亭》生命力，在模仿中注入更深层理解的作品，后者真正受到读者和观众的喜爱。正如前文论述过的《红梅记》，后世流传最广的并非女主人公卢昭容的情节线，而是聚焦于魂游人间的李慧娘——她延续了生前被扼杀的情感诉求，更以超现实力量完成对压迫者的反抗。这也正是《牡丹亭》非现实情境关目的经典源头——对生命尊严的坚守与情感自主的张扬，显示了人性情感超越生死的永恒力量，也构成了晚明戏曲最深刻的精神内核。

《牡丹亭》的创新关目并非孤立存在，诸关目通过"至情"脉络自然

---

① 王文章主编：《傅惜华藏古典戏曲珍本丛刊》（第62册），学苑出版社2010年版，第307—308页。
② 王文章主编：《傅惜华藏古典戏曲珍本丛刊》（第62册），学苑出版社2010年版，第343页。
③ 茅瑛：《题牡丹亭记》，载毛效同编著《汤显祖研究资料汇编》，上海古籍出版社2016年版，第849页。

衔接情感、递进情节，以贯通性的戏剧思维创作的有机整体具有大于单独关目设置的重要价值。如果说"惊梦"是对个人隐秘欲望的展现，那么"寻梦"就是对欲望满足的努力追寻，"写真"是对自身欲望的动情书写，"冥判"是对个人正当欲求的理解支持，而"幽媾"则是个人欲望的大胆实践。洪昇之女洪之则曾记录了其父论《牡丹亭》诸关目的观点：

> 肯綮在死生之际，《记》中《惊梦》《寻梦》《诊祟》《写真》《悼殇》五折，自生而之死；《魂游》《幽媾》《欢挠》《冥誓》《回生》五折，自死而之生。其中搜抉灵根，掀翻情窟，能使赫蹏为大块，隃糜为造化，不律为真宰，撰精魂而通变之。①

有着"闹热的《牡丹亭》"之称的《长生殿》既继承其"至情"精神内核，又重构起完整的情感逻辑与时空维度。这种由表及里的创造性转化，不仅是使之成为新经典的原因，同时也印证了《牡丹亭》作为经典范本的内在生命力——它既为后世提供了可资借鉴的关目，又持续激发着超越性创作的可能。

但我们也应意识到，对《牡丹亭》的批判声浪亦贯穿始终，道德层面的攻评尤为尖锐。清人认为，相较于《西厢记》"其始相爱悦而已，中则患难之交，终则有性命之感"，《牡丹亭》中杜丽娘"陡然一梦，而即情移意夺，随之以死，是则怀春荡妇之行检，安有清净闺阁如是者"！② 崔莺莺与张生的情感循序渐进，在孙飞虎围寺的极端情境下，崔老夫人的陡然变卦中，崔、张始终患难与共，这成为二人的感情基础。互不相识的杜丽娘

---

① 汤显祖著，陈同、谈则、钱宜合评：《吴吴山三妇合评牡丹亭》"附录"，上海古籍出版社2008年版，第152页。
② 赵烈文：《能静居笔记（节录）》，载伏涤修、伏蒙蒙辑校《西厢记资料汇编》（下），黄山书社2012年版，第513页。

与柳梦梅的"绮梦"与"幽媾",被予以道德上的批判。从客观来看,这些争议本身也构成了《牡丹亭》经典化的动力——在数百年来的论辩中,作品的创新性与争议性不断被重估,最终淬炼出超越时代的经典价值。

小 结

随着经济发展与士风变化,晚明士人的精神世界日益转向个性化的私人生活领域。譬如晚明结社之风盛行,其中,爱曲之人组织了大大小小的曲会,有的甚至"大集诸姬于方密之侨居水阁,四方贤豪,车骑盈间巷,梨园子弟,三班骈演,阁外环列舟航如堵墙。品藻花案,设立层台,以坐状元"[①],风流名士、贤豪咸集,青楼诸姬、梨园子弟竞技,规模盛大,极尽华侈。这也反映出晚明士人群体对更高层次享受和个人欲望满足的追求,他们将传统价值观中避讳的、不屑的、羞于提及的观点直白地书之于笔,宣之于口。朝堂上有"禁奢"的声音,便有"民赖以市易为生""有见于市易之利,而不知所以市易者,正起于奢"[②]的"禁奢辩"出现。从奢靡推动市易的经济辩护,到前文所引晚明士人对声色享乐的直白书写,士人的放纵和享乐由物欲延伸到包括情欲在内的各类私欲,印证了传统价值观的不断消解。

杜丽娘"慕色而亡"的极致情态,在某种程度上可被看作是时代欲望的戏剧化浓缩。但《牡丹亭》之所以能够引发超越时代的共鸣,是因为它在时代浪潮的汹涌波涛中凝练出情感自发纯粹的本真状态,同时也经由艺术提炼跃升至更高的审美境界,并进行了与儒家伦理的调和。"惊

---

① 余怀著,李金堂校注:《板桥杂记(外一种)》上卷"雅游",上海古籍出版社2000年版,第49页。
② 陆楫:《蒹葭堂稿》卷六,载《续修四库全书》一三五四《集部·别集类》,上海古籍出版社2002年版,第640页。

梦"与"幽媾"以至情论为哲学起点,以情感逻辑统摄奇幻情节,以突破前代范式的手法完成了关目的创新,并激发了后世持续的"再生产"——这些广泛的接受、摹写与再创造,不断强化并确认了其经典地位。《牡丹亭》经典关目的生成史为理解戏曲经典化提供了重要视角,也启发我们,深刻的人性洞察与真善美的永恒追求是创作的灵魂,戏剧形式的独创性和剧作家的创造力是延续作品生命的重要手段。同时,晚明士人交游活动的丰富与范围的广泛,为晚明传奇的传播与接受提供了良好的途径;也形成了不同地域、不同流派的晚明曲家群体,他们在题材选择、审美趣味或表现手法上显现出相类的特征,形成具有标识性的创作生态。①

　　加拿大汉学家卜正民引用晚明士人张涛在撰写县志时的观点,将大明朝近三百年的变迁看作春夏秋冬四个季节的更替。明前期是因循静谧的"冬天",明中期是纷扰多变的"春天",明末最后的两年是万物凋敝的"秋天"——万历到崇祯的晚明时期被比作"夏天",它是疯狂冲动又自由活泼的。②以《牡丹亭》等经典作品为代表的晚明传奇诞生在这个充满生命力的夏季。然而王朝四季终将更迭,随着大明王朝走向崩解,孕育传奇的晚明文化生态亦随之凋零。这些经典关目因触及人性深处对自由与尊严的永恒渴望,依然在后世的每一次阅读与搬演中不断生根发芽——它们不仅是盛放在明朝盛夏的奇葩,更是超越历史季节轮回的黄金麦种。

---

① 近年来相关研究成果较多,参见黎国韬、杨瑾《梁辰鱼与中晚明曲家交往述略》,《文化遗产》2015年第3期;陈志勇《明代戏曲史上"临川派"相关问题新证——以汤显祖与同乡曲家交游的史实为基础》,《文艺理论研究》2018年第3期;李志远《戏曲生态学研究路径探析——以晚明戏曲生态为考察对象》,《艺术学研究》2022年第1期;刘召明《晚明苏州剧坛研究》,博士学位论文,华东师范大学,2006年;张英《明代南京剧坛研究》,博士学位论文,南京师范大学,2008年;相晓燕《清中叶扬州曲家群体研究》,博士学位论文,浙江大学,2010年;吴春彦《明末清初常州地区戏曲活动与创作研究》,博士学位论文,南京师范大学,2011年;吴秀明《清代浙东戏曲家研究》,博士学位论文,南京师范大学,2021年;等等。
② 参见[加]卜正民《纵乐的困惑:明代的商业与文化》"引言",方骏等译,生活·读书·新知三联书店2004年版,第1—4页。

第七章 跨门类视域下的创作比较与传奇特质

晚明传奇的勃兴与情欲书写的繁盛，构成了中国戏曲史上一道独特的文化景观。当传奇创作与市井趣味、文人雅趣相互交织时，其情欲叙事既折射出时代精神的嬗变，也展现出与其他同期文艺形态迥异的审美特质和鲜明对照的艺术品格。与同样表现情感与欲望内容的其他文艺形式相比，晚明传奇既与之相互影响，又存在本质差别。本章通过对比研究的方法，揭示晚明传奇情欲书写的独特性。

第一节　艳情小说的叙事对比

晚明商业的发展带动了城市的繁荣，晚明兴起的市镇不仅是商品生产和交易的中心，同时也发展成为与乡村迥异的集商贸、交通中转、休闲娱乐为一体的中心。以苏杭为例，据《（万历）杭州府志》记载，杭州"嘉靖初年，市井委巷，有草深尺余者，城东西僻有狐兔为群者。今民居栉比，鸡犬相闻，极为繁荣"①。苏州更是"列巷通衢，华区锦肆，坊市綦列，桥梁栉比，梵宫连宇，高门甲地，货财所居，珍异所具，歌台舞榭，春船夜市"②。生活在这里的市民过着不同于乡村日出而作日落而息的生活。明人张岱的作品可作为我们了解时风的一个典型切入点，晚明时期生活在江南的张岱在笔记小品中记录下了大量城市情况和时人生活。

  虎丘八月半，土著流寓、士夫眷属、女乐声伎、曲中名妓戏婆、民间少妇好女、崽子娈童及游冶恶少、清客帮闲、傒僮走空之辈，无不鳞集。(《虎丘中秋夜》)③

  长塘丰草，走马放鹰；高阜平冈，斗鸡蹴鞠；茂林清樾，劈阮弹筝。浪子相扑，童稚纸鸢，老僧因果，瞽者说书，立者林林，蹲者蛰蛰。(《扬州清明》)④

  大家小户杂坐门前，吃瓜子、糖豆，看往来士女，午夜方散。乡村夫妇多在白日进城，乔乔画画，东穿西走。(《绍兴灯景》)⑤

我们可由此窥见晚明城市生活之丰富，在不同时令节气、不同地点组织各类热闹的活动，如中秋虎丘听曲、清明郊外踏青、上元街市观灯，还有端午龙舟竞渡、花朝昭庆寺香会等。参与其中的有士人也有市民百姓、商贩僧人；有男性，也有少妇好女、稚子幼童；有当地居民，也有慕名而来的游历者或专门进城的乡村夫妇。男女杂处，士商交融，百业

---

① 陈善等修：《(万历) 杭州府志》卷十九《风俗》，载《中国方志丛书·华中地方》第 524 号，台湾成文出版社 1983 年版，第 1364—1365 页。
② 莫旦：《(弘治) 吴江志》附录《苏州赋》，载《中国方志丛书·华中地方》第 446 号，台湾成文出版社有限公司 1983 年，第 939 页。
③ 张岱著，林邦钧注评：《陶庵梦忆注评》，上海古籍出版社 2014 年版，第 144 页。
④ 张岱著，林邦钧注评：《陶庵梦忆注评》，上海古籍出版社 2014 年版，第 148 页。
⑤ 张岱著，林邦钧注评：《陶庵梦忆注评》，上海古籍出版社 2014 年版，第 165 页。

联动,他们在游玩、听曲、观戏、进香、购物等过程中充分享受着城市的繁华及其带来的便利。自由活泼的城市氛围给人以更多的消费机会和自由消费权利。士庶杂处拉近了士人与其他阶级的距离,给民众以更多直面接触士人的机会,士人并非经济效益的直接创造者,但却是社会风气的领导者,民众对士人的仿效及消费需求的被刺激使得奢侈之风同步兴起。张瀚(1501—1593)在《松窗梦语》中记载道:

> 二三十年间,富贵家出金帛,制服饰器具,列笙歌鼓吹,招至十余人为队,搬演传奇;好事者竞为淫丽之词,转相唱和;一郡城之内,衣食于此者,不知几千人矣。人情以放荡为快,世风以侈靡相高,虽逾制犯禁,不知忌也。①

此段记录了万历前后从事传奇演出人数之众、花费之多和听者之好。可见晚明民众基于有物质基础和闲暇,因而在文娱活动方面投入时间、精力、金钱且有偏向性喜好,客观上助推了戏曲、小说等俗文学的繁荣。

在晚明社会文化转型的背景下,文学领域呈现出情欲书写的双重景观:既涌现出众多突破礼教藩篱的传奇戏曲,亦繁荣了颇具市井气息的通俗小说。艳情小说作为明代小说的重要类型之一,通过感官化的语言构建了小说形式与欲望内容的联系。"艳"最初为审美概念,在评价人物外表时指向丰硕鲜妍的特征,并逐渐引申出与欲望表达相关的含义。作为俗文学的不同载体,晚明传奇与小说有相近之处,同时也呈现出差异化特征,这种艺术分野不仅折射出雅俗文化的张力,更凸显出晚明传奇在情欲书写中的独特性。

从晚明传奇与艳情小说的生发时间来看,两者是极为接近的。前

---

① 张瀚著,盛冬铃点校:《松窗梦语》卷七《风俗纪》,中华书局1985年版,第139页。

文已论述过晚明传奇的大致时间范围，即明万历至明崇祯前后（1573—1644）；艳情小说分期也往往以万历年间为关键节点，《中国古代艳情小说史》将明初至万历中期划分为其逐渐成熟期，将明万历中后期至清顺治初期划分为高潮时期；①《中国古代通俗小说发展研究》认为艳情小说的爆发时期是从明万历时开始的，且"自万历初年至清初、中叶，出现了不下四十余种艳情小说"②；《中国小说发展史》认为"艳情小说滥觞于明代，至明季泛滥而公开发兑"③。相近的时段划分说明了晚明传奇与小说之间相近的生发背景。

同时，通俗小说与戏曲之间存在着相互借鉴、影响的关系。如处在艳情小说雏形阶段的《娇红记》被孟称舜改编为杂剧《娇红记》，叙申纯与王娇娘事。再如小说《龙会兰池录》与《拜月亭》是同题材作品，叙蒋世隆、瑞兰事。④ 及至晚明，戏曲传奇与小说的创作呈现出更为密切的关联。戏曲家如李开先、屠隆、冯梦龙等皆曾为《金瓶梅》作评点，其中冯梦龙更将其称为"逸典""奇书"，足见其推崇之意。此外，戏曲家与小说家存在身份重合现象——曲家吕天成即为《绣榻野史》的作者。戏曲与小说在文本上的互相渗透也出现在创作细节之中。创作于明中后期的《如意君传》中，武则天见到禽鸟双双，感叹"幽禽尚知相偶之乐，可以人而不如鸟乎？"这与《牡丹亭》的《肃苑》一出中"关了的雎鸠，尚然有洲渚之兴，可以人而不如鸟乎"⑤，有一脉相承之感，形成了跨文本呼应。

---

① 参见张廷兴《中国古代艳情小说史》，中央编译出版社 2008 年版，第 215、302 页。
② 张文珍：《中国古代通俗小说发展研究》，山东教育出版社 2016 年版，第 141 页。
③ 石昌渝：《中国小说发展史》（下），山西教育出版社 2019 年版，第 560 页。
④ 按：《拜月亭》女主人公为王瑞兰，《龙会兰池录》为黄瑞兰。
⑤ 汤显祖著，朱萍整理：《临川四梦》，中华书局 2016 年版，第 141 页。

一、题材类型与人物设置

艳情小说与晚明传奇中的情欲书写有诸多值得对比之处。首先,"十部传奇九相思",晚明传奇基本恪守士人阶层的审美范式,多以才子佳人为主人公,除越轨的"嫂子戏"之外,情欲主线多围绕才子佳人进行,即使狐鬼花妖幻化人形或是神祇仙女考验试探亦多是化作书生或闺秀的形象。其他阶层的人物,如《昙花记》《金莲记》中的权贵,《投梭记》《青衫记》中的商人,《桃符记》中的店家,《翻西厢》中的僧人等多在情节支线中作为反面角色出现。与之相对,小说的主要人物则包括了社会各个阶层,展现出包罗万象的世俗图景。如《绣榻野史》的主人公东门生为书生,《昭阳趣史》的主人公为汉元帝二妃赵飞燕、赵合德,《灯草和尚》的主人公为和尚,《痴婆子传》的主人公为怀春少女等。皇帝贵族、仆役贱籍、士农工商、僧道尼姑、神魔妖鬼均作为主要人物,广泛刻画了晚明社会各阶层的欲望百态,呈现出极为真实鲜活的人性图景。

其次,在不以才子佳人爱情为主线的历史剧中,很少涉及主人公私密生活。其中,部分剧作家通过展现(往往虚构)反面人物不堪的私人关系,给其安上"秽乱"之行为,以示其人品之败坏。譬如《精忠旗》中写秦桧妻与金兀术有私,《磨忠记》中宦官魏忠贤与天启帝奶母客氏有私,《望云记》写武三思之好色。在小说中,一应人物不论其在历史上的忠奸评价,皆可作为主人公出现并发展出大量情节。譬如《如意君传》中写武则天与男宠薛敖曹,通过其两性关系塑造了极为丰富的女帝与男宠形象;再如写飞燕、合德的《昭阳趣史》,以隋炀帝为主人公的《隋炀帝艳史》,以魏忠贤与客氏为主人公的《梼杌闲评》等,并不探讨其主人公的道德观念与历史责任,仅将情色作为其人物行动的主线。

再次,晚明传奇中涉及断袖之癖的作品数量极少,仅部分作品涉及但并非主线且篇幅很少,如《狮吼记》中陈慥与妖姬面首出游,《东郭记》中下大夫陈贾、中大夫景丑改扮女子，行妾女之道向王欢献媚。在小说中，此类作品不在少数，作品中往往对其相处过程给以详尽的描写，如《龙阳逸史》《宜春香质》等，有的作品甚至还以正面的态度给主人公以圆满的结局，如小说集《弁而钗》，在大篇幅描写主人公充满"欲"的行为的同时，也肯定了同性之间的"情"。

二、叙事方法

晚明传奇与小说均已形成数种固定的叙事模式，呈现出程式化特征。本书即概括了晚明传奇"有女怀春""私订终身""试炼考验""士妓相合""男女绮梦""人鬼幽媾"等诸多叙事模式。其人物关系多为一才二美或一才多美，其情节结构为线性结构，主人公往往在经历波折与坎坷后终成眷属或达成夙愿。小说则一般采用一个简单的故事框架来详细描述男女之间的行为。[①]才子佳人私订终身，相会相欢，如《龙会兰池录》；主要人物为了满足欲望，不断猎艳，如《痴婆子传》《绣榻野史》；宫廷邀宠争艳，如《昭阳趣史》《浓情快史》等。其人物关系复杂，多为网状，往往一位人物与多位，或多位与多位之间皆可发生联系，同一部作品中描述了男主人公与妻妾、丫鬟、妓女、邻人甚至亲人等的亲密行为，这些人物互相之间亦发生亲密行为。为了增加戏剧性，往往还会加入偷窥、偷听等桥段，着力铺陈细节。事实上，其行为已偏离了正常的认知范围与道德水准，具有极度夸张的成分。

晚明传奇与小说中的情欲书写呈现出不同的艺术形态。晚明传奇中的情欲书写多为作者精心设计，使用多维度的叙事策略，有助于塑造人物的丰富性，张弛剧情节奏的缓急或是反映晚明现实状况，传达剧作家

---

① 参见张廷兴《中国古代艳情小说史》，中央编译出版社2008年版，第304页。

的思想观念。其篇幅有长有短，视情节而定，是晚明传奇中不可缺少的一部分，如若删去，会令作品失去原本的色彩，势必导致文本结构的失衡与思想深度的消解。如《牡丹亭》中杜、柳欢会的情节，在推动叙事进程的同时，建构了"情至"哲学的现实映射，其存在价值已超越表层描写本身。小说则将性内容置于绝对核心地位。文本叙事逻辑、人物行动线索往往围绕欲望展开，人物沦为机械行动的工具。为了推动人物关系的发生、发展，作者设计出种种不符合常理的情节，甚至不顾人物之间的伦理关系，譬如《绣榻野史》中东门生姚同心及其妻金氏与小秀才赵大里、赵大里之寡母等之间的复杂关系令人匪夷所思；再如《痴婆子传》中女主人公上官婀娜不受道德与伦常约束的行为，惊世骇俗。正如鲁迅先生评价的一样，"则著意所写，专在性交，又越常情，如有狂疾"[1]，其艺术价值十分单薄。

晚明传奇与小说在语言表达上呈现出一定程度的雅俗分野。晚明传奇遵循格律规范，风格含蓄细腻，情欲表达具有雅化特征，符合文人创作的诗化风格与有节制的审美品位。即便是俚俗的插科打诨，也以追求趣味性和闹热性为目的，依托人物塑造、情节主线推进。相较之下，艳情小说在明代由文言小说逐渐转化为白话小说，既有长篇章回体，也有中短篇或小说集。通过文体革新突破文言传统后，体制随之愈加简化，语言表达愈加通俗，描写也因而更为直白，往往极力夸大夸张，甚至不乏粗俗、肮脏之语，其目的在于突出感官刺激与冲击，有的作品猥亵之程度"如老淫土娼，见之欲呕"[2]。

---

[1] 鲁迅：《中国小说史略》，齐鲁书社1997年版，第147页。
[2] 黄霖、韩同文选注：《中国历代小说论著选》（修订本），江西人民出版社2000年版，第242页。

《红梨记·咏梨》，明朱墨刊本

三、主旨思想

晚明传奇与小说都是在晚明世风突变、思潮蜂起的背景下生成的，因而其主旨思想中都包含了新型婚恋观、两性观、家庭观。但究其本质，两者之间有很大的不同。晚明传奇中的情欲书写有的以创作主旨的正面倾向为基础，有的作品虽然流于庸俗，但基本符合常理，客观上反映了现实生活。正面者如《牡丹亭》杜丽娘与柳梦梅在花园里的欢爱，是其自我意识的觉醒，是其对束缚禁锢自己的种种规则教条的反抗，写情欲但超越情欲达到了更高层次的精神境界；《红梅记》中李慧娘与裴舜卿的幽会，是她生命中对美的向往的延续，即便一死也不能阻止她追求自由、追求美好等一切充满生命力的东西。对情欲的反面叙述，也意在反映社会现实或对纵欲行为进行劝惩。如《南柯记》《邯郸记》中阳春有脚的南柯太守淳于棼在欲望中堕落；《青衫记》《桃符记》中非士人群体强迫女性欢好，反映出士人剧作家之焦虑心态；即便是《水浒记》中阎婆惜与张三郎的违反道德的偷情，也有其可怜可叹的复杂内涵，这是女性对自身欲望满足的追求，是剧作家"苦心孤诣地深入到卑贱者阎婆惜（息）的灵魂深处，在罪恶和无邪的犬牙交错的界线上作出有益的探索"[①]。剧作家通过这些内容，将自己对自由意志的追寻、对两性关系的思考、对复杂人性的探究与对社会现实的揭露等寄寓在剧作之中。流俗者如《狮吼记》中陈慥面对妾室秀英的急色与不尊重；《千祥记》中老翁与红颜偶动春情便得子的带有目的性的欢好；《金莲记》中佛印和尚庸俗的插科打诨等。我们不必过度拔高其意义，但从中可见作者或受世俗审美影响，或迎合市井审美趣味进行创作的客观事实。因而可以说晚明传奇亦反映了当时的通俗审美与剧作家的创作心态。

[①] 徐朔方：《徐朔方集》第二卷《晚明曲家年谱》，浙江古籍出版社1993年版，第458页。

与之完全不同的是，艳情小说中对个人欲望的放纵、对道德伦理的反抗则走向了极端，甚至突破了禁忌。幽期密约、私订终身的情节只是小说展开情节的开端或是框架，具体的小说内容中充斥着滥交、乱伦、强奸、通奸等种种夸张恶俗，甚至令人不适的非常行为。人物已经失去了正常人类的本性，变成了欲望的奴隶、贴着色情狂标签的纸片人。艳情小说的作者"不去思索自身本能与文明的冲突和在冲突中升华"，反而将"文明时代的人在对性问题上的社会道德与伦理观念抽象出来"。[①] 艳情小说通过主人公不断猎艳带来情节的猎奇，作为增加禁忌感、刺激读者感官的手段，"其弊在于凭空捏造，变幻淫艳，贾利争奇，而不知反为引导入邪之饵"[②]。

　　在创作主旨上，小说作者往往通过"劝惩框架"构建道德庇护，在露骨的情欲叙述后嫁接"以淫止淫""因果报偿"的主旨，以此将伦理责任转嫁给虚构角色。这种叙事策略看似与晚明传奇的道德豁免叙事模式形似，实则存在本质差异。《绣榻野史》之主旨被其作者释为"余将止天下之淫，而天下已趋矣，人必不受。余以诲之者止之，因其势而利导焉，人不必不变也"[③]。这部充斥着滥交、乱伦的小说以家败人亡，主人公东门生梦到诸人来世变骡变马受到惩罚，最终彻悟出家为结局；《肉蒲团》中主人公未央生处处留情，甚至不惜对自己的身体加以改造，当他猎艳归来后发现妻子为了满足自己的欲望早已沦落风尘，因而悔悟出家。这样的结局意在表达"淫人妻女，妻必为人所淫"的劝惩主旨。这些作品仅将道德训诫作为文本装饰，其中占有主要篇幅的艳情描写已然奠定其低级的审美基调，以感官描写为主体的小说即便仓促安装上一条劝惩的尾巴，非但不能弥合道德裂隙，只会显示出内容与主题的不和谐，反而暴

---

① 张廷兴：《中国古代艳情小说史》，中央编译出版社2008年版，第51页。
② 崔市道人编次，于文藻校点：《醒风流》"序"，春风文艺出版社1981年版，第1页。
③ 丁锡根编著：《中国历代小说序跋集》，人民文学出版社1996年版，第1340—1341页。

露创作意图与文本实践的割裂。

需要提到的是，也有部分小说作品偶现突破传统伦理的思考，有些观念如《灯草和尚》借杨夫人偷情的情节，对女性越轨的原因进行思考，客观地将丈夫的冷暴力行为作为原因之一；《一片情》探究了夫妻两性关系，认为两性生活和谐是夫妻恩爱的基础，并将之纳入婚姻伦理的理性讨论；《醋葫芦》通过妒妇形象的刻画，体现了女性作为弱势群体的一面，客观地将妻妾矛盾、家庭关系失衡归因于男性纵欲。这类作品在情欲铺陈中有意无意地展示了晚明市井生活现象，记录了性别关系的微妙变动。

小　结

晚明传奇与艳情小说属同一时代的俗文学体系，二者虽存在互动影响，但在题材选择、叙事方法、主旨思想等方面差异明显，各有侧重。晚明传奇始终未脱离文人雅士的审美框架，题材以才子佳人才色相慕的故事为主，基本遵守"一见钟情—私订终身—遭遇波折—终成眷属"的叙事母题，其余类型作品如宫廷剧、家庭剧中的帝妃、夫妻等人物关系可视为才子佳人的变形。作品中的主要情欲描写聚焦以才子与佳人为主人公的剧情，较为明显的是，男主人公及与之相关的女性人物多带有正面色彩，而反之，觊觎女性主角的异性如商人、市民、仆从等往往被塑造为道德缺陷者，呈现出一定程度的阶级化特征。晚明传奇中的历史剧往往会对历史人物的婚恋与两性关系进行叙述，但涉及欲望与私情描写的多是反面人物，意在通过私德不修来反映其品性败坏，将违背婚恋关系与伦理道德的夸张的私情书写作为道德批判的注脚，加深其反面色彩。此外，晚明传奇鲜见"分桃断袖"题材，少部分相关作品并不带有感情色彩，多表现为上层阶级对下位者的狎亵，缺乏平等的情感互动。

晚明传奇围绕一才二美或多才多美展开的叙事模式已然定型。传奇以出数多、篇幅长、人物众为基本特征，在"一才二美"的基本情节框架下，多角关系也往往通过"主副线嵌套"的方式实现"一才二美"的变形。在此基础上的情欲书写也形成了成熟模式，如"有女怀春""深闺夜怨""女性越轨""试炼考验""妻妾家庭""男女绮梦""人鬼幽媾"等。其固然有固化的一面，如李渔批判非现实情境中的鬼魂情节是"神头鬼脸通套"①。但多为作者精心设计，有助于推动情节、塑造人物、传达主旨，是剧中不可或缺的一部分内容。从语言方面来看，大部分晚明传奇并未对两性行为进行直白的描绘，而是以比喻、暗喻、双关、用典等方式含蓄地展示男女情爱，展现出较高的审美品格。

从创作主旨来看，晚明传奇折射出特殊历史语境下的多元价值碰撞。有些作品立足于"情"写"欲"，突出"情"的重要性；有些作品重点写"欲"，重视人的生理本能的满足；有些作品扩充"情欲"内涵，拔高"情欲"的高度，将其视作个人意志的解放；有些作品反思"情欲"的危害，意在警世劝诫。除此之外，也有一部分作品从剧作家的性幻想、纵欲豁免、游戏心理等角度展开情欲书写，我们亦不必过度拔高其审美价值和文学价值。但其承载的信息如男权世界中女性的困境、男性剧作家的心态、晚明世俗审美等亦使得其带有社会性价值。

晚明传奇与艳情小说还有一根本不同即在于其本体之不同，二者的本体差异根植于其物质载体与传播机制的本质分野，也因艺术形态差异衍生出不同的文化生态。晚明时期吏治混乱，对小说戏曲的禁令已然令松禁弛；印刷业、出版业的飞速发展，市民经济水平的提高为坊刻俗文学提供了广阔的市场。以"案头化"为特征的传奇虽然与小说一样被大量刊刻，但其作为戏剧主要的传播形式除去阅读之外还有演出。小说的

---

① 朱素臣：《秦楼月》下册，李渔眉批，载《古本戏曲丛刊三集》，北京图书馆藏清初刊本，第76页。

阅读可以是私密的，然而传奇的观演却必须由演员向观众传播，再由不止一位观众共同接受。传奇的"观演公共性"要求情欲表达必须符合剧场伦理，因而接受"私密性"的缺失亦可看作导致晚明传奇与小说不同的一大原因。

第二节　淫戏的演剧参照

本节聚焦晚明传奇文本中的情欲书写，将其置于淫戏概念的历史流变中加以比对考察。自春秋战国时期儒家礼乐思想初步形成以来，"可以善民心"的"圣人之乐"被称为"雅乐"，与之相对的"郑卫之音"被称为"淫乐"，其意在区分雅俗、强调礼乐的教化作用，"雅乐"与"淫乐"的二元分野始终承载着道德训诫功能。反映在文艺作品中，雅乐之核心在"正"，其审美具有温柔敦厚的特色；淫乐之"淫"在于其"乐之过而失之正"。及至明清时期，小说戏曲等俗文学的发展达到高潮，由于其中出现了大量与情欲相关的作品，官方政令与士绅阶层遂以"淫词淫戏"之名展开禁毁运动。[①] 值得注意的是，"淫戏"概念存在广义与狭义之分：广义承袭礼乐传统，强调对社会秩序的冲击；狭义则特指涉及淫亵内容的作品。晚明传奇的特殊性在于，有相当一部分作品虽被纳入"淫戏"范畴，却呈现出迥异于同范畴内其他作品的特质。这种独特性既源于传奇文体的叙事容量与艺术表现力，更与其所处时代思潮的复杂互动密切相关，成为观照晚明传奇的重要切入点。

---

① 参见陶奭龄《戒搬演淫媒戏剧》，《喃喃录》卷上，载王利器辑录《元明清三代禁毁小说戏曲史料》（增订本），上海古籍出版社1981年版，第268页。

一、晚明传奇中的"诲淫戏"

所谓晚明传奇中的淫戏,更准确地来说,应当被称为"诲淫戏"。因为究其根本原因,即传奇剧本及演出带来的社会影响。在晚明传奇兴起的万历年间,有道学家从"厚风俗、正人心"的角度出发呼吁政府"痛惩"刊刻"淫媟之戏"的书坊和学戏的优人①,并得到了部分士人的支持。及至崇祯年间,晚明传奇从艺术水平到思想水平都已然达到高峰,甚至形成了固定的叙事模式。时人汤来贺对当时的传奇创作及演出形式进行了记录:

> 近日若《红梅》《桃花》《玉簪》《绿袍》等记,不啻百种,括其大意,则皆一女游园,一生窥见而悦之,遂约为夫妇,其后及第而归,即成好合,皆杜撰诡名,绝无古事可考,且意俱相同,毫无可喜,徒创此以导邪,予不识其何心……今乃谱为传奇,播诸声容,使人昭然共见之,共闻之,则是淫奔大恶,不为可羞可罪之秽行,反为可歌可舞之美谈矣,是劝世以行淫,莫大于此矣。……闻近日优人所能演者,惟《玉簪》《绿袍》等戏,问以《五福》《百顺》《四德》《十义》,则皆曰不能,由是观之:今世之优人,只见有淫事,不见有善行也,人心安得而不邪,世道安得而还淳哉?②

由上述内容可知,这种叙述男女主人公一见钟情、私订终身情节的传奇被视为"劝世行淫"之作,盖因这种婚前私下订盟的行为是"可羞

---

① 参见陶奭龄《院本禁书坊不得鬻禁优人不得学》,《喃喃录》卷上,载王利器辑录《元明清三代禁毁小说戏曲史料》(增订本),上海古籍出版社1981年版,第268页。
② 汤来贺:《内省斋文集》卷七《梨园说》,载《四库全书存目丛书·集部》(第199册),齐鲁书社1997年版,第301页。

可罪之秽行"。同样生活在明末的士人陈龙正则持有相同观点，认为士大夫之家乐演出的内容"无非钻穴逾墙""酝酿淫乱"，故而称这类现象为"长而宣淫"。① 这样的观点固然包含了作者带有主观性的看法，但同时也反映出一些客观现实：其一，戏曲演出市场的选择印证了其流行程度，伶人群体普遍热衷搬演此类剧目，而鲜少涉足道德教化题材。其二，淫戏概念的核心判定标准在于对男女逾越礼法交往的戏剧化呈现，因此类作品被认为有"诲淫""宣淫"之作用。

事实上，并非所有涉及两性情欲书写的传奇都会被称作淫戏。晚明士人笔记中记录了按照题材内容对晚明传奇进行的四种分类：如《四喜记》《百顺记》这样"父能教子子扬名，兄弟情怡友难拯。道合君臣夫妇乐，纲常风月两堪称"② 的作品被给予极高的评价，称为"颂"；《伍伦全备记》《香囊记》等传奇被称为"大雅"；《八义记》《葛衣记》等以忠孝节义为主旨作品被称为"小雅"；叙述男女爱情，甚至士妓相交的《拜月亭》《绣襦记》被划分到"风"的一类，"闲庭别馆，朋友小集，或可演之"；而带有佛道色诱试探的《昙花记》，主人公纵欲堕落的"后二梦"，被视作为"禅林道院，皆可搬演"的"逸品"。只有才子佳人密约偷期的《西厢记》《玉簪记》被斥为"淫媟之戏"。③ 这样的分类正与前文所论述的"淫戏"概念一致。

"淫戏"概念的确立与此类传奇在传播中带来的巨大影响有关。晚明不仅是明代世风最为自由活泼的一段时期，同时也是王朝由盛转衰最终改朝换代的大变革时期。一方面，由于自由思潮勃发催生道德松弛，晚明放纵情欲、反抗理学的世风被部分士人抨击，以图通过规训文艺重建

---

① 陈正龙：《家载下》，《几亭全集》卷二十二，载王利器辑录《元明清三代禁毁小说戏曲史料》（增订本），上海古籍出版社 1981 年版，第 171 页。
② 谢谠：《四喜记》下卷，载《古本戏曲丛刊二集》，长乐郑氏藏汲古阁刊本，第 63 页。
③ 陶奭龄：《院本禁书坊不得鬻禁优人不得学》，《喃喃录》卷上，载王利器辑录《元明清三代禁毁小说戏曲史料》（增订本），上海古籍出版社 1981 年版，第 268 页。

礼教权威以挽救王朝颓势；另一方面，国祚倾覆引发了秩序反思，明朝灭亡后，相当一部分士人将承载世风的文艺作品看作朝代灭亡的罪魁祸首，故而对此进行反思。这种批判尤其聚焦于突破礼法框架的传奇作品（虽然晚明传奇中此类作品极为普遍），其颠覆性不仅在于情感或情欲表达本身，更因突破传统道德伦理、追求个体满足的作品"叛逆性"最强，产生的影响最广。

部分士人极力批判淫戏的演出与影响：晚明学者刘宗周论《记警戏剧》认为"近时所撰院本，多是男女私媟之事，深可痛恨，而世人喜为搬演，聚父子兄弟、并帏其妇人而观之，见其淫谑亵秽，备极丑态，恬不知愧"[1]。阅读剧本的深闺女性"暂一披卷，情不自制，顿忘中冓之羞，据作阳台之梦"[2]，观看"优人演剧"则使得"男女纷杂，方三四里多淫奔"[3]，总之是"点染风流，惟恐男子不消魂，女子不失节，此蛊惑人心之最大者。"[4]因此，诲淫戏的作者也受到严厉的谴责与攻击，甚至从来世果报的角度想象并描述他们受到严厉的惩戒——如《牡丹亭》作者汤显祖在冥府中"身荷重枷，肢体零落"，"直待此世界中，更无一人唱此曲者，彼乃得解脱耳"[5]《天府贤书》中记载作者之妾梦游地府，在"泥犁狱"中"见荷枷带锁者，分蹲两廊下。虽鸠形鹄面，而尽带秀色"[6]，其中也包括汤显祖。

晚明传奇中两性书写的文本密度或表现尺度并非界定诲淫戏的核心

---

[1] 刘宗周：《警观戏剧》，《人谱类记》卷下，载王利器辑录《元明清三代禁毁小说戏曲史料》（增订本），上海古籍出版社1981年版，第270页。
[2] 黄正元：《欲海慈航·禁绝淫类》，团结出版社2015年版，第121页。
[3] 张采：《太仓州志》卷五，崇祯十五年（1642）刊本，转引自丁淑梅《中国古代禁毁戏剧编年史》，重庆大学出版社2015年版，第279页。
[4] 黄正元：《欲海慈航·禁绝淫类》，团结出版社2015年版，第122页。
[5] 黄正元：《欲海慈航·禁绝淫类》，团结出版社2015年版，第122—123页。
[6] 沈起凤：《谐铎》卷十二《天府贤书》，载孙德教主编《皇家藏书》，中国戏剧出版社2000年版，第116页。

《玉簪记·琴挑》，明继志斋刊本

《玉簪记·琴挑》,明继志斋刊本

标准，其批判逻辑聚焦于"密约偷期""钻穴逾墙"等逾越礼法的叙事母题。即使此类作品包含了大量冲破礼教束缚，肯定爱情、追求个人价值的主旨，仍被简化为道德失序的文化符号，将其锚定于泛道德化的阐释框架，将晚明传奇与政治变革、社会风气、道德伦理联系在一起，强化其负面影响。这样的判断忽略了作品的艺术性与社会意义，既消解了文学主体性的表达空间，也遮蔽了晚明社会的真实图景，是对其价值的误读与不公正判断。

二、其他淫戏类型

在明清"淫戏"的名目之下，还有一系列与上述晚明传奇不尽相同的戏曲作品。在明确列有《永禁淫戏目单》的《翼化堂条约》中，将"淫戏"分为两种类别，一类诸如《西厢记》《玉簪记》《红楼梦》，在演出中作"眉来眼去之状，已足使少年人荡魂失魄，暗动春心"，因而"是诲淫之最甚者"[①]。这与上文所论述的诲淫戏是一致的。而另一类诸如《滚楼》《来福》《爬灰》《卖橄榄》《卖胭脂》等戏，"则人人皆知为淫亵，稍知自爱者，必起去而不欲观，即点戏人亦知其为害俗而不敢点。则风流韵事之害人人骨者，当首先示禁也"[②]。因而我们可以知道，除了诲淫类的戏剧之外，还有一系列比之更甚的，甚至令人不愿观看的戏剧。

《滚楼》即清代秦腔名伶魏长生进京后的代表作，其演出令"举国若狂"。《啸亭杂录》中评价魏长生演出"诸淫亵之状，皆人所罕见者，故名动京师"[③]。由于其带来的巨大影响，使得效仿者甚众，故而大开秦腔淫

---

① 《翼化堂条约》，余治《得一录》卷十一之二，载王利器辑录《元明清三代禁毁小说戏曲史料》（增订本），上海古籍出版社1981年版，第196—197页。
② 《翼化堂条约》，余治《得一录》卷十一之二，载王利器辑录《元明清三代禁毁小说戏曲史料》（增订本），上海古籍出版社1981年版，第197页。
③ 昭梿撰，冬青校点：《啸亭杂录 续录》，上海古籍出版社2012年版，第169页。

戏之先河。

近日歌楼老剧冶艳成风,凡报条有《大闹销金帐》者,是日坐客必满。魏三《滚楼》之后,银儿、玉官皆效之。又刘有《桂花亭》,王有《葫芦架》,究未若银儿之《双麒麟》……令人如观大体双也。①

又有《消寒新咏》记载:

庆和部小旦,余亦不必道其名,演《狐狸偷情》一出,场上预设纱幕,至其中以锦衾覆半体……而台下"好"声,接连不迭。②

由此可见此类剧目之"淫"在于其演出的淫亵,演员利用这样的表演招徕观众,甚至形成了"班中昆弋两嗟嗟,新到秦腔粉戏多。男女传情真恶忲,野田草露竟如何"③的现象。这一现象也现于其他诸腔,一时间泛滥成灾。清代碑刻禁令《翼宿神祠碑记》中记载了此时期的乱弹腔、梆子腔、弦索腔、秦腔等,演出的都是"狭邪媟亵"④之事。因而已有学者认为花雅之争中对秦腔的禁令是因其演剧之色情而非仅仅因为声腔之争。⑤

---

① 吴长元:《燕兰小谱》,载张次溪编纂《清代燕都梨园史料》(上册),中国戏剧出版社1988年版,第47页。
② 铁桥山人、问津渔者、石坪居士:《消寒新咏》卷四,载傅谨主编《京剧历史文献汇编》(壹),凤凰出版社2011年版,第141页。
③ 《北平梨园竹枝词荟编》,载张次溪编纂《清代燕都梨园史料》(下册),中国戏剧出版社1988年版,第1172页。
④ 《中国戏曲志·江苏卷》,中国ISBN中心1992年版,第999页。
⑤ 参见丁汝芹《清代内廷演戏史话》,紫禁城出版社1999年版;戴和冰《清代乾隆时期京腔消歇及秦腔色情戏兴盛原因述论》,《文化艺术研究》2009年第2期。

《卖橄榄》是反映中下层人民日常生活的小戏，这类小戏往往是由"两小""三小"（小生、小旦、小丑）担纲的歌舞小戏，以花鼓戏、采茶戏、道情戏等为代表。同类型的作品还包括《卖草囤》《卖花线》《拨兰花》等。《卖橄榄》叙旦角饰演的招娣与丑角饰演的卖橄榄者张老三本是旧识，偶然相遇互相调笑。《卖草囤》叙售卖草囤（用以喂养婴儿）的小贩途经尼姑庵，因庵中尼姑破戒与人生子，故草囤售卖一空。这类小戏演出者一般为"男女合串"，其演出"言词粗秽""俚俗不堪"①，"其词淫、其态媚，观之易迷"②，"亵态淫词，难以言述"③，观者"男女辐辏、乐此不疲"④。故而被认为有诲淫作用，将男女私奔、越轨等一系列社会负面影响的产生都归结于这些民间小戏的演出，甚至有俗语称"滩簧小戏演十出，十个寡妇九改节"。此类小戏与晚明传奇中诲淫戏的共同之处在于，都被认为诲淫而"有害风俗"。不同之处在于，此类小戏演出的内容更接近底层人民的生活，反映平民百姓的情感与欲望；且用词俚俗粗陋，浅显易懂，通过通俗的叙事方式展现未被雅文化规训的本真欲望，故而其"淫"中带有"俗"的特色。

"淫戏"中还有一类"淫凶"戏，这一称呼来自徐珂《清稗类钞》，其中提到以"贴"为主的秽剧分类，其中有一类"专尚淫凶"，包括《杀皮》《十二红》《双钉计》《南通州》，皆淫凶不可向迩，在所宜禁"⑤。此类剧目可被看作淫戏又一代表性类型，其内容一般结合色情与凶杀于一体，往往叙妇人越轨并杀人事。如被评价为"关目凶恶淫荡，尤觉不

---

① 《禁止花鼓串客戏议》，余治《得一录》卷十一之二，载王利器辑录《元明清三代禁毁小说戏曲史料》（增订本），上海古籍出版社1981年版，第314—315页
② 陈瑞澜、陶大夏修，吴言昌、王仪吉纂：《光绪黄安县志》，江苏古籍出版社2001年版，第62页。
③ 《淫戏类志》，《申报》1881年9月13日第2版。
④ 陈瑞澜、陶大夏修，吴言昌、王仪吉纂：《光绪黄安县志》，江苏古籍出版社2001年版，第62页。
⑤ 徐珂编辑，无谷、刘卓英点校：《清稗类钞选》，书目文献出版社1984年版，第357页。

堪入目"①的《杀子报》，叙徐氏与人通奸被儿子发现，故杀子。在演出中，往往强调徐氏挑逗与害子的情节，且一般演"杀子"而不演其"报应"。《杀皮》叙皮匠杀妻与奸夫，剧中还包括了皮匠杀人后处理首级的情节。此类淫凶戏以极端方式铺叙色情与凶杀，以耸人听闻的剧情、夸张的表现手法，利用观众猎奇心理制造"卖点"，已经完全突破正常演剧的范畴与底线。

事实上，在清传奇的创作中也可见此类剧目的端倪。比之晚明传奇中丰满的嫂子形象，清传奇中涉及男女偷情越轨的剧目大多集凶杀、破案、报应于一体，或改编时事，显善恶有报，或歌颂、呼吁清官断案，如《未央天》《也春秋》《双报应》《双钉案》《梁上眼》等。此类剧中女性人物已然失去了晚明传奇中越轨女性行走在欲望与道德边界，既天真又邪恶，既可怜又可恨的内涵，成了淫凶形象的化身。

三、晚明传奇在演出中成为"淫戏"

淫戏的概念与范畴中还包含了晚明传奇作品的改编演出现象。清同治十三年（1874）禁戏檄文列举了封禁戏曲剧目："禁戏目列之如左：昆腔淫戏《挑帘裁衣》《茶坊比武》《来唱》《下唱》《倭袍》《斋饭》，京班淫戏《翠屏山》《海潮珠》《晋阳宫》《梵王宫》《关王庙》《卖胭脂》……"②官方封禁此类剧目的深层逻辑为对演出再创作的规训：当舞台表演突破文本的道德边界，其即时性、具身性的传播特性便构成对礼教秩序更直接的冲击。以《卖胭脂》为例，其原剧为晚明传奇《胭脂记》，因袭同题材元杂剧《王月英月夜留鞋记》，剧叙书生郭华与卖胭脂的王月英相恋，郭华因错失相会之机吞帕自尽，导致王月英被误会杀人，包拯断案还王月

---

① 《查禁淫戏》，《申报》1885 年 5 月 17 日第 3 版。
② 《道宪查禁淫戏》，《申报》1874 年 1 月 10 日第 2 版。

英清白，郭、王终成眷属。其原始文本本无过度亲密的情节，但在搬演过程中经历了表演传播的变形，艺人为了招徕观众，将含蓄的情感叙事转化为具象化的展演，通过肢体语言与情态演绎刻意放大男女之间的互动，夸张地做出种种庸俗的表演：

> 那里知道这个冯月娥做到"买脂调戏"的一场，竟当真和那小生捻手捻脚，两个人滚作一团……只听得楼上楼下一片声喝起采来。……只见冯月娥索性把上身的一件纱衫卸了下来……口中咬着一方手帕，歪着个头，斜着个身体，软软的和身倚在那小生的肩上，好似没有一丝气力的一般。鬖发惺忪，髻鬟斜辑……就是画都画不出来。①

再如屡屡被禁的《水浒记》中《前诱》（原作《渔色》）一出，在曹心泉旧藏《昆剧三十九种》所记录的身段谱中已然颇为直露，如"付对占丢眼色，占看暗笑"，"摸占腿，占推付"（见图1）②，"占双手搭付肩三推""将占衣逐件解开"（见图2）③等。

在晚明传奇《水浒记》剧本中，阎婆息与张三郎的私合除了较冶艳的唱词外，其动作提示仅写有"小旦携净手介""净搂小旦下"。在清代身段谱中，其动作已然被夸大、丰富，通过身段谱记录可窥见其演出之露骨。再如《义侠记》的《成衣》（原作《巧媾》）一出中，西门庆假借

---

① 张春帆著，唐世明标点：《九尾龟》，上海古籍出版社1994年版，第709—710页。
② 王文章总主编，王馗编选整理：《昆曲艺术大典·表演典》（第006册），安徽文艺出版社2016年版，第1122页。据《昆剧三十九种》，中国艺术研究院图书馆藏中国艺术研究院1952年据怀宁曹氏钞本重钞本影印。
③ 王文章总主编，王馗编选整理：《昆曲艺术大典·表演典》（第006册），安徽文艺出版社2016年版，第1146页。据《昆剧三十九种》，中国艺术研究院图书馆藏中国艺术研究院1952年据怀宁曹氏抄本重抄本影印。

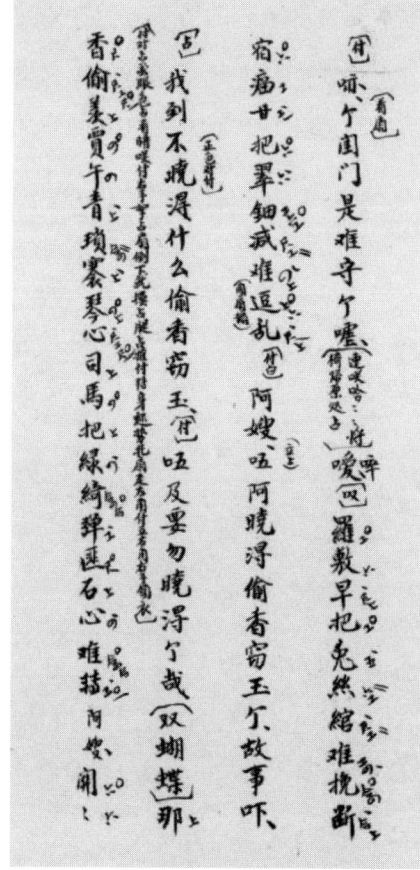

图 1 《前诱》身段谱（一）　　　图 2 《前诱》身段谱（二）

捡筷子捏潘金莲的脚，舞台提示作"捏介"，接着二人便对天发誓，"同拜介，同下"。但在身段谱中记录了"付搂占，占推开介""抱占下""占咬汗巾上，跪对上场付散衣上"等诸多轻浮俚俗的动作（见图3）[①]。

正如上文所示诸例，晚明传奇在传播的过程中由于演出之过火，成了另一种形式的淫戏。此类剧目大多以两性互动扩充情节篇幅，其中不

---

① 王文章总主编，王馗编选整理：《昆曲艺术大典·表演典》（第006册），安徽文艺出版社2016年版，第774页。据《昆剧三十九种》，中国艺术研究院图书馆藏中国艺术研究院1952年据怀宁曹氏抄本重抄本影印。

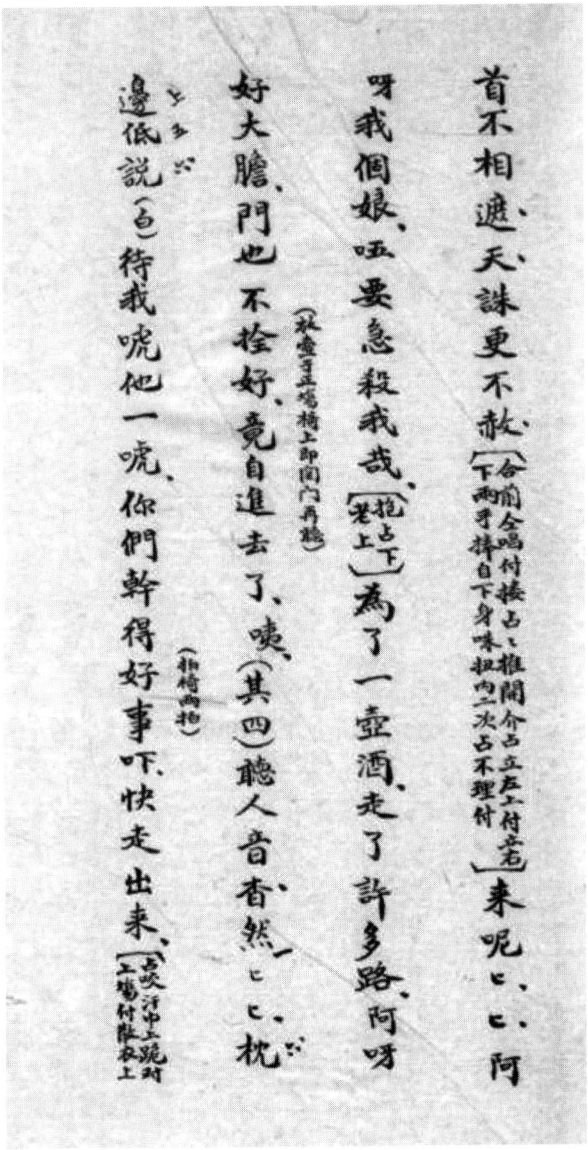
首不相遮、天誅更不赦、
來呢匕、匕、阿
呀我個娘、嗄要急殺我哉、
(抱占下老上)
為了一壺酒、走了許多路、阿呀
好大膽、門也不拴好、竟自進去了、噢、
(其四)
聽人音杳然匕匕、枕
邊低說
(白)
待我唬他一唬、你們幹得好事吓、快走出來、

图3《成衣》身段谱

乏各种低俗的动作表演，往往被抨击为"百般秽亵，万种淫污"[①]。这样的舞台表现方式是昆腔逐渐走向曲高和寡、无人问津时为自己找到的出路之一，因而一部分昆腔戏曲走向了民间，迎合大众审美；另一部分则在其他声腔剧种中保留了下来。官方指斥的"百般秽亵"的剧目是戏曲发展进程中雅俗互动的极端选择——改变自身表演方式，或在花部中被改变表演方式，成为与原作不同的另一种类型的戏剧，一种由经典剧目蜕变的满足市井趣味的文化消费品。

小　结

　　晚明传奇与"淫戏"之间的关系既密切又矛盾，通过上述对比，我们可以获取一些对晚明传奇中情欲书写的独特认识。首先，晚明传奇中的情欲书写具有强烈的自我意识，建构了双重主体性，既包括剧中人物突破桎梏的自觉意识，又隐含了剧作家重塑价值体系的创作自觉。诸如以《牡丹亭》为代表的男女主人公无媒聘订终身的同类剧作，虽被卫道者批驳为"诲淫戏"，但实则与真正声色满眼的"淫戏"有本质差别。主人公冲破一切阻碍追求情与欲，甚至不惜以生命作为代价，他们的"情欲"早已超越了"情欲"，代表了生而为人应当有的自由意志与为满足个人意志而牺牲的精神，不仅构建了戏剧冲突，更传递了对个体存在价值的叩问。诚然，并不是所有剧作都能达到《牡丹亭》的艺术高度成为情欲书写的经典，有些剧作中的人物徘徊在突破束缚与回归传统之间，表现出情与理的反复拉扯。这种创作主体与时代语境的深层互动使得作品具有了持续传播的内在动力，即使在官方不断颁布的禁戏政策之下，这些作品仍然能广为流传，受到读者观众欢迎——作品中包含着的自我意

---

① 《劝戒点演淫戏说》，《申报》1872年7月4日第3版。

识正是其源源不断的生命力,其承载的价值也早已超越了道德评判的范畴。

其次,从演剧生态考察,晚明传奇的舞台呈现并未逾越其时代审美尺度。如果说明代中前期的禁戏政策来自政府严苛的管制与士人阶层的文体偏见,至晚明随着禁松令弛与思想意识的改变,戏曲已获得相对宽容的传播空间,大部分关于淫戏的抨击都来自呼吁禁戏者从风化角度进行的判断。其批评与指控多聚焦于观剧行为引发的社会效应,如男女同居一室看戏、士大夫狎家乐以及观戏后引起少年男女思春情绪——这些所谓的负面影响都聚焦于社会问题,而并非针对文本与表演艺术本体。故而晚明传奇中虽然包含丰富的情欲书写,尽管有批评者称其为"淫词妖调",但其舞台艺术仍保持着雅俗平衡的美学品格,就演出内容而言与清代淫戏有着本质的区别。

再次,晚明传奇中大部分的情欲书写展示出了独特的审美格调。从剧作家的创作手法来看,晚明传奇中的男欢女爱,不论是思春闺怨还是密会幽期,不论是现实约会还是幽冥艳遇,不论是夫妻身心合一的敦伦还是纳妾满足身体欲望,剧作家以精微的心理描摹、典丽的辞章修饰、诗性的笔触风格构建晚明传奇情欲书写的特质,这与花部戏曲之淫亵、歌舞小戏之俚俗、淫凶剧目之变态可怖形成了鲜明的对比,显示出崇雅黜俗之风格。

戏曲艺术从晚明到清代的流变轨迹,反映了其由雅向俗,由案头向舞台,由士大夫阶层走向民间百姓的趋势,这也是戏曲发展的必然规律。在这样的过程中,同类文艺作品在不同时代背景下各显示其特点,揭示出文艺生产机制与接受群体的变迁,在对比中凸显晚明传奇的独特性正是本节之题旨。

结语

年少时笔者阅读明传奇常有疑惑：倘若杜丽娘未曾游园幽媾，按部就班待字闺中，人生是否能少去这几多波折？如果李慧娘看到"美哉一少年"时缄默不言，是否便不会遇到性命之忧？身为道姑的陈妙常为什么敢在道门之内与潘必正偷食禁果？市井出身的阎婆惜为什么在越轨之后一定要与张三郎做长久夫妻？晚明传奇中诸如此类的例子还有很多，这些有关"情"（指狭义的情欲）的书写的背后有着怎样的文化动因？具有什么样的独特性？包蕴着什么样的意义？我们又应当怎样看待晚明传奇中的情与理的书写？在后来的学习中，这一系列问题有的已有答案，有的一知半解，有的尚在思考——这些问题成了笔者选题的初衷。

文史学界对晚明的关注始于新文化运动时期，"五四"学人在晚明寻找到近代文化的源头。自 20 世纪二三十年代起，学界以学术的、理性的研究视角观照中国文学作品中的情欲书写，甚至给予"足推为世界各民族性欲文学的翘楚"[①]的评价。其时研究肯定了晚明传奇《牡丹亭》的价值，并探讨其主旨，推崇自然本性与生死至情。"十七年"时期，文史学家们对晚明传奇予以进一步探索，构建起由晚明思潮（尤以阳明心学为主）到反封建戏剧的进步定性与演进脉络，将晚明传奇纳入社会形态更迭的宏观叙事中。近年来，对晚明传奇的研究依然在进行，研究路径趋向多元化，本书对晚明传奇中情与理的研究以两性之间的"情"为切入

---

① 茅盾：《中国文学内的性欲描写》，载贾亭、纪恩编《茅盾散文》（3），中国广播电视出版社 1995 年版，第 115 页。

点，正如绪论中所定义的，取"情"作"情欲"之义，即将情欲书写作为具体的研究对象。笔者对晚明传奇中情欲书写的分别提炼与整体研究，致力于对既有研究空白的查漏补缺，对晚明戏曲复杂性的再阐释。

那么行文至此处，本书究竟是否解决了上述问题，或者说解决了哪些问题？笔者试总结如下。

（一）归纳晚明传奇中情欲书写模式

本书对晚明传奇中两性之间情欲书写进行了精细的提炼与系统的总结。通过大量阅读考察现存晚明传奇文本及相关理论文献，从横向拓展研究范围，不满足于仅聚焦个案，突破既往经典化研究的偏狭，将各类作品纳入研究范畴。将晚明传奇中两性之间情欲书写概括总结为几种模式类型，如个体情感的私人表达、男女示爱及其嬗变、婚姻家庭与两性关系、非现实境遇中的绮梦与情鬼等。其下又可分为不同亚型，如有女怀春与深闺之怨；女性的示爱与男性的求欢；夫妻敦伦与纳妾纵情；男女绮梦与人鬼幽媾等。在不同亚型之下，又可继续细化，如自主择偶的追求、非道德化的越轨、试炼主题的关卡、非士人群体的"祛魅"、士妓相交的"救风尘"等。同时，对于《牡丹亭》等经典案例辟专门的章节进行论述。因而从纵向看来，既提炼时代共性特征，又关注个体创作差异，既避免类型化研究的机械倾向，又克服个案累积的碎片化局限，在考察中不断细化研究范围，最终落脚于具体的传奇作品和创作主体。

（二）厘清晚明传奇中情欲书写现象并探究其原因

本书深入晚明历史文化语境，厘清晚明传奇中大量情欲书写现象，探究并揭示背后的原因。政治方面，有明一代自万历以降现出颓势，神宗纵欲怠政，光宗因色猝死，熹宗放任阉祸，思宗刚愎自用。统治者的道德失范、昧于律己、自我放纵导致了上行下效的风气，同时也不可避免地造成了庙堂之上诸臣党争严重、政局腐朽、士人异变的局面。在经济方面，晚明经济结构转型，带来了社会分工细化，商业、手工业等行业的发展使得原本的社会等级秩序产生了变化，其中包括了女性、非士人、庶民等各类群体变化，使得晚明两性关系、婚恋观、女性观随之改变，庶民审美趣味在一定程度上得到了重视。城市规模的扩大与数量的增加，印刷业、出版业的发展，人口密度的增加与流动为纵情行为在民间的发生发展，以及包含情欲书写的各类文艺作品的传播奠定了基础。世风也因而受到影响，晚明市镇生活丰富，这不仅限于物质生活，同样包括了各类精神生活的变迁。时人日常生活的变化由衣食住行的违禁逾制逐渐发展为道德秩序的松动，甚至走向违规违法的极端。时人因白银货币化对金钱产生的崇拜逐渐发展为对各类欲望的追求与放纵，情欲作为人类本能成为其中最为张扬的一部分。思想方面，晚明兴起的思潮不仅包括阳明心学，同时期儒释道三教合一、西学东渐等多元化思想组成的浪潮也为晚明情欲观注入了新鲜血液。

"人情以放荡为快，世风以侈靡为高"，晚明时期政经巨变、经济转型、社会由上至下世风、好恶都大异于前。自上而下的统治权威溃散瓦解了现实约束，自下而上的经济浪潮催生出新的审美范式。政治上的朽败失序与文化的繁荣形成鲜明的对比，统治阶层无力打压频现的新生思想与新型价值观，文学界获得了空前的创作自由。明初北曲黄钟大吕式的典范美被打破，全新的群体审美取而代之。作为晚明传奇创作主体的士人在社会变迁的滔天巨浪与个人情感欲望的细波中不断摇摆，党同伐异、仕途壅滞的苦闷与跅弛不羁、放浪形骸的自在，阶级动摇的焦虑与通俗大众的平民关怀，物质社会功利的现实与娱情以自娱的慰藉——晚明士人在情与理的矛盾中进行创作，特殊的历史文化语境造就了晚明传奇中的情欲书写。

（三）述评晚明传奇中情欲书写特征

本书总结与揭示了晚明传奇中"情"的独特性与复杂性——并非仅仅包含了"反封建、反理学"的进步观念，也不是对古人生活之"落后愚昧"的片面想象。晚明传奇中情与理关系的独特性在于突破了简单的二元对立，其复杂性体现为传统伦理与新质文化的动态演进。晚明传奇中的情与理是特殊历史文化语境下，创作主体的矛盾心态及新兴创作观在传统伦理秩序中的冲突、壮大、融合。因而晚明传奇中的情欲书写包含了道学与风流、纵欲与禁欲、奇幻与现实合一等特点。

首先，晚明传奇中的大部分未婚私合的行为最终都会指向正式的婚姻，得到最高统治者、神仙等权威的肯定或父母、正室（纳妾情况下）的支持；婚姻关系中的两性行为一面肯定夫妻身心合一，另一面强调子嗣之重、批判女性之妒；非道德的婚姻越轨者则理所应当受到惩罚。突破传统伦理的行为最终以回归社会秩序结束，剧作家肯定欲望而严惩淫行。风流是个体纵欲恣意的态度，也是两性之间大胆反抗传统的行为，道学则是一定程度上的归正调整，并逐渐由教化性的明示转为暗示性的含隐。同时，晚明传奇中情欲的道学与风流可调换顺序为"风流与道学"，盖因明末部分士人在内忧外患的背景下对纵欲的反思，如"借男女之真情，发名教之伪药"的冯梦龙在十余年后改订《灌园记》时，因其主人公田法章亡国复仇之时"不务愤悱忧思，而汲汲焉一妇人之是"，太史氏女"一再见而遂失身，即史所称阴与之私，谭何容易"，故而删去原作《园中幽会》《朝英夜候》《朝英寻簪》《君后自责》等几出，使"忠孝志节种种具备，庶几有关风化而奇可传矣"①。再如创作了男女主人公为追寻自由婚恋而殉情的《娇红记》的孟称舜，后又作《贞文记》强调"情

---

① 冯梦龙：《新灌园·叙》，载蔡毅编著《中国古典戏曲序跋汇编》，齐鲁书社1989年版，第1341页。

贞"与"情正"①。

其次，男性的纵欲与女性的禁欲同时出现在晚明传奇中，女性的"禁欲"主要指对男主人公之外的其他异性的禁欲。晚明传奇中的女性大多敢于直面自身的情感欲望并付诸行动，自荐枕席、自由择偶、自得生理自然之乐，但其自主性始终受限于男性本位的叙事框架。她们多被限制在婚姻、爱情或是男主人公的要求之中，无法获得与男性一样直面外界事物的权利。勇于逾越传统伦理藩篱的她们一旦与男主人公分开便自我封闭起来，遇到其他异性的追求或强迫甚至不惜以出家、毁容、自尽等极端方式守贞，相较之下，以男性主人公为中心的"一才多美"叙事被赋予风流蕴藉的正面定位。晚明传奇展现出了被压抑的情欲的释放与人性的突破，但此种突破依然是以男性为中心的。

再次，晚明传奇中的情欲书写还包括了奇幻与现实的交织。晚明传奇非"奇"不传与"十部传奇九相思"的选题特色共同造就了虚实互渗的美学范式。在现实生活中囿于传统伦理压抑内心欲望甚至丧命的人物，在幻境中获得情欲的解放与行动的自由。借助奇幻维度突破桎梏，实现情欲主体的诗意呈现，为人物开辟兼具戏剧性与浪漫主义的空间。但由幻境回归现实之后，由现实收束维系伦理框架，主人公的梦醒或还魂意味着重新回到原本凡世的规则，受到皇帝、父母等权威人士的肯定的大团圆结局中亦包含着剧作家冲击藩篱后的妥协心态，隐喻着文化转型期的价值困境。

在与同类文艺作品的对比中，晚明传奇在文本上已显示出成熟的叙事模式、独特的文化定位与美学品格。情欲书写作为展开情节、塑造人物、凸显题旨的手段，并未过多占用全剧篇幅，但一定不可或缺。从语言来看，晚明传奇主人公涉及情欲的表达大多含蓄缱绻、切情入理，善

---

① 孟称舜：《张玉娘闺房三清鹦鹉墓贞文记》"题词"，载《古本戏曲丛刊二集》，绥中吴氏藏明末刊本，第2页。

用用典、比兴、象征等手法描摹男女情事。这些情欲书写多符合情理且善用曲笔，在审美上显示出较高的品格。在演剧方面，晚明传奇往往因其男女主人公打破世俗婚恋秩序自由结合的情节与聚众观剧的情形而被部分士人看作"诲淫戏"。这一部分士人的坚拒禁毁与谈戏色变正体现出晚明传奇中情欲书写的突破性。但与淫亵的花部戏曲、俚俗的歌舞小戏、刺激的淫凶戏相比，晚明传奇并无过火之处——直至后世传播发展中被艺人加以秽亵的诠释。

（四）阐明晚明传奇中情欲书写意义

本书发掘并阐释了晚明传奇中情欲书写的意义。一代有一代之文学。明中期盛行"文主秦汉，诗归盛唐"的复古浪潮，正统文学已无力推陈出新，由南戏发展而来的明传奇则新发于硎。就明传奇本体而言，着重叙事的长篇结构能够容纳复杂情节的演进，对情欲书写更为细致且更具有戏剧性；代言体的特性使个体情感经验得以更为直观地呈现，并赋予情欲书写以诗性特质；阅读、演出的接受与传播，形成文人雅趣与市民审美的融合。晚明传奇将其本体特征与个人情感相结合，建立起了新的叙事立场与策略。

就中国戏曲发展史而言，自"手之舞之，足之蹈之"的萌芽阶段起，戏曲的作用与外化人类思想情感，表现日常生活有着密切联系。由"里巷歌谣"过渡而来的晚明传奇在情欲书写上展示出了有意识的自觉性与创作主体的自主性。在戏曲发展的高峰时期，元杂剧中便有情欲书写的印记，然而儿女风情戏在题材广阔的元杂剧中仅属于一个类别；四折一楔子的体制与有限的篇幅无法细致展开情节，提供足够的叙事空间，使得两性之间的亲密行为缺乏合理铺垫，令人产生主人公急色之观感。士妓相爱与戒娶妓女，私订终身与发迹负心，个人情爱与民族压迫，同题材却不同主题的两性间情欲书写在矛盾中被拉扯消解。清传奇继承了极度重视叙事的特征，有足够的篇幅与完备的体制用以描摹情欲，但经历朝代更迭，被严苛管制的创作主体与晚明时期相比已然大异其趣，以反思为目的的历史爱情剧有之，以刺激感官为目的通奸公案戏有之，但如晚明传奇般汪洋恣肆的情欲书写终成绝唱——譬如不止一部晚明传奇中的主人公敢于在船舱幽欢，而在清传奇中作者自我指疵"游湖之事兼且题诗风月舟中，太觉放诞"[1]。需要注意的是，晚明传奇中部分书写情欲的作品，其情节虽源自前代母题或本事，非剧作家独创，但这类题材的集中涌现与流行，恰恰彰显了情欲的书写在晚明时期的蔚然风尚。而剧作家依据传奇体制对既有母题进行的艺术改造，则更深刻地烙印了晚明传奇特有的审美旨趣。晚明传奇中情欲的书写是对晚明传奇独特性的确立，研究晚明传奇中的情欲即研究晚明传奇的肯綮之一，因而在一定意义上是对晚明传奇研究的推进。

就文学与文化的角度而言，晚明传奇中的情欲内容具有复杂且独特的本质，因而其意义不仅包含了前人研究中的"反封建"。晚明传奇中情欲书写的出现是对极力贴合儒家伦理道德、以教化为目的的婚恋关系的解构，是身体感知与精神诉求相统一的美学范式的确立。身体与情感成为剧作家关注的重点，生命欲望的合理性被加以肯定，男女两性关系的探索更进一步。这些情欲内容一方面丰富了明传奇的创作主旨、模式、风格，塑造了经典人物和关目，给读者（观众）及其后的创作者以无限启示。另一方面，这是晚明世风的真实写照与士人娱情纵欲的普泛化展示，绘出鲜活而完整的晚明生活图卷。"为陈情欲，以歌道义"，晚明传奇为描摹晚明情欲生活，张扬个体生存意义提供了广阔的平台。可以说，晚明传奇中的情欲书写具有文学与文化双重意义。

依然活跃在当代戏剧舞台上的相关晚明传奇主要包括《牡丹亭》《义

---

[1] 曹岩：《风前月下填词》"指疵"，载《古本戏曲丛刊五集》，北京图书馆藏清品香阁刊本，第3页。

侠记》《水浒记》《红梅记》等几种，由此我们似乎可以回答经典是如何生成的这一问题。经过大浪淘沙、最终流传的作品告诉我们，晚明传奇中情欲书写的经典皆以"人"为出发点。学界对《牡丹亭》究竟是写"情"还是"欲"一直有所争论；追求情欲满足、背离道德的潘金莲与阎婆惜们富有被一再搬演甚至移植到其他剧种的吸引人的魅力，归根结底，都是剧作家深入人物内心，以"人"为本进行的创作，因触及人性本真而获得跨时代共鸣。同时，必须提到的是，正是晚明传奇中各个主人公"越轨"的行为构成了新的文艺观与美学观，推动了人本主义文艺观的发展进程。这种创作革命的影响远超戏剧范畴，在一定程度上显示出现代婚恋与性爱自由观的文化先声。

本书对晚明传奇中的情与理的研究可看作特殊背景下对传奇情欲书写的巡礼，起步于创作背景与创作主体的探究，从中寻找情欲书写现象集中出现的原因；经过了大量传奇及相关文献资料的考察与研究，搭建起情欲模式的框架；回归于晚明传奇的批评与解读，挖掘其深刻丰富的内涵与意义，从而完成了在前人研究基础上的梳理、总结、补充、创新。感谢前人研究中开创性的学术勇气，也感谢当今学界开明的学术环境。

在晚明传奇情与理的交锋与融合中，我们可见人性的冲突、情感的追求、两性的探索，亦可见庸俗媚悦的趣味、过度纵欲的劝惩、游戏人间的态度。晚明传奇中情欲的书写不是简单的欲望解放或伦理持守，而是构建了多元文化的交流空间。尽管不少剧作带有传统伦理的印记与时代的局限性，但剧作家在欲望横流的背景下理性思考，勇于直面个体情感与欲望，对恒定的传统社会秩序进行怀疑与挑战的精神，使伦理困境转化为戏剧冲突，令个体经验升格为时代寓言，是晚明传奇中的"情欲"动人心弦、耐人寻味且值得研究的关键所在。

附录：晚明传奇相关叙事模式总结

序号	剧目	作者	创作时间	主要人物	叙事模式
1	《四喜记》	谢谠	创作时间不详，列生卒年（1512—1569）供参考	宋祁、董青霞	士妓相欢
2	《浣纱记》	梁辰鱼	作于万历元年（1573）之前	夫差、西施	帝妃相欢
3	《红拂记》	张凤翼	作于作者（1527—1613）19岁时新婚伴房一月而成	李靖、红拂	私奔私会
4	《灌园记》	张凤翼	作于万历十六年（1588）	田法章、太史氏女、侍女朝英	未婚私会 女性示爱
5	《樱桃记》	史槃	创作时间不详，列生卒年（1531—1630）供参考	丘奉先、穆爱娟、侍女瓶儿	未婚私会
6	《鹣钗记》	史槃	创作时间不详，列生卒年（1531—1630）供参考	康璧、真国香	强迫不从
7	《吐绒记》	史槃	创作时间不详，列生卒年（1531—1630）供参考	皇甫曾、卢忘忧	未婚私会
8	《青衫记》	顾大典	作于万历二十年（1592）之前	白乐天、裴兴奴	士妓相欢 强迫不从
9	《琴心记》	孙柚	作于万历二十一年（1593）之前	司马相如、卓文君、侍女孤红	私奔私会
10	《玉簪记》	高濂	约隆庆、万历间	潘必正、陈妙常	未婚私会
11	《修文记》	屠隆	作于万历三十二年（1604）	蒙玉枢、花女鬼及浪荡男魂	色欲考验
12	《彩毫记》	屠隆	约作于万历二十六年（1598）	李白、许湘娥	夫妻恩爱
13	《昙花记》	屠隆	约作于万历二十六年（1598）	木清泰、花神扮红绡	色欲考验

续表

序号	剧目	作者	创作时间	主要人物	叙事模式
14	《梦境记》	苏元俊	作于万历间或之前	吕洞宾、太阴女	色欲考验
15	《樱桃梦》	陈与郊	作于万历三十二年（1604）之前	卢生、崔樱桃	未婚私会
16	《鹦鹉洲》	陈与郊	创作时间不详，列生卒年（1544—1611）供参考	韦皋、玉箫	男性示爱 夫妻恩爱
17	《锦笺记》	周履靖	作于万历三十六年（1608）之前	梅玉、柳淑娘、侍女芳春	未婚私会 婢作夫人
18	《紫箫记》	汤显祖	作于万历八年（1580）之前	李益、霍小玉	士妓相欢
19	《紫钗记》	汤显祖	作于万历十五年（1587）前后	李益、霍小玉	士妓相欢
20	《牡丹亭》	汤显祖	作于万历二十六年（1598）	柳梦梅、杜丽娘	男女绮梦 人鬼幽媾
21	《南柯记》	汤显祖	作于万历二十八年（1600）	淳于棼、瑶芳公主、琼英郡主、上真仙姑、灵芝夫人	男女绮梦 夫妻恩爱 过度纵欲
22	《邯郸记》	汤显祖	作于万历二十九年（1601）	卢生、崔氏、妾、侍女等	男女绮梦 过度纵欲
23	《玉合记》	梅鼎祚	作于万历十二年（1584）	韩翊、柳氏	士妓相欢
24	《长命缕》	梅鼎祚	作于万历四十三年（1615）	单飞英、邢春娘	娼妓生涯
25	《红蕖记》	沈璟	创作时间不详，列生卒年（1553—1610）供参考	郑德璘、楚云	调戏不从
26	《桃符记》	沈璟	约作于万历十七年（1589）	店小二、青鸾	强迫不从
27	《坠钗记》（又名《一种情》）	沈璟	创作时间不详，列生卒年（1553—1610）供参考	崔嗣宗、何兴娘	未婚私会 人鬼幽媾
28	《义侠记》	沈璟	作于万历三十年（1602）之前	武松、潘金莲、西门庆	女性示爱 越轨私通
29	《双鱼记》	沈璟	约作于万历二十年（1592）	刘皞、邢春娘	士妓相欢

续表

序号	剧目	作者	创作时间	主要人物	叙事模式
30	《投梭记》	徐复祚	作于万历四十五年（1617）之后	谢鲲、元缥风、谢妻	私订终身 妻妾相处
31	《红梨记》	徐复祚	作于万历三十八年（1610）	赵汝州、谢素秋	士妓相欢
32	《惊鸿记》	吴世美	作于万历十八年（1590）之前	唐明皇、梅妃、杨贵妃、汉王	调戏不从 帝妃相欢
33	《玛瑙簪》	邓志谟	创作时间不详，列生卒年约（1554—1624）供参考	槟郎、红娘子、侍女寄奴	男性示爱 未婚私会
34	《双凤记》	陆士璘	创作时间不详，作者于万历十年至万历十一年（1582—1583）在金陵活动可考，供参考	李全、杨氏、侍女海棠	男性示爱
35	《金锁记》	叶宪祖	创作时间不详，列生卒年（1566—1641）供参考	窦娥、张驴儿	调戏不从
36	《鸾鎞记》	叶宪祖	作于万历三十八年（1610）之前	温庭筠、鱼玄机；杜羔、赵文姝	未婚私会 夫妻恩爱
37	《玉镜台记》	朱鼎	创作时间不详，作者约万历元年（1573）前后在世，供参考	温峤、刘润玉	夫妻恩爱
38	《冬青记》	卜世臣	作于万历三十八年（1610）之前	唐钰、袁氏	夫妻恩爱
39	《凌云记》	韩上桂	作于万历三十三年（1605）之前	司马相如、卓文君、侍女春英	未婚私会
40	《红梅记》	周朝俊	作于万历三十七年（1609）之前	裴禹、李慧娘、卢昭容	人鬼幽媾 未婚私会
41	《风流梦》	冯梦龙（改订）	作于天启三年（1623）之后	柳春卿、杜丽娘	男女绮梦 人鬼幽媾
42	《万事足》	冯梦龙	作于崇祯十一年（1638）之前	陈循及妻妾、高谷及妻妾	纳妾合欢
43	《梦磊记》	冯梦龙（改订）	创作时间不详，列生卒年（1574—1646）供参考	文景昭、刘亭亭、蔡凝	强迫不从
44	《洒雪堂》	冯梦龙（改订）	作于崇祯元年（1628）之后	魏鹏、贾娉娉、侍女福福	未婚私会

续表

序号	剧目	作者	创作时间	主要人物	叙事模式
45	《香山记》	罗懋登	约作于万历二十六年（1598）	妙善、佛化书生	色欲考验
46	《投桃记》	汪廷讷	创作时间不详，列生卒年约（1569—1628后）供参考	潘用中、黄舜华、谢端	未婚私会 调戏不从
47	《种玉记》	汪廷讷	创作时间不详，列生卒年约（1569—1628后）供参考	霍仲孺、卫少儿	未婚私会
48	《彩舟记》	汪廷讷	创作时间不详，列生卒年约（1569—1628后）供参考	江情、吴小姐、侍女素娥	未婚私会
49	《狮吼记》	汪廷讷	创作时间不详，列生卒年约（1569—1628后）供参考	陈慥、柳氏、妾秀英	纳妾合欢
50	《水浒记》	许自昌	创作时间不详，作者约万历五年至天启元年（1577—1621）尚在，供参考	阎婆息、张三郎	越轨私通
51	《橘浦记》	许自昌	作于万历四十三年（1615）	柳毅、龙女	未婚私会 女性示爱
52	《灵犀佩》	许自昌	创作时间不详，作者约万历五年至天启元年（1577—1621）尚在，供参考	尤效、宝湘灵、梅琼玉	强迫不从
53	《节侠记》	许三阶	作于天启元年（1621）之前	裴伷先、闰华郡主	少女怀春
54	《春芜记》	王錂	创作时间不详，作者约万历十一年（1583）前后在世，供参考	宋玉、季清吴、侍女秋英	未婚私会
55	《彩楼记》	王錂（改订）	创作时间不详，作者约万历十一年（1583）前后在世，供参考	吕蒙正、刘千金	夫妻恩爱
56	《望湖亭》	沈自晋	作于天启七年（1627）之后	钱万选、高白英、颜秀、黄小正	女性示爱 色欲考验

续表

序号	剧目	作者	创作时间	主要人物	叙事模式
57	《翠屏山》	沈自晋	作于崇祯间	潘巧云、石秀、海阇黎	越轨私通
58	《李丹记》	刘还初	作于万历间或之前	王恭伯、李花仙子化赵瑶娟	色欲考验
59	《蕉帕记》	单本	作于万历四十一年（1613）之前	龙骧、胡弱妹、牝狐	狐鬼花妖 夫妻恩爱
60	《金莲记》	陈汝元	创作时间不详，考作者为万历二十五年（1597）举人，供参考	苏轼、琴操、章惇	纳妾合欢 强迫不从
61	《弄珠楼》	王异	作于崇祯间或之前	阮翰、侍女柳枝	女性示爱
62	《焚香记》	王玉峰	创作时间不详，作者应为嘉靖、万历年间人，供参考	王魁、敫桂英	士妓相欢
63	《龙膏记》	杨珽	作于万历二十九年至万历三十八年（1601—1610）之间	张无颇、元湘英、侍女冰夷、郭暧	夫妻恩爱 调戏不从
64	《异梦记》	王元寿	作于万历四十六年（1618）之前	王奇俊、顾云容	男女绮梦 强迫不从
65	《红梨花记》	王元寿	作于万历间或之前	赵汝州、谢素秋	士妓相欢
66	《景园记》	王元寿	不详	张幼谦、罗惜惜	未婚私会
67	《遍地锦》	姚子翼	创作时间不详，作者约天启、崇祯间在世，供参考	赵襄、娴娴、环环	妻妾相处
68	《蝴蝶梦》	谢国	作于崇祯六年（1633）之前	庄周、韩氏	色欲考验
69	《偷桃记》	吴德修	作于万历间或之前	公主、董偃	越轨私通
70	《东郭记》	孙钟龄	作于万历四十六年（1618）	齐人、姜氏姐妹	夫妻恩爱 纳妾合欢 男扮女装献媚
71	《绾春园》	沈嵊	创作时间不详，列生卒年（1610—1645）供参考	杨珏、崔倩云、阮茜筠	夫妻恩爱
72	《情邮记》	吴炳	约作于崇祯二年（1629）	刘乾初、王慧娘、紫箫	未婚私会

续表

序号	剧目	作者	创作时间	主要人物	叙事模式
73	《西园记》	吴炳	创作时间不详，列生卒年（1595—1648）供参考	张继华、王玉真、赵玉英	人鬼幽媾
74	《画中人》	吴炳	创作时间不详，列生卒年（1595—1648）供参考	庾启、郑琼枝	人鬼幽媾
75	《疗妒羹》	吴炳	创作时间不详，列生卒年（1595—1648）供参考	杨器、杨妻颜氏、乔小青	（拟）人鬼幽媾 纳妾合欢
76	《精忠旗》	李梅实撰，冯梦龙改订	作于崇祯间或之前	秦桧妻、金兀朮	越轨私通
77	《洒雪堂》	梅孝巳	作于崇祯元年（1628）	魏鹏、贾娉婷	未婚私会
78	《娇红记》	孟称舜	作于崇祯十一年（1638）	申纯、王娇娘、丫鬟飞红	未婚私会
79	《元宵闹》	李素甫	创作时间不详，作者约崇祯元年（1628）前后在世，供参考	卢俊义妻贾氏、李固	越轨私通
80	《蝴蝶梦》	陈一球	作于天启末年	庄周、玉真玉女	色欲考验 道家双修
81	《青虹啸》	邹玉卿	创作时间不详，作者约崇祯初前后在世，供参考	家奴庆童、婢女云英	仆婢私通
82	《红情言》	王翃	作于崇祯七年（1634）	皇甫曾、卢鸿湘	未婚私会
83	《金瓶梅》	郑小白	约作于明末清初	西门庆、潘金莲、李瓶儿、花子虚	越轨私通 妻妾相处
84	《磨忠记》	范世彦	作于崇祯间或之前	魏忠贤、客氏	越轨私通
85	《花筵赚》	范文若	创作时间不详，列生卒年（1590—1637）供参考	温峤、刘碧玉、侍女芳姿	妻妾相处 婢作夫人
86	《梦花酣》	范文若	作于崇祯五年（1632）之前	萧斗南、谢蒨桃	男女绮梦 人鬼幽媾
87	《西楼记》	袁于令	创作时间不详，列生卒年（1592—约1672）供参考	于叔夜、穆素徽	士妓相欢
88	《升仙记》	黄粹吾	作于崇祯间或之前	红娘、张生、崔莺莺、琴童、法聪、普救寺护法化美男子	男性示爱 色欲考验

续表

序号	剧目	作者	创作时间	主要人物	叙事模式
89	《明月环》	张琦	作于崇祯间或之前	石鲸、青娥、花仙竹翠奴、桂子芳	狐鬼花妖
90	《金钿盒》	张琦	作于崇祯间或之前	权次卿、徐妁秀	调戏求欢（拟）人鬼幽媾
91	《诗赋盟》	张琦	作于崇祯间或之前	骆俊英、于如玉	未婚私会
92	《灵犀锦》	张琦	作于崇祯间或之前	张善相、段琳瑛、侍女瘦红、肥绿	男性示爱未婚私会
93	《荷花荡》	马佶人	创作时间不详，作者约崇祯九年（1636）前后在世，供参考	封云起	士妓相交
94	《风流院》	朱京藩	作于崇祯二年（1629）	杨小青、舒洁郎	人鬼幽媾
95	《三桂记》	纪振伦	作于万历间或之前	全正、安小桃	纳妾合欢
96	《飞丸记》	张景	不详	易弘器、严玉英	少女怀春
97	《胭脂记》	童养中	作于万历间或之前	郭华、王月英、梅香	未婚私会（未成）
98	《望云记》	金怀玉	作于万历间或之前	狄仁杰、李显、花妖化商妇	狐鬼花妖女性示爱
99	《凤求凰》	陈玉蟾	作于崇祯间或之前	司马相如、卓文君、侍女紫玉	未婚私会
100	《燕子笺》	阮大铖	作于崇祯十五年（1642）之前	霍都梁、华行云	士妓相欢
101	《撮盒圆》	夏基、瘅先生	不详	江文长、妾回风、赵海	强迫不从
102	《想当然》	王光鲁	或作于崇祯九年（1636）	刘一春、孙碧莲、歌姬许文仙	女性示爱未婚私会
103	《千祥记》	无心子	不详	贾凤鸣、施玉蛾	纳妾合欢
104	《金雀记》	无心子	作于崇祯间或之前	潘岳、井文鸾、巫彩凤	夫妻恩爱士妓相欢
105	《双红记》	更生子	作于万历间或之前	崔庆、红绡	私奔私会
106	《妆楼记》	玩花主人	作于万历间或之前	陈宜中、周意娘、侍女春梅	未婚私会
107	《芙蓉影》	西泠长	作于崇祯间或之前	韩樵、谢鹣娘、宋远娘、牛八	士妓相欢强迫不从

续表

序号	剧目	作者	创作时间	主要人物	叙事模式
108	《翻西厢》	研雪子	作于崇祯间或之前	崔莺莺、郑恒	男女绮梦
109	《玉钗记》	心一山人	作于万历间或之前	何文秀、刘月金	士妓相欢
110	《喜逢春》	清啸生	作于崇祯间或之前	魏忠贤、其嫂	越轨私通
111	《三社记》	其沧	作于崇祯间或之前	孙湛、周文娟	士妓相欢
112	《归元镜》	智达	作于顺治七年（1650）或稍前	王冲元之妹、刘豹	调戏不从
113	《才貌缘》	东山痴野	不详	文兰、郑惜玉	未婚私会
114	《立命说》	蒙春园主人	约作于天启五年（1625）稍后	袁黄、色神所化少女	色欲考验
115	《锦西厢》	周公鲁	创作时间不详，作者约崇祯元年（1628）前后在世，供参考	郑恒、红娘、伏虎女将、琴童	女性强迫男性夫妻恩爱
116	《玉环记》	杨柔胜	创作时间不详，作者约万历十年（1582）前后在世，供参考	韦皋、张琼英	夫妻恩爱闺怨思夫
117	《红杏记》	无名氏	作于天启五年（1625）稍前	陈淳、方慕贞	未婚私会士妓相欢
118	《钵中莲》	无名氏	作于万历间或之前	王合瑞、殷凤珠	越轨私通
119	《梨花记》	无名氏	作于万历间或之前	赵汝州、谢金莲	士妓相欢娼妓生涯
120	《绣襦记》	无名氏	作于万历间或之前	郑元和、李亚仙	士妓相欢
121	《衣珠记》	无名氏	不详	赵旭、荷珠	未婚私会强迫不从
122	《西湖记》	无名氏	作于万历间或之前	秦一木、段如圭	调戏不从
123	《霞笺记》	无名氏	作于万历间或之前	李彦直、张丽容	士妓相欢
124	《南楼传》	无名氏	不详	王文、刘氏	越轨私通
125	《赠书记》	无名氏	不详	谈麈、魏轻烟	士妓相欢
126	《醒世魔》	无名氏	不详	弓德、花三姐	越轨私通

参考文献

一、古籍

谢采伯：《密斋笔记》，商务印书馆 1936 年版。

谈迁著，张宗祥点校：《国榷》，中华书局 1958 年版。

何良俊：《四友斋丛说》，中华书局 1959 年版。

沈德符：《万历野获编》，中华书局 1959 年版。

夏燮撰，沈仲九标点：《明通鉴》，中华书局 1959 年版。

钱思元、孙珮辑，王卫平主编，朱琴点校：《吴门补乘　苏州织造局志》，江苏人民出版社 1959 年版。

杨伯峻译注：《孟子译注》，中华书局 1960 年版。

李斗：《扬州画舫录》，中华书局 1960 年版。

张廷玉等：《明史》，中华书局 1974 年版。

谷应泰：《明史纪事本末》，中华书局 1977 年版。

陈确：《陈确集》，中华书局 1979 年版。

叶盛撰，魏中平校点：《水东日记》，中华书局 1980 年版。

李诩著，魏连科点校：《戒庵老人漫笔》，中华书局 1982 年版。

田艺蘅：《留青日札》，上海古籍出版社 1982 年版。

王士禛撰，靳斯仁点校：《池北偶谈》，中华书局 1982 年版。

张炎撰，吴则虞校辑：《山中白云词》，中华书局 1983 年版。

钱谦益：《列朝诗集小传》，上海古籍出版社1983年版。

张瀚著，盛冬铃点校：《松窗梦语》，中华书局1985年版。

张岱著，云告点校：《琅嬛文集》，岳麓书社1985年版。

李乐：《见闻杂记》，上海古籍出版社1986年版。

申时行等修：《明会典》，中华书局1989年版。

黄汴著，憺漪子辑，李晋德著，杨正泰校注：《天下水陆路程·天下路程图引·客商一览醒迷》，山西人民出版社1992年版。

杨曾文校写：《敦煌新本六祖坛经》，上海古籍出版社1993年版。

姚思仁：《大明律附例注解》，北京大学出版社1993年版。

黎靖德编，王星贤点校：《朱子语类》，中华书局1994年版。

刘若愚：《酌中志》，北京古籍出版社1994年版。

张德信、毛佩琦主编：《洪武御制全书》，黄山书社1995年版。

李日华著，屠友祥校注：《味水轩日记》，上海远东出版社1996年版。

鲁仁编，段玉裁注：《中国古代工具书丛编》第一册《说文解字注》，天津古籍出版社1999年版。

怀效锋点校：《大明律》，法律出版社1999年版。

余怀著，李金堂校注：《板桥杂记（外一种）》，上海古籍出版社2000年版。

王艮撰，陈祝生等校点：《王心斋全集》，江苏教育出版社2001年版。

张大复：《闻雁斋笔谈》，载《续修四库全书》一一三一《子部·杂家类》，上海古籍出版社2002年版。

《审音鉴古录》（影印本），学苑出版社2003年版。

孟元老撰，伊永文笺注：《东京梦华录笺注》，中华书局2006年版。

顾炎武著，黄汝成集释，栾保群、吕宗力点校：《日知录集释（全校本）》，上海古籍出版社2006年版。

许慎撰，徐铉等校：《说文解字》，上海古籍出版社2007年版。

王畿撰，吴震编校整理：《王畿集》，凤凰出版社2007年版。

罗汝芳撰，方祖猷等编校整理：《罗汝芳集》，凤凰出版社2007年版。

袁宏道著，钱伯城笺校：《袁宏道集笺校》，上海古籍出版社2008年版。

张岱：《石匮书 石匮书后集》，上海古籍出版社2008年版。

黄宗羲著，沈芝盈点校：《明儒学案》，中华书局2008年版。

胡应麟：《少室山房笔丛》，上海书店出版社2009年版。

李贽撰，张建业主编：《李贽全集注》，社会科学文献出版社2010年版。

郭象注，成玄英疏，曹础基、黄兰发点校：《庄子注疏》，中华书局2011年版。

王阳明著，吴光等编校：《王阳明全集》（新编本），浙江古籍出版社2011年版。

葛寅亮撰，何孝荣注解：《金陵梵刹志》，南京出版社2011年版。

崔顾起元撰，孔一校点：《客座赘语》，上海古籍出版社2012年版。

张岱著，刘耀林校注：《夜航船》，浙江古籍出版社2012年版。

顾炎武撰，黄珅等校点：《天下郡国利病书》，上海古籍出版社2012年版。

昭梿撰，冬青校点：《啸亭杂录 续录》，上海古籍出版社2012年版。

高诱注，毕沅校，徐小蛮标点：《吕氏春秋》，上海古籍出版社2014年版。

张岱著，林邦钧注评：《陶庵梦忆注评》，上海古籍出版社2014年版。

张永祥、肖霞译注：《墨子译注》，上海古籍出版社 2015 年版。

王时槐撰，钱明、程海霞编校：《王时槐集》，上海古籍出版社 2015 年版。

汤显祖著，徐朔方笺校：《汤显祖集全编》，上海古籍出版社 2015 年版。

叶绍袁原编，冀勤辑校：《午梦堂集》，中华书局 2015 年版。

陈晓芬译注：《论语》，中华书局 2016 年版。

胡平生、张萌译注：《礼记》，中华书局 2017 年版。

袁裦撰，何朝晖点校；黄宗羲撰，何朝晖点校：《世纬 明夷待访录》，凤凰出版社 2017 年版。

毛亨传，郑玄笺，陆德明音义，孔祥军点校：《毛诗传笺》，中华书局 2018 年版。

于敏中主编，瞿宣颖等点校：《日下旧闻考》，北京出版社 2018 年版。

王骥德著，叶长海解读：《曲律》，科学出版社 2020 年版。

《明实录·明太祖实录》，台湾"中央研究院"历史语言研究所据国立北平图书馆红格抄本影印。

《明实录·明神宗实录》，台湾"中央研究院"历史语言研究所据国立北平图书馆红格抄本影印。

《明实录·明熹宗实录》，台湾"中央研究院"历史语言研究所据国立北平图书馆红格抄本影印。

《明实录附录·崇祯实录》，台湾"中央研究院"历史语言研究所据本所藏嘉业堂旧藏抄本影印。

二、集成汇编

中国戏曲研究院编：《中国古典戏曲论著集成》，中国戏剧出版社

1959年版。

王利器辑录：《元明清三代禁毁小说戏曲史料》（增订本），上海古籍出版社1981年版。

张海鹏、王廷元主编：《明清徽商资料选编》，黄山书社1985年版。

张次溪编纂：《清代燕都梨园史料》，中国戏剧出版社1988年版。

尹德新主编：《历代教育笔记资料》，中国劳动出版社1992年版。

丁锡根编著：《中国历代小说序跋集》，人民文学出版社1996年版。

黄霖、韩同文选注：《中国历代小说论著选》（修订本），江西人民出版社2000年版。

吴晟辑注：《明人笔记中的戏曲史料》，江西人民出版社2008年版。

陈多、叶长海选注：《中国历代剧论选注》，上海古籍出版社2010年版。

傅谨主编：《京剧历史文献汇编（清代卷）》，凤凰出版社2011年版。

伏涤修、伏蒙蒙辑校：《西厢记资料汇编》，黄山书社2012年版。

张正明主编：《明清晋商商业资料选编》，山西经济出版社2016年版。

毛效同编著：《汤显祖研究资料汇编》，上海古籍出版社2016年版。

倪进选注：《元明笔记选注》，上海教育出版社2018年版。

朱志瑜、张旭、黄立波编：《中国传统译论文献汇编》，商务印书馆2020年版。

朱剑心选注，蒋鹏举校订：《晚明小品文》，商务印书馆2021年版。

三、工具书

《中国大百科全书·戏曲　曲艺》，中国大百科全书出版社1983

年版。

齐森华、陈多、叶长海主编：《中国曲学大辞典》，浙江教育出版社1997年版。

吴新雷主编：《中国昆剧大辞典》，南京大学出版社2002年版。

中国社会科学院语言研究所词典编辑室编：《现代汉语词典：2002年增补本》，商务印书馆2002年版。

四、文史哲类专著

嵇文甫：《左派王学》，开明书店1934年版，上海三联书店2014年复制版。

杨米人等著，路工编选：《清代北京竹枝词（十三种）》，北京古籍出版社1982年版。

葛兆光：《道教与中国文化》，上海人民出版社1987年版。

叶朗主编：《现代美学体系》，北京大学出版社1988年版。

夏咸淳：《晚明士风与文学》，中国社会科学出版社1994年版。

鲁迅：《中国小说史略》，齐鲁书社1997年版。

牟宗三：《中国哲学的特质》，上海古籍出版社1997年版。

周明初：《晚明士人心态及文学个案》，东方出版社1997年版。

康正果：《重审风月鉴：性与中国古典文学》，辽宁教育出版社1998年版。

刘达临：《性与中国文化》，人民出版社1999年版。

启功、张中行、金克木：《说八股》，中华书局2000年版。

牟钟鉴、张践：《中国宗教通史》，社会科学文献出版社2000年版。

周群：《儒释道与晚明文学思潮》，上海书店出版社2000年版。

左东岭：《王学与中晚明士人心态》，人民文学出版社2000年版。

吴存存:《明清社会性爱风气》,人民文学出版社 2000 年版。

陈寅恪:《柳如是别传》,生活·读书·新知三联书店 2001 年版。

牟宗三:《从陆象山到刘蕺山》,上海古籍出版社 2001 年版。

李泽厚:《美学旧作集》,天津社会科学院出版社 2001 年版。

葛兆光:《中国思想史》,复旦大学出版社 2001 年版。

李新灿:《女性主义观照下的他者世界》,中国社会科学出版社 2001 年版。

刘文英、曹田玉:《梦与中国文化》,人民出版社 2003 年版。

葛兆光:《屈服史及其他:六朝隋唐道教的思想史研究》,生活·读书·新知三联书店 2003 年版。

杨国荣:《王学通论——从王阳明到熊十力》,华东师范大学出版社 2003 年版。

吴震:《阳明后学研究》,上海人民出版社 2003 年版。

林中泽:《晚明中西性伦理的相遇——以利玛窦〈天主实义〉和庞迪我〈七克〉为中心》,广东教育出版社 2003 年版。

刘文明:《上帝与女性:传统基督教文化视野中的西方女性》,武汉大学出版社 2003 年版。

王书奴:《中国娼妓史》,团结出版社 2004 年版。

袁行霈主编:《中国文学史》(第四卷),高等教育出版社 2005 年版。

鲍世斌:《明代王学研究》,巴蜀书社 2004 年版。

彭国翔:《良知学的展开——王龙溪与中晚明的阳明学》,生活·读书·新知三联书店 2005 年版。

张秀民著,韩琦增订:《中国印刷史(插图珍藏增订版)》,浙江古籍出版社 2006 年版。

罗宗强:《明代后期士人心态研究》,南开大学出版社 2006 年版。

刘海峰、李兵:《中国科举史》,东方出版中心 2006 年版。

钟敬文主编，萧放等著：《中国民俗史（明清卷）》，人民出版社2008年版。

李泽厚：《中国古代思想史论》，生活·读书·新知三联书店2008年版。

张廷兴：《中国古代艳情小说史》，中央编译出版社2008年版。

邓庆平：《夜深千帐灯：明代两性关系史》，陕西人民出版社2008年版。

陈垣著，陈智超主编：《陈垣全集》，安徽大学出版社2009年版。

韩大成：《明代城市研究》，中华书局2009年版。

卿希泰主编：《中国道教思想史》，人民出版社2009年版。

吴震：《泰州学派研究》，中国人民大学出版社2009年版。

杨联陞：《东汉的豪族》，商务印书馆2011年版。

谢国桢：《明清之际党社运动考》，北京出版社2014年版。

商传：《走进晚明》，商务印书馆2014年版。

樊树志：《晚明史：1573—1644》，复旦大学出版社2015年版。

赵崔莉：《被遮蔽的现代性——明清女性的社会生活与情感体验》，知识产权出版社2015年版。

巫仁恕：《奢侈的女人——明清时期江南妇女的消费文化》，商务印书馆2016年版。

张文珍：《中国古代通俗小说发展研究》，山东教育出版社2016年版。

嵇文甫：《晚明思想史论》，中华书局2017年版。

孟森：《明史讲义》，四川人民出版社2018年版。

石昌渝：《中国小说发展史》，山西教育出版社2019年版。

郑振铎：《中国俗文学史》，中国书籍出版社2022年版。

五、戏剧类专著

钱南扬：《宋元南戏百一录》，哈佛燕京学社 1934 年版。

赵景深：《宋元戏文本事》，北新书局 1934 年版。

胡忌：《宋金杂剧考》，古典文学出版社 1957 年版。

傅惜华：《明代传奇全目》，人民文学出版社 1959 年版。

董康：《曲海总目提要》，人民文学出版社 1959 年版。

北婴编著：《曲海总目提要补编》，人民文学出版社 1959 年版。

庄一拂编著：《古典戏曲存目汇考》，上海古籍出版社 1982 年版。

赵景深、张增元编：《方志著录元明清曲家传略》，中华书局 1987 年版。

陈宗枢：《佛教与戏剧艺术》，天津人民出版社 1992 年版。

路应昆：《中国戏曲与社会诸色》，吉林教育出版社 1992 年版。

徐朔方：《徐朔方集》第二卷《晚明曲家年谱》，浙江古籍出版社 1993 年版。

徐朔方：《徐朔方集》第三卷《晚明曲家年谱》，浙江古籍出版社 1993 年版。

徐朔方：《徐朔方集》第四卷《晚明曲家年谱》，浙江古籍出版社 1993 年版。

李修生主编：《古本戏曲剧目提要》，文化艺术出版社 1997 年版。

郭英德编著：《明清传奇综录》，河北教育出版社 1997 年版。

丁汝芹：《清代内廷演戏史话》，紫禁城出版社 1999 年版。

许子汉：《明传奇排场三要素发展历程之研究》，台湾台大出版委员会 1999 年版。

廖藤叶：《中国梦戏研究》，台湾学思出版社 2000 年版。

赵世瑜：《狂欢与日常——明清以来的庙会与民间社会》，生活·读书·新知三联书店 2002 年版。

叶长海、张福海：《插图本中国戏剧史》，上海古籍出版社 2004 年版。

郑传寅：《传统文化与古典戏曲》，湖南人民出版社 2004 年版。

詹石窗：《道教与戏剧》，厦门大学出版社 2004 年版。

朱崇志：《中国古代戏曲选本研究》，上海古籍出版社 2004 年版。

陆军：《编剧理论与技法》，中国戏剧出版社 2005 年版。

刘水云：《明清家乐研究》，上海古籍出版社 2005 年版。

王瑷玲：《晚明清初戏曲之审美构思与其艺术呈现》，台湾"中央研究院"中国文哲研究所 2005 年版。

徐朔方、孙秋克：《明代文学史》，浙江大学出版社 2006 年版。

高日晖、洪雁：《水浒传接受史》，齐鲁书社 2006 年版。

刘庆：《明清时期的戏剧管理》，中国戏剧出版社 2006 年版。

程芸：《汤显祖与晚明戏曲的嬗变》，中华书局 2006 年版。

田兴国：《存在之思与传奇之思——从生存论存在论视域观照明代文人传奇》，黑龙江人民出版社 2007 年版。

孙崇涛：《戏曲文献学》，山西教育出版社 2008 年版。

赵山林：《中国戏曲传播接受史》，上海人民出版社 2008 年版。

朱恒夫主编：《中国戏曲美学》，南京大学出版社 2008 年版。

程华平：《明清传奇编年史稿》，齐鲁书社 2008 年版。

谢雍君：《牡丹亭与明清女性情感教育》，中华书局 2008 年版。

王永恩：《明末清初戏曲作品中的女性形象研究》，文化艺术出版社 2008 年版。

谭霈生：《论戏剧性》，北京大学出版社 2009 年版。

吴梅著，郭英德编：《吴梅词曲论著四种》，商务印书馆 2010 年版。

徐龙飞：《晚明清初才子佳人文学类型研究》，文化艺术出版社 2010

年版。

郭英德:《明清传奇史》,人民文学出版社 2012 年版。

杨剑明:《曲话文体考论》,上海古籍出版社 2013 年版。

孙培、黄丹丹、毛欣然:《中晚明主情观念下的戏曲小说创作与编辑》,四川大学出版社 2013 年版。

王瑜瑜:《中国古代戏曲目录研究》,人民文学出版社 2013 年版。

张庚、郭汉城主编:《中国戏曲通史》,文化艺术出版社 2014 年版。

张庚、郭汉城主编:《中国戏曲通论》,文化艺术出版社 2014 年版。

江巨荣:《明清戏曲:剧目、文本与演出研究》,上海古籍出版社 2014 年版。

叶长海:《中国戏剧学史稿》,中华书局 2014 年版。

潘镜芙、陈墨香:《梨园外史》,中国戏剧出版社 2015 年版。

叶长海:《汤学刍议》,上海人民出版社 2015 年版。

王馗:《解行集:戏曲、民俗论文选》,北京时代华文书局 2015 年版。

梅兰芳著,傅谨主编:《梅兰芳全集》,中国戏剧出版社 2016 年版。

王文章总主编,王馗编选整理:《昆曲艺术大典·表演典》,安徽文艺出版社 2016 年版。

周锡山:《汤显祖与明代文学》,上海人民出版社 2017 年版。

叶晔:《晚明曲家及文献辑考》,浙江大学出版社 2017 年版。

丁芳:《心学与晚明戏曲研究》,中国社会科学出版社 2018 年版。

安葵:《戏曲美学范畴论》,文化艺术出版社 2020 年版。

刘轩:《昆剧表演流变研究》,中国社会科学出版社 2021 年版。

六、外文译著

［意］德礼贤：《中国天主教传教史》，商务印书馆1933年版。

［德］恩格斯：《家庭、私有制和国家的起源》，中共中央马克思恩格斯列宁斯大林著作编译局译，人民出版社1972年版。

［意］利玛窦：《利玛窦全集》，刘俊馀、王玉川等译，台湾光启出版社1986年版。

［荷兰］高罗佩：《中国古代房内考》，李零、郭晓惠等译，上海人民出版社1990年版。

［美］孙康宜：《陈子龙、柳如是诗词情缘》，李奭学译，陕西师范大学出版社1998年版。

［意］利玛窦著，朱维铮主编：《利玛窦中文著译集》，复旦大学出版社2001年版。

［法］皮埃尔·布尔迪厄：《男性统治》，刘晖译，海天出版社2002年版。

［保加利亚］瓦西列夫：《情爱论》，赵永穆、范国恩、陈行慧译，当代世界出版社2003年版。

［英］马林诺夫斯基：《两性社会学：母系社会与父系社会之比较》，李安宅译，上海人民出版社2003年版。

［加］卜正民：《纵乐的困惑：明代的商业与文化》，方骏、王秀丽、罗天佑译，生活·读书·新知三联书店2004年版。

［美］高彦颐：《闺塾师：明末清初江南的才女文化》，李志生译，江苏人民出版社2005年版。

［美］黄仁宇：《万历十五年》（增订纪念本），中华书局2006年版。

［古罗马］奥古斯丁：《上帝之城》，庄陶、陈维振译，复旦大学出版社2011年版。

［意］史罗华：《中国之爱情：对中华帝国数百年来文学作品中爱情问题的研究》，王军、王苏娜译，中国社会科学出版社 2012 年版。

［美］郭安瑞：《文化中的政治——戏曲表演与清都社会》，郭安瑞、朱星威译，社会科学文献出版社 2018 年版。

七、剧本

古本戏曲丛刊编委会编：《古本戏曲丛刊初集》，1954 年版。
古本戏曲丛刊编委会编：《古本戏曲丛刊二集》，1955 年版。
古本戏曲丛刊编委会编：《古本戏曲丛刊三集》，1957 年版。
古本戏曲丛刊编委会编：《古本戏曲丛刊五集》，1986 年版。
毛晋编，黄竹三、冯俊杰主编：《六十种曲评注》，吉林人民出版社 2001 年版。
汤显祖著，陈同、谈则、钱宜合评：《吴吴山三妇合评牡丹亭》，上海古籍出版社 2008 年版。
王文章主编：《傅惜华藏古典戏曲珍本丛刊》，学苑出版社 2010 年版。
汤显祖著，朱萍整理：《临川四梦》，中华书局 2016 年版。

八、期刊及论文集

俞金尧：《中世纪晚期和近代早期欧洲的寡妇改嫁》，《历史研究》2000 年第 5 期。
赵轶峰：《晚明士子和妓女的交往与儒家传统》，《中国史研究》2001 年第 4 期。
俞为民：《论明代戏曲的文人化特征（上）》，《东南大学学报（哲学社会科学版）》2002 年第 1 期。

伏涤修：《中国戏曲悲剧性内涵的充盈及其被消解》，《戏曲艺术》2003 年第 1 期。

王永恩：《从晚明戏剧中看社会婚恋观念的嬗变》，《戏曲艺术》2004 年第 4 期。

陈思和：《文本细读在当代的意义及其方法》，《河北学刊》2004 年第 2 期。

陈东有：《〈金瓶梅〉的平民文化内涵》，《南昌大学学报（人文社会科学版）》2006 年第 2 期。

郭培贵：《明代科举各级考试的规模及其录取率》，《史学月刊》2006 年第 12 期。

任晓兰：《晚明的悔婚现象及其法律规制》，《妇女研究论丛》2007 年第 6 期。

陈广宏：《中晚明女性诗歌总集编刊宗旨及选录标准的文化解读》，《中国典籍与文化》2007 年第 1 期。

解玉峰：《从全本戏到折子戏——以汤显祖〈牡丹亭〉的考察为中心》，《文艺研究》2008 年第 9 期。

刘晓东：《"晚明"与晚明史研究》，《学术研究》2014 年第 7 期。

廖华：《明代坊刻戏曲考述》，《山西师大学报（社会科学版）》2014 年第 2 期。

张雪松：《"三教合一"概念的历史钩沉》，《党政干部学刊》2014 年第 11 期。

罗丽容：《从〈劝善记〉到〈牡丹亭〉——晚明思潮与戏曲出口》，《东华理工大学学报（社会科学版）》2016 年第 3 期。

周松芳：《论〈牡丹亭〉的情色描写》，《文化遗产》2017 年第 3 期。

惠慧：《自然、肉欲和自我——托马斯·阿奎那和教宗约翰·保罗二世论性爱与婚姻》，载赵广明主编《宗教与哲学》第 7 辑，社会科学文献出版社 2018 年版。

俞晓红：《论戏曲文本在非线性叙事中的构成——以〈牡丹亭〉为考察中心》，《戏曲研究》第 106 辑，文化艺术出版社 2018 年版。

刁生虎、白昊旭：《〈牡丹亭〉的空间叙事及其文本建构意义》，《文化艺术研究》2020 年第 2 期。

郑雄：《八股文为"明代之胜"说的多维建构与瓦解》，《文艺理论研究》2021 年第 2 期。

石倩：《睡魔神的流变与昆曲〈惊梦〉的表演传统》，《戏剧艺术》2022 年第 6 期。

张慧子：《明代徽州戏曲刻书考论》，《戏剧艺术》2024 年第 5 期。

林金树：《人口流动及其社会影响》，载万明主编《晚明社会变迁：问题与研究》，商务印书馆 2005 年版。

张兆裕：《变迁中政府权力的转移》，载万明主编《晚明社会变迁：问题与研究》，商务印书馆 2005 年版。

高寿仙：《晚明的地方精英与乡村控制》，载万明主编《晚明社会变迁：问题与研究》，商务印书馆 2005 年版。

九、学位论文

蒋小平：《晚明传奇中女性形象研究》，博士学位论文，苏州大学，2006 年。

邱飞廉：《明传奇历史剧的叙事艺术》，博士学位论文，武汉大学，2010 年。

储著炎：《晚明戏曲主情思想研究》，博士学位论文，中央民族大学，2011 年。

张岚岚:《明清传奇对〈牡丹亭〉的接受》,博士学位论文,南京师范大学,2014年。

王德兵:《明清戏曲美学范畴研究》,博士学位论文,扬州大学,2014年。

张丽娥:《明传奇教化功能研究——以〈六十种曲〉为中心》,博士学位论文,陕西师范大学,2016年。

胡建:《走向"感化":晚明传奇的兴盛历程》,博士学位论文,华中师范大学,2016年。

后　记

"书似青山常乱叠，灯如红豆最相思。"本书的写就，经历了许多个书乱叠、灯如豆，于万籁俱寂中独自埋首伏案的夜晚。新书付梓在即，我的心情无比忐忑，也满怀感恩。

这本书是在我的博士学位论文基础上修订、增补、完善而成的，在这漫长的过程中，我常常回想起读博的美好时光。感谢我的导师叶长海教授。刚拜入老师门下时，我沉浸在骄傲的喜悦之中，但随着时间的推移，这份轻飘飘的喜悦逐渐变成了沉甸甸的感谢与高山仰止的渴望。对我来说，老师是诲我不倦的明师，也是平易近人的长者。不管是学业还是生活上的问题，只要走进那间摞满书籍的办公室，他总会从百忙中抽出时间为我答疑解难。老师广博的风度、治学的态度、学识的深度都春风化雨地影响着我，使我在窥得戏曲史论门径的同时拥有了更坚定、从容、勤奋的治学态度。得遇明师，何其幸哉！感谢赵山林教授、周锡山研究员、朱恒夫教授、杨剑明教授、刘水云教授，他们在我博士学位论文开题、预答辩、答辩期间指出了论文中的各类问题，给予我许多有启发性和建设性的意见。

这本书的出版承蒙中国艺术研究院基本科研业务费项目的资助，感谢艺研院为我提供了展示个人学术成果的舞台与交流学习的平台。中国艺术研究院始终关怀青年学人的成长，以坚实的资源支持和开放的学术环境，助力我们在探索之路上稳步前行。感谢在学术研究和工作中关心、帮助、提携我的领导和同事。尤其感谢戏曲研究所所长王馗研究员，正是他的鼓励和鞭策，推动本书更快更好地成型。也得益于他在工作中无私的指导、秉持的态度以及对专业的热爱，使我在不断提升学术和工作能力的同时，确立了更高的追求。感谢本书责编廖小芳老师的辛苦付出，她默默无闻地耗费了很多时间和精力压制"金线"，以期为我编织出一件漂亮的"衣裳"。

在写作的过程中，我得到了家人的诸多支持。感谢我的父母，在我成长、求学、工作的岁月里，父亲和母亲三十年如一日地爱护我、帮助我、鼓励我、支持我。人生道路上的每一个分岔口，都在父亲深思熟虑后的分析建议中抉择；每一点坎坷崎岖，都在母亲的开导鼓励中踏过。每当回家，父亲总是早早等在车站的出站口，只要我需要帮助，母亲就会不辞辛苦地跋涉到我身边。"父母之恩，云何可报？慈如河海，孝如涓尘"，写到此处，我不禁头涔涔而泪潸潸。感谢我的爱人，在人生路上我们是并肩而行的伴侣，同担风雷、寒潮、霹雳，共享雾霭、流岚、虹霓；在我的学术道路上，他是我坚实的后盾和后勤，以实际行动支持我在自己热爱的领域不断探索。感谢我的女儿，在我埋头写作时，她常常坐在我背后默默地看书或自言自语地玩玩具，她善解人意的行动和无比甜蜜的关心给我带来许多的快乐和惊喜，想要每天吻她一百遍。

情长纸短，感恩万千，路漫漫其修远兮，吾将上下求索，不断攀登。

殷娇

2025 年 5 月于北京